ATTACCO
A RATZINGER

PAOLO RODARI - ANDREA TORNIELLI

ATTACCO A RATZINGER

Accuse e scandali, profezie e complotti contro Benedetto XVI

PIEMME

I Edizione 2010

20145 Milano - Via Tiziano, 32
info@edizpiemme.it - www.edizpiemme.it

Stampa: Mondadori Printing S.p.A. - Stabilimento NSM - Cles (Trento)

Premessa

«Durerà solo due-tre anni...»

«Ricordo ancora, come fosse oggi, le parole che sentii dire da un cardinale italiano, allora molto potente nella Curia romana, all'indomani dell'elezione di Benedetto XVI. "Due-tre anni, durerà solo due-tre anni...". Lo faceva accompagnando le parole con un gesto delle mani, come per minimizzare... Joseph Ratzinger, il settantottenne prefetto della Congregazione per la dottrina della fede appena eletto successore di Giovanni Paolo II doveva essere un Papa di transizione, passare velocemente, ma soprattutto doveva passare senza lasciare troppa traccia di sé... Certo, un accenno alla durata del pontificato la fece Ratzinger stesso, nella Sistina. Ho impressa nella mente l'immagine del momento in cui accettò l'elezione. Disse che sceglieva il nome di Benedetto per ciò che la figura del grande santo patrono d'Europa aveva significato, ma anche perché l'ultimo Papa che aveva preso questo nome, Benedetto XV, non aveva avuto un pontificato molto lungo e si era adoperato per la pace. Ma un pontificato non lungo, a motivo dell'età già avanzata, non significa passare senza lasciare traccia. Anche quello di Giovanni XXIII doveva essere – e dal punto di vista meramente cronologico è stato – un pontificato di transizione. Ma quanto ha cambiato la storia della Chiesa... Ci ho ripensato molte volte: visto che non è passato così velocemente come qualcuno sperava, e visto che il suo pontificato è destinato a lasciare un segno, si sono moltiplicati gli attacchi contro Benedetto XVI. Attacchi di ogni tipo. Una volta si dice che il Papa si è espresso male, un'altra volta si parla di errore di comunicazione, un'altra ancora di un problema di coordinamento tra gli uffici curiali, un'altra di inadeguatezza di certi collaboratori, un'altra del concordante tentativo da parte di forze avverse alla Chiesa intenzionate a screditarla. Vuole sapere la mia impressione? Anche se in realtà il Santo Padre non è solo, anche se attorno a lui ci sono persone fedeli che cercano di aiutarlo, in tante occasioni egli viene lasciato oggettivamente solo. Non c'è una squadra che lo sostiene adeguatamente, che previene l'accadere di certi problemi, che riflette su come rispondere in modo efficace. Che cerca di far passare, di espandere l'autentico suo messaggio, spesso distorto. Così la domanda più frequente è diventata questa: a quando la prossima crisi? Mi sorprende anche il fatto che talvolta queste crisi arrivino dopo decisioni importanti... Mi sto ad esempio chiedendo che cosa accadrà ora che Benedetto XVI ha coraggiosamente proclamato l'eroicità delle virtù di Pio XII insieme a quelle di Giovanni Paolo II.»

Quando questa confidenza venne fatta a uno di noi, alla vigilia di Natale del 2009, da un autorevole porporato che lavora da molti anni nei sacri palazzi, il grande scandalo degli abusi sui minori perpetrati dal clero cattolico non era ancora esploso in tutta la sua portata. C'era, sì, il gravissimo caso irlandese. Ma nulla faceva ancora presagire che, come per contagio, la situazione oggettivamente peculiare dell'Irlanda – che ha messo in luce l'incapacità di diversi vescovi di governare le loro diocesi e di affrontare i casi di abusi sui minori tenendo presente la necessità di assistere innanzitutto le vittime evitando in ogni modo che le violenze potessero ripetersi – finisse per replicarsi, per lo meno mediaticamente, in altri paesi. E ha coinvolto la Germania, l'Austria, la Svizzera, e di nuovo, nelle polemiche, gli Stati Uniti, dove già il problema era emerso, e in maniera piuttosto devastante, all'inizio di questo millennio.

Solo a scorrere le rassegne stampa internazionali, bisogna ammettere l'esistenza di un attacco contro papa Ratzinger. Un attacco dimostrato dal pregiudizio negativo pronto a scattare su qualsiasi cosa il Pontefice dica o faccia. Pronto a enfatizzare certi particolari, pronto a creare dei «casi» internazionali. Questo attacco concentrico ha origine fuori, ma spesso anche dentro la Chiesa. Ed è (inconsapevolmente) aiutato dalla reazione, a volte scarsa, di chi attorno al Papa potrebbe fare di più per prevenire le crisi o per gestirle in modo efficace. È purtroppo (inconsapevolmente) aiutato dalla mancanza di una regia e di una strategia comunicativa, come si è visto nel corso di quella che nelle prossime pagine abbiamo definito «la settimana nera», con gli incidenti di percorso rappresentati dall'omelia del Venerdì santo 2010 pronunciata da padre Raniero Cantalamessa, dalle parole del cardinale Angelo Sodano il giorno di Pasqua, dalle dichiarazioni del segretario di Stato Tarcisio Bertone rilasciate durante il suo lungo viaggio pastorale in Cile.

Questo libro non intende presentare una tesi precostituita. Non intende accreditare in partenza l'ipotesi del complotto ideato da qualche «cupola» o *spectre*, neanche quella del «complotto mediatico», divenuto spesso il comodo lasciapassare dietro al quale alcuni collaboratori del Pontefice si trincerano per giustificare ritardi e inefficienze. È però innegabile che Ratzinger sia stato e sia sotto attacco. Le critiche e le polemiche suscitate dal discorso di Ratisbona; il caso clamoroso delle dimissioni del neo-arcivescovo di Varsavia Stanislaw Wielgus a causa di una sua vecchia collaborazione con i servizi segreti del regime comunista polacco; le polemiche per la pubblicazione del motu proprio *Summorum Pontificum*; il caso della revoca della scomunica ai vescovi lefebvriani, che ha coinciso con la tramissione in video dell'intervista negazionista sulle camere a gas rilasciata a una tv svedese da uno di loro; la crisi diplomatica per le parole papali sul preservativo durante il primo giorno del viaggio in Africa; il dilagare dello scandalo degli abusi sui minori, che non accenna ancora a placarsi e rischia di stendere un'ombra sugli ultimi anni del pontificato wojtyliano. Di bufera in bufera, di polemica in polemica, l'effetto è stato quello di «anestetizzare» il messaggio di Benedetto XVI, schiacciandolo sul *cliché* del Papa retrogrado, depotenziandone la portata. E soprattutto dimenticando slanci e aperture dimostrati da Ratzinger in questi primi cinque anni di pontificato su grandi temi quali la povertà, la salvaguardia del creato, la globalizzazione.

Ma questo attacco non ha mai avuto un'unica regia. Ha avuto, piuttosto, un'assenza di regia. Anche se non si può escludere che in più occasioni, pure nel corso della crisi per gli scandali per la pedofilia del clero, si sia verificata un'alleanza tra ambienti diversi ai quali può far comodo ridurre al silenzio la voce della Chiesa, sminuendo la sua autorità morale e il suo essere fenomeno popolare, magari con la segreta speranza che nel giro di una decina di anni essa finisca per contare sulla scena internazionale quanto una qualsiasi setta.

Abbiamo cercato di documentare ciò che è avvenuto, abbiamo fatto parlare i protagonisti e gli osservatori più qualificati, abbiamo raccolto documenti e testimonianze inedite che aiutano a ricostruire quanto accaduto nei sacri palazzi, e più in generale nella Chiesa, durante le crisi di questi primi cinque anni di pontificato. Un pontificato che si era aperto, dopo il conclave lampo durato lo spazio di un giorno, con le parole pronunciate da papa Ratzinger nel giorno della messa inaugurale, il 24 aprile 2005: «Pregate per me, perché io non fugga, per paura, davanti ai lupi». Quasi presentisse che l'avrebbe aspettato un insidioso percorso a ostacoli.

Paolo Rodari
Andrea Tornielli

1

Ratisbona, la citazione «politicamente scorretta»

Inizia il 9 settembre del 2006 il quarto viaggio di Benedetto XVI fuori dai confini italiani. Il Papa torna a casa, nella sua Baviera, la terra dove è nato, cresciuto, dove è stato ordinato sacerdote e ha iniziato a insegnare. La terra dove dal 1977 al 1981 è stato arcivescovo di Monaco. Dopo la Giornata Mondiale della Gioventù a Colonia, dopo i viaggi in Polonia e in Spagna per il quinto incontro mondiale delle famiglie, Ratzinger si appresta a immergersi nelle memorie delle proprie origini: Monaco, Altötting e Ratisbona sono i luoghi nei quali ha deciso di fermarsi per sei giorni di permanenza studiati a tavolino e in ogni minimo dettaglio. Sono i luoghi dove avrebbe voluto ritirarsi per leggere, studiare e scrivere, se i cardinali riuniti in conclave non l'avessero chiamato al soglio di Pietro. Sono i luoghi conosciuti dove adesso vuole tornare per rinfrancare lo spirito e la mente dopo il primo anno e mezzo di pontificato, un anno intenso. Ma sono anche i luoghi dove mai avrebbe immaginato potesse nascere il primo grande caso internazionale del suo pontificato: il «caso Ratisbona», «la prima gaffe di Ratzinger», come sarà definita dai principali media internazionali. Un cortocircuito violentissimo creatosi con il mondo musulmano. I motivi del viaggio sono chiari. Ratzinger li elenca un mese prima di partire, in un'intervista concessa a un gruppo di giornalisti tedeschi: «Volevo vedere ancora una volta i luoghi, le persone presso cui sono cresciuto».

Il volo per la Germania decolla il pomeriggio del 9 settembre. Sull'aereo l'aria è festosa. Il Papa sta bene: «Il mio cuore batte raggiante» dice una volta atterrato a Monaco. Eppure qualche velo c'è. Sull'aereo, incontrando i giornalisti, Benedetto XVI dice: «Io sono un uomo vecchio e non so quanto tempo ancora mi darà il Signore». Parole che vengono subito interpretate come consapevolezza che il tempo concessogli al timone della barca di Pietro non sia lungo. Come se sentisse dentro di sé d'essere un Pontefice di transizione. Del resto, l'aveva detto lui stesso, al momento dell'accettazione, in conclave, che prendeva il nome di Benedetto per devozione al grande santo patrono d'Europa, ma anche ricollegandosi al papa Benedetto XV, che aveva levato la sua voce in favore della pace e aveva avuto un pontificato non lungo.

Un reporter tedesco gli domanda: «Santità, verrà anche a Berlino?». Il Papa risponde: «Eh, Berlino? Sono un uomo vecchio. Tra qualche settimana andrò a Costantinopoli e poi farò un viaggio in Brasile [nel 2007, N.d.A.]. Se verrò un'altra volta in Germania, sarà per me una gioia andare a Berlino e lo considero un regalo di Dio».

Scrive Marco Politi su «la Repubblica» il 10 settembre: «In Vaticano tutti sanno che Benedetto XVI soffre di ipertensione. L'essere catapultato improvvisamente alle responsabilità di guida suprema della Chiesa universale lo ha scombussolato, quando già pensava di ritirarsi in pensione, e gli ha tolto il ritmo abituale di saggia alternanza tra riposo e lavoro. Non è un mistero che più volte aveva chiesto a papa Wojtyla di dimettersi e il defunto Pontefice aveva anche pensato a come poterlo utilizzare part-time, rafforzando il suo staff di collaboratori. Negli anni Novanta l'allora cardinale Ratzinger era rimasto anche vittima di uno svenimento nel suo appartamento, dovuto proprio all'ipertensione».

Le congetture sulla salute del Pontefice sono, in realtà, eccessive. Come pure è eccessivo il valore dato a quelle frasi. Ma al di là di questo, un dato resta: Benedetto XVI sembra aver coscienza che i tempi per lui non saranno facili. E infatti, ai fedeli riuniti al Marienplatz di Monaco il 9 settembre, parlando dell'orso che campeggia nel suo stemma – l'animale, secondo la leggenda, dovette fare da facchino per san Corbiniano – dice: «Quell'orso mi incoraggia sempre a compiere il mio servizio con gioia e fiducia. Trent'anni fa, come adesso nel mio nuovo incarico, dico giorno per giorno il mio sì a Dio: "Sono divenuto per te come una bestia da soma"».

Stupisce, nel parlare del Papa, la sua capacità di usare parole dirette. Non aggira mai l'ostacolo. Va dritto al cuore del concetto che deve comunicare. Così quando parla a braccio. Così quando legge i discorsi preparati in precedenza. Tutti i discorsi del viaggio sono stati scritti tempo prima. Ma non tutti sono stati letti e vagliati dai collaboratori della Segreteria di Stato, come solitamente avviene, anche perché il Papa ha voluto scrivere molto di suo pugno. Si tratta di testi studiati attorno a un'idea centrale: la nuova evangelizzazione dell'Europa. È lui stesso a comunicarlo un mese prima della partenza nell'intervista con i giornalisti tedeschi: «Il tema fondamentale è che dobbiamo riscoprire Dio e non un Dio qualsiasi ma il Dio con un volto umano, poiché quando vediamo Gesù Cristo vediamo Dio. E a partire da questo dobbiamo trovare le vie per incontrarci a vicenda nella famiglia, fra le generazioni e poi anche fra le culture e i popoli, e le vie per la riconciliazione e la convivenza pacifica in questo mondo».

Il 10 settembre Benedetto XVI tiene una lunga omelia nel corso della messa celebrata all'aperto, nella zona fieristica di Monaco. Davanti a lui ci sono trecentomila persone. Qui approfondisce meglio lo scopo del suo viaggio: l'Europa deve ritrovare Dio, il Dio delle sue origini, il Dio della pace e dell'amore, il Dio cristiano nel quale ogni religione può riconoscersi. Ogni religione e ogni pensiero illuminato dalla ragione. Il Papa, anticipando tematiche che nei giorni successivi provocheranno un polverone di critiche in tutto il mondo, parla in particolare del rapporto tra cristianesimo e islam. Il cristianesimo cuore pulsante dell'Europa e l'islam, la religione numericamente più in espansione. Dice il Papa:

> «La vera minaccia per la loro identità [le altre religioni, N.d.R.] non la vedono nella fede cristiana, ma invece nel disprezzo di Dio e nel cinismo che considera il dileggio del sacro un diritto della libertà ed eleva l'utilità a supremo criterio per i futuri successi della ricerca. Cari amici, questo cinismo non è il tipo di tolleranza e di apertura culturale che i popoli aspettano e che tutti noi desideriamo!».

Sono tempi difficili in Europa, soprattutto per i rapporti tra cultura cristiana e cultura islamica. Soltanto un anno prima l'arrivo del Papa in Baviera un quotidiano danese aveva pubblicato vignette blasfeme su Maometto ed era scoppiato un putiferio internazionale. Il Papa a Monaco non si esime dal dire la sua in merito:

> «La tolleranza di cui abbiamo urgente bisogno comprende il timor di Dio – il rispetto di ciò che per l'altro è cosa sacra. Ma questo rispetto per ciò che gli altri ritengono sacro presuppone che noi stessi impariamo nuovamente il timor di Dio. Questo senso di rispetto può essere rigenerato nel mondo occidentale soltanto se cresce di nuovo la fede in Dio, se Dio sarà di nuovo presente per noi ed in noi».

Quando Ratzinger è stato eletto Papa diversi commentatori si erano detti preoccupati per le posizioni che aveva preso in passato nei confronti delle altre religioni e in particolare nei confronti dell'islam. Nel mirino erano finite soprattutto le sue parole contrarie all'entrata della Turchia nell'Europa. La sua posizione sull'argomento era stata interpretata come la volontà di lasciare fuori dai confini dell'Europa la religione islamica perché incompatibile con i valori e la cultura cristiana che hanno forgiato il Vecchio Continente.

Scrive nei giorni immediatamente successivi all'elezione, Selcuk Gultasli, corrispondente da Bruxelles per il quotidiano turco di area conservatrice «Zaman», molto vicino agli ambienti religiosi:

> «Il cardinale Ratzinger, papa Benedetto XVI, è giudicato "il più fondamentalista" dei cardinali dell'età moderna... In un'intervista a "Le Figaro" Ratzinger aveva sostenuto con forza l'estraneità della Turchia all'Europa: "Ha combattuto contro Bisanzio, conquistato Costantinopoli, minacciato Vienna e l'Austria, occupato i Balcani" e aveva suggerito alla Turchia di cercare il proprio posto all'interno del mondo islamico. Il cardinale aveva poi ribadito in settembre le sue posizioni e la convinzione che l'ingresso della Turchia finirà per disintegrare la cultura europea... A quanto si dice Ratzinger avrebbe scelto il nome di Benedetto in omaggio alla figura di Benedetto XV che, nella sua breve esperienza di pontificato tra il 1914 ed il 1922, aveva combattuto il conservatorismo fino a proporre un piano di pace per far cessare la prima guerra mondiale. Prendendo questo nome, Ratzinger avrebbe così inteso dare un messaggio di pace e l'indicazione che, al contrario di quanto ci si attendeva, non si occuperà di politica. Se così fosse potremo alimentare l'ottimismo per un abbandono dell'atteggiamento conservatore verso la Turchia o perlomeno sperare in un approccio più equilibrato da parte del Vaticano. In caso contrario in Europa l'opposizione alla Turchia sarà destinata a rafforzarsi».

Se si leggono queste parole e le si paragonano con quelle pronunciate da Ratzinger a Monaco il primo giorno di permanenza in Baviera si capisce bene quanta differenza vi sia tra il "Ratzinger percepito" soprattutto nel mondo islamico e il Ratzinger reale. Si comprende bene anche la differenza tra le opinioni personali di un cardinale, e il messaggio universale di quel cardinale divenuto Papa. E si capisce infine quanta attesa vi sia per ogni sua parola dedicata all'islam. Un islam pronto a reagire al primo passo falso commesso dal Papa definito «più fondamentalista».

Le parole di Monaco spazzano via, almeno per qualche ora, ogni paura. L'omelia del Papa, condita dalla negazione dell'esistenza di una guerra di civiltà tra cristianesimo e islam, strappa ripetuti applausi alla folla. «Il mondo ha bisogno di Dio e noi abbiamo bisogno di Dio» incalza Benedetto XVI. Ratzinger non cita l'islam ma piuttosto entra nel cuore delle mancanze dell'Occidente, quell'Occidente che un tempo si diceva profondamente cristiano. L'Occidente, spiega il Papa, mostra una «debolezza di udito nei confronti di Dio di cui soffriamo specialmente in questo nostro tempo. Noi, semplicemente, non riusciamo più a sentirlo. Quello che si dice di lui ci sembra spesso prescientifico, non più adatto al nostro tempo. Con la debolezza d'udito o addirittura la sordità nei confronti di Dio si perde naturalmente anche la nostra capacità di parlare con lui o di lui.»

Il richiamo del Papa è al cuore pulsante dell'Europa. Alle sue origini cristiane e, come tali, aperte al mondo. Ratzinger chiede ai suoi conterranei di non dimenticarsi di portare i propri figli in chiesa e a messa, di trasmettere loro i valori cristiani. La prima omelia del Papa tedesco colpisce il cuore dei credenti e riceve il plauso della stampa mondiale.

L'11 settembre è un giorno di transizione. Il Papa ha appuntamenti di carattere spirituale: una messa nella piazza del Santuario di Altötting e, nella basilica di Sant'Anna, i vespri mariani coi religiosi e i seminaristi della Baviera. L'omelia è dedicata alla figura della Madonna. Un solo accenno alla Russia sembra poter urtare la sensibilità della Chiesa ortodossa: «La gente aspetta araldi che portino il Vangelo della pace, il messaggio del Dio fatto uomo» dice il Papa. «Ma anche nel cosiddetto Occidente, da noi in Germania, come pure nelle vastità della Russia è vero che la messe potrebbe essere molta.» Padre Federico Lombardi, il gesuita direttore della Radio Vaticana e del Centro Televisivo Vaticano, appena designato quale successore del giornalista spagnolo Joaquín Navarro-Valls, è al suo primo viaggio nella veste di direttore della Sala Stampa vaticana. Lombardi interviene per spiegare che l'accenno alla Russia «mi sembra abbastanza ovvio». E aggiunge: «È una delle regioni in cui adesso ci sono grandi possibilità di impegno per la Chiesa, ma non ha nulla a che vedere con forme di proselitismo nei confronti dei cristiani ortodossi». Lombardi va oltre la Russia. E ne approfitta per precisare anche l'interpretazione che una parte della stampa ha dato alle parole di Monaco dedicate all'Occidente senza «timor di Dio». Dice: «L'islam non era nominato. Mi pare che l'impostazione fosse più ampia».

Come abbiamo già riferito, la reazione dei media all'omelia di Monaco è molto positiva. Solo una minoranza lega le parole del Papa all'islam. E padre Lombardi, per bloccare sul nascere ogni tipo di polemica, interviene prontamente. Fin qui, dunque, tutto bene. Nulla lascia presagire quanto sta per capitare. Nulla sembra anticipare quanto accade poche ore dopo, in quel di Ratisbona.

È il 12 settembre il giorno più importante del viaggio del Papa. Benedetto XVI parla nell'università di Ratisbona davanti ai rappresentanti della scienza. Il Papa teologo torna nell'università che un tempo fu sua e tiene una *lectio* che la Sala Stampa vaticana diffonderà in seguito con questo titolo: «Fede, ragione e università. Ricordi e riflessioni». Fede e ragione sono il cuore della *lectio*.

Il Papa parla da professore, è emozionato, e lo ammette subito:

> «È per me un momento emozionante trovarmi ancora una volta nell'università e una volta ancora poter tenere una lezione. I miei pensieri, contemporaneamente, ritornano a quegli anni in cui, dopo un bel periodo presso l'Istituto superiore di Freising, iniziai la mia attività di insegnante accademico all'università di Bonn. Era – nel 1959 – ancora il tempo della vecchia università dei professori ordinari. Per le singole cattedre non esistevano né assistenti né dattilografi, ma in compenso c'era un contatto molto diretto con gli studenti e soprattutto anche tra i professori. Ci si incon-

trava prima e dopo la lezione nelle stanze dei docenti. I contatti con gli storici, i filosofi, i filologi e naturalmente anche tra le due facoltà teologiche erano molto stretti. Una volta in ogni semestre c'era un cosiddetto *dies academicus*, in cui professori di tutte le facoltà si presentavano davanti agli studenti dell'intera università, rendendo così possibile un'esperienza di *universitas*, l'esperienza cioè del fatto che noi, nonostante tutte le specializzazioni, che a volte ci rendono incapaci di comunicare tra di noi, formiamo un tutto e lavoriamo nel tutto dell'unica ragione con le sue varie dimensioni, stando così insieme anche nella comune responsabilità per il retto uso della ragione – questo fatto diventava esperienza viva».

Ratzinger ricorda gli anni che furono e l'esperienza ancora viva di *universitas*: un luogo in cui comunicare esperienze diverse, un luogo in cui le diverse discipline interagiscono grazie all'uso della ragione. Tra queste discipline anche quelle teologiche, perché «anch'esse, interrogandosi sulla ragionevolezza della fede, svolgono un lavoro che necessariamente fa parte del tutto dell'*universitas scientiarum*. Continua il Papa:

> «Questa coesione interiore nel cosmo della ragione non venne disturbata neanche quando una volta trapelò la notizia che uno dei colleghi aveva detto che nella nostra università c'era una stranezza: due facoltà che si occupavano di una cosa che non esisteva – di Dio. Che anche di fronte ad uno scetticismo così radicale resti necessario e ragionevole interrogarsi su Dio per mezzo della ragione e ciò debba essere fatto nel contesto della tradizione della fede cristiana: questo, nell'insieme dell'università, era una convinzione indiscussa».

È qui che Benedetto XVI entra nel vivo del suo discorso. Quando decide di parlare del legame che esiste tra religione e ragione: è ragionevole credere e non si può credere contro la ragione. E per spiegare meglio ciò che intende comunicare, fa un esempio che occorre riportare nella sua interezza. Perché è a causa di questo esempio, delle parole riportate in questo passaggio, che scoppia il «caso Ratisbona», un cortocircuito di polemiche che terrà impegnati i media di tutto il mondo per settimane. Eccolo:

«Tutto ciò mi tornò in mente quando recentemente lessi la parte edita dal professore Theodore Khoury (Muenster) del dialogo che il dotto imperatore bizantino Manuele II Paleologo, forse durante i quartieri d'inverno del 1391 presso Ankara, ebbe con un persiano colto su cristianesimo e islam e sulla verità di ambedue. Fu poi presumibilmente l'imperatore stesso ad annotare, durante l'assedio di Costantinopoli tra il 1394 e il 1402, questo dialogo; si spiega così perché i suoi ragionamenti siano riportati in modo molto più dettagliato che non quelli del suo interlocutore persiano. Il dialogo si estende su tutto l'ambito delle strutture della fede contenute nella Bibbia e nel Corano e si sofferma soprattutto sull'immagine di Dio e dell'uomo, ma necessariamente anche sempre di nuovo sulla relazione tra le – come si diceva – tre Leggi o tre ordini di vita: Antico Testamento – Nuovo Testamento – Corano. Di ciò non intendo parlare ora in questa lezione; vorrei toccare solo un argomento, piuttosto marginale nella struttura dell'intero dialogo che, nel contesto del tema fede e ragione, mi ha affascinato e che mi servirà come punto di partenza per le mie riflessioni su questo tema. Nel settimo colloquio edito dal prof. Khoury, l'imperatore tocca il tema della jihad, della guerra santa. Sicuramente l'imperatore sapeva che nella sura 2, 256 si legge: "Nessuna costrizione nelle cose di fede". È una delle sure del periodo iniziale, dicono gli esperti, in cui Maometto stesso era ancora senza potere e minacciato. Ma, naturalmente, l'imperatore conosceva anche le disposizioni, sviluppate successivamente e fissate nel Corano, circa la guerra santa. Senza soffermarsi sui particolari, come la differenza di trattamento tra coloro che possiedono il "Libro" e gli "increduli", egli, in modo sorprendentemente brusco che ci stupisce, si rivolge al suo interlocutore semplicemente con la domanda centrale sul rapporto tra religione e violenza in genere, dicendo: "Mostrami pure ciò che Maometto ha portato di nuovo, e vi troverai soltanto delle cose cattive e disumane, come la sua direttiva di diffondere per mezzo della spada la fede che egli predicava". L'imperatore, dopo essersi pronunciato in modo così pesante, spiega poi minuziosamente le ragioni per cui la diffusione della fede mediante la violenza è cosa irragionevole. La violenza è in contrasto con la natura di Dio e la natura dell'anima. "Dio non si compiace del sangue – egli dice –, non agire secondo ragione è contrario alla natura di Dio.

La fede è frutto dell'anima, non del corpo. Chi quindi vuole condurre qualcuno alla fede ha bisogno della capacità di parlare bene e di ragionare correttamente, non invece della violenza e della minaccia. Per convincere un'anima ragionevole non è necessario disporre né del proprio braccio, né di strumenti per colpire né di qualunque altro mezzo con cui si possa minacciare una persona di morte". L'affermazione decisiva in questa argomentazione contro la conversione mediante la violenza è: non agire secondo ragione è contrario alla natura di Dio. L'editore, Theodore Khoury, commenta: per l'imperatore, come bizantino cresciuto nella filosofia greca, quest'affermazione è evidente. Per la dottrina musulmana, invece, Dio è assolutamente trascendente. La sua volontà non è legata a nessuna delle nostre categorie, fosse anche quella della ragionevolezza. In questo contesto Khoury cita un'opera del noto islamista francese R. Arnaldez, il quale rileva che Ibn Hazm si spinge fino a dichiarare che Dio non sarebbe legato neanche dalla sua stessa parola e che niente lo obbligherebbe a rivelare a noi la verità. Se fosse sua volontà, l'uomo dovrebbe praticare anche l'idolatria».

Il discorso del Papa prosegue, per dodici cartelle, tutto incentrato sul concetto di ragione e sul suo legame con la religione. La ragione, per il Papa, è spesso vista con sospetto e decisa ostilità. Perché oggi trova il suo ambito proprio e riconosciuto solo nel campo del «fattibile», «cioè nel dominio della tecnica». «L'ambito del senso della vita e dell'essere e quello della morale – afferma il Papa – è relegato nella sfera privata delle scelte soggettive dove un autentico confronto razionale che voglia pervenire a verità da tutti riconoscibili non ha più senso.» Ratzinger spiega come questa mentalità sia penetrata anche nella sfera religiosa, dove la ragione è percepita come un ostacolo alla fede: la fede da sola, senza bisogno d'interrogarsi e di verificarsi con l'aiuto della ragione metafisica, è più che sufficiente per fondare la vita del singolo credente e della comunità in cui vive. La ragione in Occidente sembra ridursi solo all'arte di costruire automobili sempre più potenti e computer sempre più efficienti e non teme ormai di avventurarsi nel campo del controllo e della manipolazione della vita umana.

Un'abilità crescente nel costruire mezzi va di pari passo alla rinuncia pregiudiziale a indagare sui fini, cioè sul "perché" e quindi sul "come" usare tali mezzi.

Quando il Papa finisce di parlare accade qualcosa. Il suo discorso viene rilanciato dalle agenzie di stampa dando grande enfasi soprattutto alla citazione di Manuele II Paleologo: «Mostrami pure ciò che Maometto ha portato di nuovo, e vi troverai soltanto delle cose cattive e disumane, come la sua direttiva di diffondere per mezzo della spada la fede che egli predicava». Quella frase fa il giro del mondo. E il messaggio che passa è il seguente: per il Papa l'islam è una religione violenta, votata alla guerra santa. La citazione di Manuele II Paleologo, estrapolata dal suo ampio e articolato contesto, rimbalza in tutto il globo e scuote profondamente il mondo musulmano che reagisce indignato.

Un'alta autorità musulmana turca, il presidente degli Affari religiosi (Diyanet) del paese, Ali Bardakoglu dice: «Aspettiamo che il Papa ritiri le sue parole e chieda scusa al mondo dell'islam». Bardakoglu tira in ballo anche il viaggio papale in Turchia, previsto per la fine di novembre: «Non penso che venga niente di buono dall'arrivo nel mondo musulmano di un uomo con idee come le sue sul profeta Maometto». Bardakoglu considera «provocatorio, ostile e pregiudiziale» il discorso del Papa, pur ammettendo di conoscere il testo solo sulla base di «imprecisi resoconti» della stampa turca. In particolare dimostra «meraviglia e orrore» per il fatto che il Papa avrebbe «messo lingua sulle cose sacre, sul Libro sacro e sul suo Profeta» e «questo è segno di ostilità e dà luogo a una maldicenza che attizza la lotta di religione». Il più autorevole giornale turco, «Hurriyet», così sintetizza la "lezione" tenuta dal Papa: «La violenza della jihad nell'islam è in contrasto con la natura di Dio e dell'anima».

Accuse a Benedetto XVI di «cattiva conoscenza dell'islam» e richieste di scuse vengono da due esponenti musulmani del Kuwait, uno sunnita e uno sciita, Hakem Al-Mutairi e Mohammad Baqer al-Mohri; dal quotidiano egiziano governativo «al Ahram» (il Papa «attribuisce a tutti i musulmani ciò che fa una minoranza estremista»); dal ministro degli Esteri pakistano Taslim Aslam: «Le dichiarazioni del Papa rivelano ignoranza nei confronti dell'islam e della sua storia»; dal portavoce di al-Fatah in Cisgiordania: «Non riflette i princìpi di tolleranza del cristianesimo». Il rettore della moschea di Parigi, Dalil Boubakeur, chiede al Vaticano di non «confondere islam e islamismo». Solo il capo della comunità musulmana della Germania, Aiman Mazyek, afferma di non trovare «nessun attacco all'islam» nel discorso del Papa.

Le proteste chiamano altre proteste. In molti paesi musulmani si riempiono le piazze e si organizzano manifestazioni. Arrivano persino a minacce di morte nei confronti di Benedetto XVI da parte di gruppi estremisti. Tra questi: al-Qaida, Iraq al-Jihadiyya, e l'Esercito dei Mujahidin. A Mogadiscio perde la vita una suora italiana, Leonella Sgorbati. L'omicidio viene da più parti legato all'indignazione islamica per le parole del Papa.

Il Vaticano sembra sopraffatto dalle reazioni islamiche. Interviene, su mandato della Segreteria di Stato, padre Lombardi che la sera del 14 settembre dirama un comunicato:

> «A proposito delle reazioni di esponenti musulmani circa alcuni passi del discorso del Santo Padre all'Università di Regensburg, è opportuno rilevare che – come risulta da una attenta lettura del testo – ciò che sta a cuore al Santo Padre è un chiaro e radicale rifiuto della motivazione religiosa della violenza. Non era certo nelle intenzioni del Santo Padre svolgere uno studio approfondito sulla jihad e sul pensiero musulmano in merito, e tanto meno offendere la sensibilità dei credenti musulmani. Anzi, nei discorsi del Santo Padre appare chiaramente il monito, rivolto alla cultura occidentale, perché si eviti "il disprezzo di Dio e il cinismo che considera il dileggio del sacro un diritto della libertà" (di-

scorso del 10.9), la giusta considerazione della dimensione religiosa è infatti premessa essenziale per un fruttuoso dialogo con le grandi culture e religioni del mondo... È chiara quindi la volontà del Santo Padre di coltivare un atteggiamento di rispetto e di dialogo verso le altre religioni e culture, evidentemente anche verso l'islam».

Le parole di Lombardi non bastano a placare gli animi. Critiche piovono non soltanto dall'Europa e dalla Turchia, ma da tutto il mondo. Il sito della televisione del Qatar riporta un lungo articolo di cronaca al termine del quale c'è una lista di interventi dei lettori: «Dio possa maledire gli oppressori perché non hanno prove, e per questo usano metodi spicci». «Le parole del Papa riflettono ignoranza della fede islamica e della storia.» «Deve ritirare le sue dichiarazioni.» «Si sapeva che questo Papa è schierato con il sionismo mondiale.» Secondo la tv le previsioni non sono rosee: nelle ore successive sono previste ulteriori «reazioni non lontane da quelle provocate dalla vicenda delle vignette» su Maometto, pubblicate dal giornale danese «Jylland Posten» che fecero esplodere d'odio le piazze islamiche. «Il discorso pronunciato dalla massima autorità ecclesiastica cattolica – dice Mohammed Banani, presidente dei tribunali della sharia sunnita islamica in Libano – è estremamente grave. Sono parole che non pronuncerebbe neppure un bambino delle elementari perché fomentano il terrorismo.» In un forum legato ad al Qaeda alcuni degli interventi più rabbiosi: «Il Papa deve stare attento alla sua gola».

Il giorno successivo il Papa è ancora in città, mentre il 14 settembre si reca a Frisinga. Ma per tutti il viaggio termina a Ratisbona. I media internazionali non parlano d'altro: la *lectio* del Papa, l'attacco all'islam, la citazione di Manuele II Paleologo, i paesi musulmani che bruciano, il Papa teologo divenuto d'un colpo il grande avversario della religione islamica.

Questa violenta e, nella grande maggioranza dei casi, strumentale reazione islamica poteva essere evitata? Innanzitutto vale la pena di richiamare alla memoria la particolare attenzione e sensibilità che il mondo musulmano manifesta verso Benedetto XVI in quei primi mesi di pontificato. Tutti rievocano quanto disse, da cardinale, nel settembre del 2004 circa la possibilità che la Turchia potesse entrare in Europa. Ratzinger è percepito come profondamente avverso al credo e alla cultura islamica. Soltanto pochi mesi prima del viaggio a Ratisbona – il 5 febbraio 2006 – c'era stata l'uccisione del sacerdote italiano don Andrea Santoro nella parrocchia di Santa Maria di Trebisonda, in Turchia. L'episodio, liquidato da molti come l'azione di un adolescente squilibrato, è invece «l'espressione di una vera e propria cristianofobia». Lo scrive su «Terrasanta.net» – bimestrale della Cusodia di Terrasanta – Mavi Zambak: «I missionari sono fatti oggetto ogni giorno di accuse di proselitismo e di conversioni a pagamento, oltre a diventare veri e propri bersagli». Il mondo islamico attende in modo particolare ogni accenno che il Papa fa alla loro religione. Appena poche ore prima della *lectio* di Ratisbona, a Monaco, come già ricordato, era dovuto intervenire padre Lombardi per chiarire che nel testo papale «l'islam non era nominato». L'impressione, insomma, è che basti davvero poco per accendere la miccia e far esplodere una bomba.

Ma cosa è successo esattamente a Ratisbona? Come è stato possibile che nessuno dello staff di Benedetto XVI abbia avuto la prontezza di avvisare il Papa dei rischi di fraintendimento che le sue parole avrebbero potuto avere? Marco Politi per anni è stato vaticanista del quotidiano italiano «la Repubblica». A Ratisbona era uno dei giornalisti, che seguivano il viaggio in Baviera del Pontefice, e si trovava nella sala stampa allestita per l'evento. Con lui ricostruiamo l'intera giornata del 12 settembre. Attraverso le sue parole cerchiamo di capire che cosa esattamente è accaduto. Cerchiamo di comprendere perché il messaggio di Joseph Ratzinger sul rapporto tra fede e ragione sia stato recepito come un dardo scagliato contro la religione islamica. Racconta Politi: «Alle sei della mattina del 12 settembre tutti i giornalisti ammessi al volo papale hanno ricevuto, nel loro albergo a Monaco di Baviera, il testo della *lectio* del Papa, in tedesco e in italiano. Come sempre avviene, lo abbiamo ricevuto da Victor van Brantegem, assistente del direttore della Sala Stampa vaticana. Solitamente, e anche questa volta è capitato così, van Brantegem prepara i testi del Papa sotto embargo la mattina presto e andiamo a prenderli nella camera dell'albergo, dove è alloggiato. Verso le sette di quel giorno, con i discorsi ripiegati in tasca, siamo scesi tutti nella sala della colazione. E tra colleghi abbiamo iniziato a sfogliare il testo del Papa. Da subito abbiamo notato la citazione potenzialmente esplosiva di Manuele II Paleologo. Più tardi ci siamo ritrovati a discuterne nella sala stampa di Ratisbona in quattro: io e tre colleghi americani dell'"Associated Press", del "New York Times" e del "Los Angeles Times". Al mattino c'era una messa, al pomeriggio la *lectio* in università. Mentre era in corso la messa del Papa nella spianata dell'Islinger Feld di Ratisbona, ci siamo avvicinati a padre Lombardi. E gli abbiamo fatto notare la citazione di Manuele II Paleologo. Lombardi ci ha risposto che il testo era più ampio e non si poteva ridurre tutto a quel brano».

I giornalisti avevano dunque fiutato il pericolo. E avevano segnalato che quella citazione poteva provocare problemi e reazioni negative, se non fosse stata spiegata a dovere.

«Noi comunque» continua Politi «insistiamo sulla pericolosità della citazione. Del resto venivamo da un viaggio, quello di Benedetto XVI in Polonia [25-28 maggio 2006, N.d.A.], durante il quale, prima del discorso del Papa al campo di concentramento di Auschwitz-Birkenau, avevamo fatto notare all'allora portavoce papale, Joaquín

Navarro-Valls, come, nel testo che il Papa avrebbe dovuto pronunciare nel pomeriggio, non apparisse mai la parola "Shoah". E Navarro intervenne prontamente tanto che nel testo finale che il Papa effettivamente pronunciò, fece inserire il termine "Shoah" due volte, più una terza la aggiunse Ratzinger a braccio. A Ratisbona invece il Papa non ha cambiato nulla. Il testo che ci hanno consegnato sotto embargo la mattina era identico a quello effettivamente pronunciato il pomeriggio. Ma i nostri timori sul carattere esplosivo del brano non erano infondati. Subito, infatti, le agenzie di stampa hanno ripreso la citazione di Manuele II Paleologo facendole fare il giro del mondo. Non credo che le agenzie di stampa abbiano agito male. Anche nei viaggi precedenti, anche nei viaggi di Giovanni Paolo II, è sempre capitato di attribuire particolare valore a singole frasi dei testi papali. Sono frasi che la stampa giustamente reputa "chiave" e dunque valorizza. Pensiamo alla famosa frase wojtyliana "Aprite le porte a Cristo!". È la prassi e tutti coloro che fanno parte dello staff del Papa lo sanno. Tra l'altro mi è stato riferito che il cardinale Angelo Sodano, che il 15 settembre avrebbe terminato il suo servizio come segretario di Stato vaticano, aveva in precedenza personalmente avvertito il Papa della pericolosità della citazione di Manuele II Paleologo. Nulla però è stato cambiato.»

Riesce difficile però credere che, di fronte a un suggerimento del genere, Ratzinger non ne abbia tenuto conto. Altre fonti confermano che i collaboratori della Segreteria di Stato incaricati dei discorsi non avevano visionato in precedenza la *lectio magistralis* e che soltanto alla vigilia della partenza il cardinale Sodano l'aveva potuta leggere. Ma non si trovano altri riscontri a eventuali cambiamenti suggeriti.

Politi, comunque, non intende attribuire alcuna responsabilità a padre Lombardi nella gestione del caso. Dice: «Al tempo di Giovanni Paolo II c'era Navarro, che faceva letteralmente da “portavoce”, che agiva come uno *spin-doctor* a tutti gli effetti, interagendo sistematicamente con i media e facendo da *trait d'union* con l'appartamento papale. Vedeva spesso il Papa, il segretario di Stato vaticano e il segretario particolare del Pontefice. Aveva uno scambio di opinioni continuo con i vertici della Chiesa. Il suo lavoro era agevolato. E lui agevolava il lavoro del Papa. La sua influenza si è vista bene ancora fino all'episodio di Auschwitz-Birkenau. Benedetto XVI, invece, ha voluto eliminare questo ruolo di “portavoce”, tornando alla figura tradizionale del direttore della Sala Stampa vaticana il cui incarico è semplicemente quello di trasmettere ai media nel miglior modo i suoi discorsi e i suoi interventi. Che tipo di accesso ha padre Lombardi al Papa? A quanto si capisce non si vedono sistematicamente e di sicuro non con quell'immediatezza che c'era fra papa Wojtyla e Navarro-Valls. E a Ratisbona, come anche in altre occasioni, questo tipo di rapporto ha fatto la differenza – in negativo secondo me – rispetto al passato. Noi abbiamo avvisato per tempo, a Ratisbona, che quel discorso avrebbe provocato conflitti. Ma non è stato fatto nulla per evitarli».

Politi è uno dei giornalisti che hanno potuto vivere da vicino la giornata del 12 settembre. Non così ha fatto il gesuita Thomas Michel, americano trapiantato a Roma, dal 1981 al 1994, islamologo del Pontificio consiglio per il dialogo interreligioso, di cui è consultore, e nel 2006 responsabile ufficiale del dialogo con l'islam per la Compagnia di Gesù e per la federazione delle conferenze episcopali dell'Asia. Padre Michel offre in quelle ore un commento diverso. Non accenna alla possibilità che padre Lombardi sia stato avvisato per tempo dai giornalisti circa l'inopportunità di quella citazione. Ma interviene in merito al metodo che Ratzinger adotta per scrivere i suoi testi. Secondo quanto dice in diretta radiofonica sul sito on line multilingue dello sceicco Yusuf Qaradawi – *www.islamonline.net* –

Giovanni Paolo II faceva sempre controllare in anticipo da lui i propri discorsi riguardanti l'islam:

> «In qualche occasione trovavo delle frasi che mi sembravano offensive, lo facevo notare al Papa e lui sempre le cancellava dal testo. Cosa che invece Benedetto XVI non fa».

E ancora:

> «A Ratisbona, Benedetto XVI ha esposto il suo punto di vista personale. Non c'è dubbio che in Vaticano alcuni sono d'accordo con lui, ma ce ne sono anche molti che non concordano affatto con le vedute personali del Papa».
>
> «Il Papa probabilmente ragionava come un accademico e non ha capito che così tanta gente avrebbe ascoltato quello che diceva. In questo caso, penso che il Papa avrebbe dovuto avere migliori consiglieri, i quali gli avrebbero detto che quelle sue parole distruggevano anni di fiducia e di apertura tra cristiani e musulmani.»

Giudizi durissimi. Un attacco frontale a Benedetto XVI e al suo entourage.

> «La citazione del Paleologo è stata una pessima idea. Il mio pensiero è che ogni volta che usiamo un esempio negativo noi dovremmo prenderlo dalla nostra storia piuttosto che da quella degli altri. Il Papa avrebbe potuto usare le Crociate, per esempio, se voleva criticare la violenza ispirata dalla religione e non recare offesa ad altri.»
>
> «Non credo che le parole del Papa siano state sagge. Qualcuno in Vaticano avrebbe dovuto dirglielo prima che egli rendesse pubblico il suo pensiero. La rabbia che è esplosa sarebbe stata evitata se i consiglieri e gli assistenti del Papa avessero fatto bene il loro lavoro.»

Il 14 Benedetto XVI torna in Italia. Il 15 è il giorno in cui il cardinale Tarcisio Bertone sostituisce Angelo Sodano alla guida della Segreteria di Stato. Dopo un "primo ministro" proveniente dalla diplomazia, ne arriva uno più votato alla pastorale, un salesiano fino a quel momento arcivescovo di Genova e che per diversi anni ha lavorato a stretto contatto con Ratzinger alla Congregazione per la dottrina della fede. Il Papa lo ha scelto perché si era trovato bene a collaborare con lui. È Bertone che prende in mano il dossier Ratisbona nel tentativo di sbrogliarlo. Il suo intento è chiaro: portare il Papa a chiarire il fraintendimento e sanare in questo modo la ferita aperta con l'islam. Le scuse le chiedono a gran voce tutti i giornali laici del mondo. È il «New York Times», in particolare, ad aprire le danze esigendo «scuse profonde e convincenti». E ancora: «Il mondo ascolta con attenzione le parole di ogni Papa. Ed è tragico e pericoloso quando uno semina dolore, sia deliberatamente sia per negligenza».

Un chiarimento arriva prontamente, dallo stesso Bertone, che il 16 settembre pubblica una nota:

> «Di fronte alle reazioni da parte musulmana circa alcuni passi del discorso del Santo Padre Benedetto XVI all'Università di Regensburg, ai chiarimenti e alle precisazioni già offerti tramite il direttore della Sala Stampa della Santa Sede, desidero aggiungere quanto segue:
>
> – La posizione del Papa sull'islam è inequivocabilmente quella espressa dal documento conciliare *Nostra Aetate*: "La Chiesa guarda con stima i musulmani, che adorano l'unico Dio, vivente e sussistente, creatore del cielo e della terra, che ha parlato agli uomini..." (n. 3).
>
> – L'opzione del Papa in favore del dialogo interreligioso e interculturale è altrettanto inequivocabile...
>
> – Quanto al giudizio dell'imperatore bizantino Manuele II Paleologo, da Lui riportato nel discorso di Regensburg, il Santo Padre non ha inteso né intende assolutamente farlo proprio, ma lo ha soltanto utilizzato come occasione per svolgere, in un contesto accademico e secondo quanto risulta da una completa e attenta lettura del testo, alcune riflessioni sul tema del rapporto tra religione e violenza in genere e concludere con un chiaro e radicale rifiuto della motivazione religiosa della violenza, da qualunque parte essa provenga...
>
> – Il Santo Padre è pertanto vivamente dispiaciuto che alcuni passi del Suo discorso abbiano potuto suonare come offensivi della sensibilità dei credenti musulmani e siano stati interpretati in modo del tutto non corrispondente alle sue intenzioni. D'altra parte, Egli, di fronte alla fervente religiosità dei credenti musul-

mani, ha ammonito la cultura occidentale secolarizzata perché eviti "il disprezzo di Dio e il cinismo che considera il dileggio del sacro un diritto della libertà".

– Nel ribadire il Suo rispetto e la Sua stima per coloro che professano l'islam, Egli si augura che siano aiutati a comprendere nel loro giusto senso le Sue parole, affinché, superato presto questo momento non facile, si rafforzi la testimonianza all'"unico Dio, vivente e sussistente, creatore del cielo e della terra, che ha parlato agli uomini" e la collaborazione per "difendere e promuovere insieme, per tutti gli uomini, la giustizia sociale, i valori morali, la pace e la libertà" (*Nostra Aetate*, n. 3)».

Il Papa il giorno dopo, domenica 17, pronuncia una breve dichiarazione prima della recita dell'*Angelus* da Castel Gandolfo. Dice:

«Il viaggio apostolico in Baviera, che ho compiuto nei giorni scorsi, è stato una forte esperienza spirituale, nella quale si sono intrecciati ricordi personali, legati a luoghi a me tanto familiari, e prospettive pastorali per un efficace annuncio del Vangelo nel nostro tempo... In questo momento desidero solo aggiungere che sono vivamente rammaricato per le reazioni suscitate da un breve passo del mio discorso nell'Università di Regensburg, ritenuto offensivo per la sensibilità dei credenti musulmani, mentre si trattava di una citazione di un testo medioevale, che non esprime in nessun modo il mio pensiero personale. Ieri il Signor Cardinale Segretario di Stato ha reso pubblica, a questo proposito, una dichiarazione in cui ha spiegato l'autentico senso delle mie parole. Spero che questo valga a placare gli animi e a chiarire il vero significato del mio discorso, il quale nella sua totalità era ed è un invito al dialogo franco e sincero, con grande rispetto reciproco. Questo è il senso del discorso».

Da questo momento è ufficiale il rammarico del Papa per il modo in cui sono state accolte le sue parole di Ratisbona e per il fraintendimento che ne è derivato. Ed è ufficiale che la citazione di Manuele II Paleologo non aveva alcun intento offensivo nei confronti dell'islam e soprattutto non esprimeva il pensiero del Pontefice. Bertone in quei giorni continua a gestire il dossier. L'importante è mostrare all'islam un volto amico. Il Papa torna sull'argomento il mercoledì successivo, durante l'udienza generale. E dice:

«Un'esperienza particolarmente bella è stata per me in quel giorno tenere una prolusione davanti a un grande uditorio di professori e di studenti nell'Università di Regensburg, dove per molti anni ho insegnato come professore... Come tema avevo scelto la questione del rapporto tra fede e ragione. Per introdurre l'uditorio nella drammaticità e nell'attualità dell'argomento, ho citato alcune parole di un dialogo cristiano-islamico del XIV secolo, con le quali l'interlocutore cristiano – l'imperatore bizantino Manuele II Paleologo – in modo per noi incomprensibilmente brusco – presentò all'interlocutore islamico il problema del rapporto tra religione e violenza. Questa citazione, purtroppo, ha potuto prestarsi ad essere fraintesa. Per il lettore attento del mio testo, però, risulta chiaro che non volevo in nessun modo far mie le parole negative pronunciate dall'imperatore medievale in questo dialogo e che il loro contenuto polemico non esprime la mia convinzione personale. La mia intenzione era ben diversa: partendo da ciò che Manuele II successivamente dice in modo positivo, con una parola molto bella, circa la ragionevolezza che deve guidare nella trasmissione della fede, volevo spiegare che non religione e violenza, ma religione e ragione vanno insieme. Il tema della mia conferenza – rispondendo alla missione dell'Università – fu quindi la relazione tra fede e ragione: volevo invitare al dialogo della fede cristiana col mondo moderno ed al dialogo di tutte le culture e religioni. Spero che in diverse occasioni della mia visita – per esempio, quando a Monaco ho sottolineato quanto sia importante rispettare ciò che per gli altri è sacro – sia apparso con chiarezza il mio rispetto profondo per le grandi religioni e, in particolare, per i musulmani, che "adorano l'unico Dio" e con i quali siamo impegnati a "difendere e promuovere insieme, per tutti gli uomini, la giustizia sociale, i valori morali, la pace e la libertà" (*Nostra Aetate*, 3). Confido quindi che, dopo le reazioni del primo momento, le mie parole nell'Università di Regensburg possano costituire una spinta e un incoraggiamento a un dialogo positivo, anche autocritico, sia tra le religioni come tra la ragione moderna e la fede dei cristiani».

Bertone, intanto, è sempre all'opera. E continua a lavorare per ricucire con l'islam. Il contatto della Segreteria di Stato con le nunziature nel mondo è continuo. È Bertone a organizzare, per il 25 settembre, un incontro altamente scenografico a Castel Gandolfo. L'incontro è annunciato dalla Sala Stampa vaticana così:

> «Lunedì 25 settembre alle 11.45 il Santo Padre riceverà a Castel Gandolfo il cardinale Paul Poupard, presidente del Pontificio consiglio per il dialogo interreligioso, ed alcuni esponenti delle comunità musulmane in Italia. All'incontro sono stati invitati anche gli ambasciatori dei paesi a maggioranza musulmana accreditati presso la Santa Sede».

Secondo il cardinale Poupard sarà certamente un'udienza caratterizzata da un clima «di amicizia e di gioia». L'intento è di mostrare un Papa che tende la mano all'islam anche in vista dell'attesissimo viaggio in Turchia, previsto a fine novembre.

L'incontro si realizza senza intoppi. Il Papa dice: «La Chiesa guarda con stima anche i musulmani che adorano l'unico Dio, vivente e sussistente, misericordioso e onnipotente, creatore del cielo e della terra, che ha parlato agli uomini». Spiega ancora il Papa: «Fin dall'inizio del mio pontificato ho auspicato che si continuino a consolidare ponti di amicizia con i fedeli di tutte le religioni, con un particolare apprezzamento per la crescita del dialogo tra musulmani e cristiani».

A Castel Gandolfo vengono fatte arrivare le televisioni di tutto il mondo. Anche le tv arabe danno grande risalto all'incontro, pur ricordando che il Papa ancora non ha pronunciato la parola «scusa» per quanto detto a Ratisbona sull'islam. «Il Papa evita le scuse e invita a un dialogo vero e franco» titola l'emittente satellitare del Qatar, Al Jazeera. «Il Papa non ha presentato le sue scuse ed esprime il suo rispetto per la religione islamica», le fa eco Al Arabiya, che rileva: «Il Pontefice ha chiesto ai rappresentanti islamici di ripudiare la violenza e li ha invitati al dialogo».

Finalmente il clima è più disteso. Bertone riesce in poco tempo a mostrare il lato più accondiscendente del Papa verso l'islam. Il 9 ottobre la Santa Sede pubblica sul proprio sito web in forma ufficiale la *lectio* integrale di Ratisbona. La pubblica apportando alcune significative modifiche e includendo alcune note. La citazione che recitava «mostrami pure ciò che Maometto ha portato di nuovo, e vi troverai soltanto delle cose cattive e disumane, come la sua direttiva di diffondere per mezzo della spada la fede che egli predicava», viene presentata come pronunciata da Manuele II Paleologo non più «in un modo sorprendentemente brusco, al punto che ci stupisce», ma «*brusco al punto da essere per noi inaccettabile*». Un cambiamento particolarmente significativo. Non solo: Benedetto XVI fa anche una precisazione circa la *sura* citata, 2, 256 del Corano che recita «nessuna costrizione nelle cose di fede». Nel testo letto all'Università c'era scritto che quella era «probabilmente una delle sure del periodo iniziale, dicono gli esperti, in cui Maometto stesso era ancora senza potere e minacciato». Gli esponenti del mondo islamico ravvisarono un'imprecisione perché la sura in questione non era primitiva, bensì tardiva. E nella versione corretta il Papa afferma che a dare l'interpretazione da lui riportata non sono «gli esperti», ma «una parte degli esperti».

L'«operazione scuse» – anche se il Papa non pronuncerà mai la parola «scusa» – messa in campo da Bertone si chiude a fine novembre con il viaggio in Turchia. Qui il Papa non torna più a parlare di Ratisbona, ma il viaggio serve per chiudere definitivamente l'incidente. Benedetto XVI mette al centro del suo messaggio il tema della libertà. Nel primo dei due discorsi tenuti in Turchia Benedetto XVI ha davanti a sé, tra gli altri, il presidente per gli Affari religiosi di Turchia, Ali Bardakoglu che lo aveva aspramente criticato soltanto qualche settimana prima. Benedetto XVI raccomanda l'«autentico rispetto per le scelte responsabili che ogni persona compie, specialmente quelle che attengono ai valori fondamentali e alle personali convinzioni religiose». E prosegue affermando che «la libertà di religione, garantita istituzionalmente ed effettivamente rispettata, sia per gli individui come per le comunità, costituisce per tutti i credenti la condizione necessaria per il loro leale contributo all'edificazione della società, in atteggiamento di autentico servizio, specialmente nei confronti dei più vulnerabili e dei poveri». Indica come «contributo specifico» di uomini e donne religiose «aiutare la società ad aprirsi al trascendente», ossia «offrire una risposta credibile alla questione che emerge chiaramente dalla società odierna, anche se essa è spesso messa da parte, la questione, cioè, riguardante il significato e lo scopo della vita, per ogni individuo e per l'intera umanità». E «come esempio del rispetto fraterno con cui cristiani e musulmani possono operare insieme» cita «alcune parole indirizzate da papa Gregorio VII, nell'anno 1076, ad un principe musulmano del Nord Africa, che aveva agito con grande benevolenza verso i cristiani posti sotto la sua giurisdizione. Papa Gregorio VII parlò della speciale carità che cristiani e musulmani si devono reciprocamente, poiché "noi crediamo e confessiamo un solo Dio, anche se in modo diverso, ogni giorno lo lodiamo e veneriamo come Creatore dei secoli e governatore di questo mondo"». Parlando poi al corpo diplomatico riunito nella nunziatura di Ankara, Benedetto XVI ricorda che «la costituzione turca riconosce ad ogni cittadino i diritti alla libertà di culto e alla libertà di coscienza». Quindi chiede che tali libertà vengano rispettate nei fatti, in assenza di costrizioni e violenze: «È compito delle autorità civili in ogni paese democratico garantire la libertà effettiva di tutti i credenti e permettere loro di organizzare liberamente la vita della propria comunità religiosa. Ciò implica che le religioni per parte loro non cerchino di esercitare direttamente un potere politico, poiché a questo non sono chiamate e, in particolare, che rinuncino assolutamente a giustificare il ricorso alla violenza come espressione legittima della pratica religiosa». È soprattutto in queste ultime parole che appare trasparente il richiamo alla lezione di Ratisbona. Come pure là dove il Papa indica come terreno comune di azione tra cristiani e musulmani «la causa dell'uomo» e più precisamente «della nascita dell'uomo, della sua educazione, della sua maniera di vivere e di lavorare, della sua vecchiaia e della sua morte», finalizzando a ciò «lo sviluppo straordinario delle scienze e delle tecniche che il mondo oggi conosce».

Con la storica visita alla stupenda Moschea Blu di Istanbul e le immagini del Papa assorto in preghiera accanto all'imam, l'incidente si può dire finalmente chiuso. Quelle immagini fanno il giro del mondo, dimostrano più di tante parole e precisazioni che il Papa è amico dell'islam.

Le scuse sono state fatte. O meglio, il rammarico è stato esplicitato. La ferita con l'islam in parte è ricucita. Ma il Papa ha fatto davvero retromarcia rispetto a Ratisbona? Ha ripensato la sua strategia decidendo di affidarsi nuovamente alla diplomazia della Santa Sede? L'impressione è che la reazione del mondo islamico sia stata talmente forte da provocare un ripensamento.

Nella Chiesa e fuori dalla Chiesa i pareri intorno alla *lectio* di Ratisbona sono diversi. Già nei giorni caldi del dopo viaggio, due eminenti personalità del mondo ecclesiastico avevano espresso diversi punti di vista. Il cardinale Camillo Ruini, ad esempio, aveva parlato della «splendida» lezione del Papa dicendo che in essa alcune espressioni «sono state equivocate» forse fino «a fornire il pretesto per l'abominevole assassinio di suor Leonella Sgorbati» a Mogadiscio. Mentre il cardinale Carlo Maria Martini, secondo quanto hanno riportato in quei giorni alcuni giornali, avrebbe detto che il Papa ha forse «parlato troppo da professore», come titola il 20 settembre «La Stampa».

Al di là dei diversi punti di vista un dato resta: la lezione a Ratisbona era volutamente "impolitica". Anche per questo ha lasciato il segno, nel bene e nel male. Scrive in proposito su «Asianews» qualche mese dopo, il 16 gennaio 2007, padre Samir Khalil Samir, gesuita e islamologo: «La lezione magistrale di Benedetto XVI a Ratisbona è stata vista da cristiani e musulmani come un passo falso del Papa, un suo banale errore, qualcosa da dimenticare e lasciarsi alle spalle, se non vogliamo fomentare una guerra fra religioni. In realtà questo Papa dal pensiero equilibrato e coraggioso, per nulla banale, a Ratisbona ha tracciato le basi di un vero dialogo fra cristiani e musulmani, diventando voce di molti musulmani riformisti e suggerendo all'Islam e ai cristiani i passi da fare. Ancora oggi in Occidente e nel mondo islamico vi sono forti reazioni a quel discorso. Ma molti studiosi musulmani cominciano a domandarsi: "Passata la burrasca dei fraintendimenti, in fondo, cosa ci ha detto Benedetto XVI? Ha detto che noi musulmani corriamo il grande rischio di eliminare la ragione dalla nostra fede. In tal modo la fede islamica diviene solo un atto di sottomissione a Dio che al limite può cadere nella violenza, magari in nome di Dio, o per difendere Dio"».

L'ottimismo di padre Samir viene confermato anche da un fatto. Un mese dopo la lezione di Benedetto XVI, trentotto personalità musulmane scrivono al Papa una lettera aperta nella quale in parte concordano e in parte dissentono con le posizioni da lui sostenute. I trentotto appartengono a varie nazioni e a differenti correnti di pensiero. Nel mondo islamico è la prima volta che personalità così diverse parlano con una sola voce, ed espongono al capo della più importante Chiesa cristiana i princìpi dell'islam, con l'intento di arrivare a una «mutua comprensione». Nei mesi successivi altre firme si aggiungono a quelle iniziali e i trentotto divengono cento. Un anno dopo, i cento diventano centotrentotto e rendono pubblica una seconda lettera, in coincidenza con la fine del Ramadan, chiamata «Una parola comune fra noi». La seconda lettera viene indirizzata al Papa ma anche al patriarca ecumenico di Costantinopoli Bartolomeo I, al patriarca di Mosca Alessio II e ai capi di altre diciotto Chiese d'Oriente; all'arcivescovo anglicano di Canterbury Rowan Williams; ai leader delle federazioni mondiali delle Chiese luterane, riformate, metodiste e battiste; al segretario generale del Consiglio Mondiale delle Chiese, Samuel Kobia, e in generale «ai leader delle Chiese cristiane». La prima lettera sosteneva posizioni molto nette a favore della libertà di professare la fede «senza costrizioni». Rivendicava la razionalità dell'islam pur tenendo ferma l'assoluta trascendenza di Dio. Ribadiva con decisione i limiti posti dalla dottrina islamica al ricorso alla guerra e all'uso della violenza, condannando i «sogni utopistici nei quali il fine giustifica i mezzi». E auspicava un rapporto tra islam e cristianesimo fondato sull'amore di Dio e del prossimo, i «due grandi comandamenti» richiamati da Gesù nel Vangelo di Marco 12, 29-31. La seconda lettera parte proprio dalla conclusione della prima, e la sviluppa.

I centotrentotto firmatari appartengono a quarantatré nazioni diverse. Alcuni di essi vivono in Europa e negli Stati Uniti, ma la maggior parte vive in paesi musulmani: dalla Giordania all'Arabia Saudita, dall'Egitto al Marocco, dagli Emirati allo Yemen; ma anche in Iran, in Iraq, in Turchia, in Pakistan, in Palestina.

Il 12 ottobre 2007 è il cardinale Jean-Louis Tauran, presidente del Pontificio consiglio per il dialogo interreligioso, a dire ai microfoni di Radio Vaticana che la lettera dei centotrentotto è «un documento molto interessante e nuovo, poiché proviene sia da musulmani sunniti sia da musulmani sciiti». A Tauran il Papa affida il compito di portare avanti il dialogo iniziato coi centotrentotto. Un primo incontro tra le parti si è svolto in Vaticano nel 2008. L'avvio di questo dialogo non sarebbe avvenuto se non ci fosse stata la *lectio* papale di Ratisbona su fede e ragione.

Nella nuova edizione, aggiornata con diverse aggiunte e approfondimenti, del libro-intervista *L'ultimo segreto di Fatima*, curato dal direttore della struttura Rai Vaticano, Giuseppe De Carli, il cardinale Bertone così rievoca il caso: «Appena iniziato il mio incarico è scoppiato il problema del celebre discorso di Ratisbona, anche se era stato pronunciato quando era ancora segretario di Stato il cardinale Angelo Sodano. In effetti, i giorni seguenti sono stati piuttosto turbolenti. Le conseguenze di una capziosa interpretazione del discorso del Papa avevano destato equivoci e preoccupazioni. Ma il successivo viaggio in Turchia ha rimesso sui binari giusti il dialogo con l'islam. Grazie a Dio, adesso i rapporti sono ripresi con la dovuta stima e cordialità reciproca».

2

Da Varsavia a Linz, due nomine «pericolose»

Il 6 dicembre 2006, a poche settimane di distanza dallo storico viaggio in Turchia di papa Ratzinger, che con la visita alla Moschea Blu di Istanbul chiudeva definitivamente le polemiche nate in seguito alla lectio di Ratisbona, la Santa Sede annunciava:

> «Il Santo Padre ha accettato la rinuncia al governo pastorale dell'arcidiocesi di Warszawa (Polonia), presentata dall'Em.mo Card. Józef Glemp, in conformità al can. 401 § 1 del Codice di Diritto Canonico. Il Papa ha nominato Arcivescovo Metropolita di Warszawa (Polonia) S.E. Mons. Stanisław Wojciech Wielgus, finora Vescovo di Płock».

La successione del cardinale Glemp, in quel momento ancora primate di Polonia, non era stata facile. Il sessantasettenne designato, esperto di filosofia medioevale, è vescovo da sette anni in una piccola diocesi e ha un passato accademico lungo e prestigioso presso l'Università cattolica di Lublino, dov'è stato rettore per tre mandati a partire dal 1989. Ha trascorso due periodi di studio a Monaco di Baviera, l'ultimo nei quali nel 1978, quando Joseph Ratzinger era arcivescovo. I due si sono conosciuti. Il nome di Wielgus non era stato annoverato fin dall'inizio nella rosa dei candidati alla succesione di Glemp. La terna esaminata dalla Congregazione dei vescovi prima dell'estate 2006 era infatti composta da Józef Miroslaw Zycinski, arcivescovo di Dublino, ed esponente dell'ala più "liberal" dell'episcopato polacco; da Józef Michalik, arcivescovo di Przemysl e presidente della Conferenza episcopale; da Wiktor Skworc, vescovo di Tarnów. «C'erano però» ha scritto il vaticanista Sandro Magister «altri pretendenti con i rispettivi partiti, tra i quali il vescovo di Danzica, Tadeusz Goclowski, altro "liberal", il curiale Stanislaw Rylko, presidente del Pontificio consiglio per i laici, e lo stesso nunzio vaticano a Varsavia, Józef Kowalczyk, che ha tra le sue mansioni proprio quella di istruire i dossier sui candidati a vescovo, e trasmetterli a Roma.» Non va dimenticato che nel 2005 Benedetto XVI aveva nominato arcivescovo di Cracovia l'ex segretario di papa Wojtyla, Stanislaw Dziwisz, e nel marzo 2006 l'aveva elevato alla dignità cardinalizia. Dziwisz, che aveva visto accrescere di molto la sua influenza negli ultimi anni del pontificato wojtyliano, era dunque tornato in Polonia, trovandovi come nunzio apostolico un suo stretto e caro amico, monsignor Kowalczyk.

Dopo l'estate, ecco emergere la candidatura dell'outsider Wielgus, conosciuto personalmente dal Pontefice, un prelato che, pur essendo stato nominato vescovo da Giovanni Paolo II, non appartiene al gruppo di vescovi "wojtyliani" e non è appoggiato da Dziwisz. È uno stimato intellettuale, ma è anche tra i presuli che più sostengono Radio Marya, l'emittente radiofonica conservatrice.

Il 20 dicembre il settimanale di destra «Gazeta Polska» accusa il neo-eletto arcivescovo di aver collaborato per vent'anni con la polizia politica comunista e di aver svolto per il governo del regime un «lodevole servizio». Pur avendo annunciato che esistono le prove di questo rapporto tra Wielgus e i servizi segreti polacchi, la rivista inizialmente non le fornisce, e questo appare strano in un paese dove, grazie al lavoro dell'Istituto per la memoria nazionale, vengono pubblicati centinaia di dossier. Wielgus, dal canto suo, non nega di essere stato contattato dai servizi del regime, ma dichiara di non aver mai accettato le proposte della polizia politica e dunque di non di aver mai fatto la spia per conto del governo. Non sarebbe mai stato, a suo dire, un vero collaboratore.

Il 21 dicembre, con uno scarno ma significativo comunicato, il Vaticano conferma la fiducia a Wielgus:

> «La Santa Sede, nel decidere la nomina del nuovo Arcivescovo Metropolita di Varsavia, ha preso in considerazione tutte le circostanze della sua vita, tra cui anche quelle riguardanti il suo passato. Ciò significa che il Santo Padre nutre verso S.E. Mons. Stanisław Wielgus piena fiducia e, con piena consapevolezza, gli ha affidato la missione di Pastore dell'Arcidiocesi di Varsavia».

Da queste poche righe si comprende come il passato di Wielgus fosse conosciuto da Benedetto XVI. Della collaborazione del nuovo arcivescovo di Varsavia con la «Sluba Bezpieczentwa», la polizia politica, non c'è però traccia nel dossier predisposto su di lui dalla Congregazione dei vescovi sulla base delle informazioni fornire dal nunzio apostolico Kowalczyk. «Quando monsignor Wielgus è stato nominato noi non sapevamo nulla della sua collaborazione con i servizi segreti» dirà al «Corriere della Sera» il cardinale Giovanni Battista Re. Perché, allora, la Santa Sede afferma il contrario, mettendo nero su bianco in un comunicato ufficiale che il Papa «sapeva»? Semplicemente, in questo caso tutti potrebbero aver ragione. Non c'era alcun cenno ai trascorsi di Wielgus nel dossier del nunzio e nelle carte della Congregazione. Ma nel momento in cui gli veniva notificata la nomina, lo stesso neo-eletto avrebbe confidato al Papa quei contatti, sminuendone però la portata. Ecco come si spiega il sostegno deciso da parte vaticana.

Non facevano peraltro riferimento a qualche possibile collaborazione con la polizia politica, nei loro pareri inviati alla nunziatura in vista della nomina, quegli ecclesiastici polacchi dubbiosi sulla candidatura di Wielgus, giudicato inadeguato alla diocesi della capitale solo perché troppo conservatore e "pessimista" nella sua visione della Chiesa e del mondo, non certo perché sospettato di essere una spia dei comunisti.

Resta comunque un mistero come sia potuto accadere che il nunzio, istruendo il processo per la successione a Glemp, non abbia fatto verifiche all'Istituto per la memoria nazionale. Da due anni bastava infatti qualche clic sul web per rendersi conto come nella lista dei 240.000 nomi citati nei dossier dell'Istituto, il nome di Wielgus comparisse due volte. Una citazione che di per sé non significa nulla, dato che in quell'elenco alfabetico, reso noto all'inizio del 2005 dal giornalista Bronislaw Wildstein, sono finiti indistintamente sia i nomi degli informatori del regime, sia quelli delle vittime. La sola citazione può dunque significare sia che si è stati incolpevolmente oggetto dell'attenzione dei servizi segreti, sia che si è cooperato attivamente con loro perché costretti, perché ricattati oppure perché convinti. Il link per la consultazione dell'elenco è disponibile anche sull'enciclopedia online Wikipedia. Perché nessuno ha fatto la seppur minima verifica? Già da due anni si sarebbe potuto sapere che a Stanislaw Wielgus erano attribuiti due dossier, rispettivamente i numeri IPN BU 001198/5835 e IPN BU 00612/2542.

Ma se la nunziatura o la Conferenza episcopale avessero promosso un'indagine preventiva, che cosa sarebbe emerso? La risposta non è facile, dato che tutti i dossier cartacei riguardanti Wielgus e pure i microfilm che li riproducevano, sono andati distrutti dopo il 1989 e la caduta del regime comunista. Non era invece accaduto per i due fascicoli citati a causa di un errore dell'archivista, come conferma lo storico Ian Zaryn: il nome di Wielgus era stato storpiato in «Welgus».

In ogni caso, il comunicato vaticano di sostegno al successore designato di Glemp sembra chiudere il caso. Anche la presidenza della Conferenza episcopale polacca rende nota una dichiarazione, nella quale si parla di «pubblica lesione del diritto alla buona fama di una concreta persona» e si definisce quanto accaduto come un «chiaro esempio di "lustrazione" selvaggia». «Lustrazione» è il termine tecnico per il procedimento di riconoscimento delle responsabilità di collaborazione con gli organi di sicurezza del regime comunista. «Tale situazione» continua la Conferenza episcopale «è specialmente offensiva nel caso di un ecclesiastico: infatti il semplice verificarsi di una conversazione di un sacerdote con gli esponenti dei servizi di sicurezza comunisti non può in se stesso attestare una collaborazione immorale, dato che non di rado tale conversazione aveva carattere di ufficio, o doveva essere intrapresa per ragioni pastorali o di svolgimento degli studi, dietro consenso del proprio vescovo.»

Negli anni precedenti, i dossier emersi dalle ricerche dell'Istituto per la memoria nazionale avevano sollevato pesanti accuse nei confronti del padre domenicano Konrad Heymo, organizzatore dei pellegrinaggi polacchi a Roma e conoscente di Giovanni Paolo II. Il numero di preti che risulterebbero assoldati come informatori, negli anni del regime comunista, è altissimo. Il 25 maggio 2006, proprio a Varsavia, incontrando il clero della città, Benedetto XVI aveva fatto riferimento a questo problema dicendo: «Conviene tuttavia guardarsi dalla pretesa di impancarsi con arroganza a giudici delle generazioni precedenti, vissute in altri tempi e in altre circostanze. Occorre umile sincerità per non negare i peccati del passato, e tuttavia non indulgere a facili accuse in assenza di prove reali o ignorando le differenti pre-comprensioni di allora».

La bufera vera e propria, però, scoppia nei primissimi giorni del 2007. Domenica 7 gennaio è previsto l'ingresso ufficiale di Wielgus quale nuovo arcivescovo di Varsavia, ma tre giorni prima l'autorevole quotidiano polacco «Rzeczpospolita» rende noti i documenti che dimostrano come il prelato sia stato «per vent'anni un agente segreto dei servizi comunisti». Il giornale pubblica il testo dell'impegno datato 23 febbraio 1978, con il quale Wielgus, nome in codice «Grey», s'impegna ad aiutare la polizia politica:

> «Io Grey – Stanislaw concordo a collaborare con i servizi segreti della Repubblica popolare polacca durante la mia permanen-

za all'estero. La collaborazione si baserà sull'offerta di servizi di intelligence dalla Germania federale e da altri Paesi ostili, secondo le istruzioni del Centro per i servizi di Intelligence. I servizi metteranno a disposizione tutti i mezzi e l'eventuale aiuto legale per lo svolgimento delle suddette attività».

Siamo alla vigilia del viaggio all'estero di Wielgus, che doveva tornare a Monaco di Baviera per motivi di studio. L'allora sacerdote polacco assicura la sua collaborazione con il regime, diventando di fatto una spia. Perché Wielgus si sarebbe avvicinato ai servizi segreti comunisti? Secondo il quotidiano polacco «per accelerare la propria carriera accademica». In particolare, i servizi segreti sarebbero riusciti ad assicurare una borsa di studio a Wielgus all'università di Monaco. Il neo-arcivescovo, che nelle settimane precedenti, pur ammettendo di «essere entrato in contatto con i servizi segreti» per ottenere autorizzazioni di visto per i suoi viaggi all'estero, si era difeso bollando tutta la questione come una mistificazione, creata dai servizi segreti al fine di screditare la sua figura, ora si trova davvero in difficoltà.

La stessa Conferenza episcopale polacca, che la prima volta si era espressa in sintonia con il comunicato vaticano, ora è più cauta. «La Chiesa polacca sta esaminando gli archivi dopo le accuse di spionaggio rivolte a monsignor Wielgus» ha spiegato il portavoce Jozef Kloch. «Abbiamo consegnato il rapporto all'arcivescovo affinché possa avere la possibilità di difendersi.»

Soltanto il 2 gennaio, quando ormai la bomba era pronta a deflagrare sui giornali polacchi, la nunziatura apostolica di Varsavia si era decisa a chiedere i documenti su Wielgus presenti negli archivi dell'Istituto per la memoria nazionale. Fino ad allora nessuno si era mosso, nemmeno per una ricerca sul web.

Intanto il nuovo arcivescovo, nonostante i documenti che lo incastrano siano ormai di dominio pubblico, prende comunque possesso per procura della sua diocesi, il 5 gennaio, vigilia del solenne ingresso. E invia un messaggio ai suoi nuovi diocesani di Varsavia, reso noto quel 5 gennaio per essere letto in tutte le chiese di Varsavia il giorno successivo.

Scrive Wielgus:

«Mi trovo oggi davanti alla soglia della cattedrale di Varsavia con un grave dilemma di coscienza che negli ultimi giorni è diventato grande prova non solo per me, ma anche per voi. Il Santo Padre Benedetto XVI mi ha mandato a voi come capo della metropolia di Varsavia. Ho indugiato ad accettare questa nomina a motivo del mio stato di salute. Ho presentato anche al Santo Padre la storia della mia vita compresa quella parte del mio passato riguardante il conivolgimento nei contatti con i servizi segreti del tempo, operanti nel contesto di uno stato totalitario e nemico alla Chiesa».

L'arcivescovo dunque rivela di aver parlato al Pontefice dei suoi trascorsi prima della nomina.

«Guidato dal desiderio di fare degli studi importanti per la mia specializzazione scientifica, mi sono fatto coinvolgere in tali contatti senza la necessaria prudenza, il coraggio e la decisione di romperli. Confesso questo sbaglio fatto da me per anni oggi davanti a voi, come l'ho confessato già prima al Santo Padre. I resoconti della polizia politica di quel tempo, provenienti dall'Istituto della Memoria Nazionale, pubblicati largamente negli ultimi giorni sui media, messi a mia conoscenza dalla Commissione Storica della conferenza episcopale parlano in gran parte di ciò che ci si è aspettato da me o mi è stato suggerito. Non dicono invece in che misura mi sono sottomesso alle loro richieste. Mostrano che ho cercato di non realizzare gli ordini suggeriti. È compito degli storici continuare a chiarirlo.»

Poi Wielgus ribadisce:

«Non so se i documenti presentatimi dalla Commissione Storica sono gli unici, o se ne appariranno altri, ma oggi affermo con piena convinzione che non ho fatto delazione su nessuno e che ho cercato di non far del male a nessuno. Col fatto stesso di questo mio coinvolgimento ho fatto però male alla Chiesa. Ho fatto del male di nuovo quando negli ultimi giorni di fronte alla febbrile campagna mediatica ho negato i fatti di questa collaborazione. Questo ha messo a rischio la credibilità delle affermazioni delle persone della Chiesa, fra le quali anche dei vescovi che sono con me solidali. So che per molti di voi, fratelli e sorelle, questo scostarsi dalla verità è un fatto non meno doloroso di quel coivolgimento di tanti anni fa».

«Vengo anche con la coscienza dell'ombra, che è caduta sul mio ingresso, che inizia il mio ufficio nella diocesi di Varsavia. Se mi accogliete, ciò che vi chiedo con cuore pentito, sarò fra voi un fratello che desidera unire e non dividere, pregare e unire la gente nella Chiesa, nella Chiesa dei santi e dei peccatori, quali siamo tutti. Sento le esperienze degli ultimi giorni, dure per voi e per me, come un dovere di cercar di circondare di particolare benevolenza e comprensione, nel mio servizio alla Chiesa di Varsavia, le persone smarrite, disgustate della Chiesa e amareggiate a motivo delle miserie umane.»

Infine, un ultimo accenno al Papa:

«Dichiaro al Santo Padre con tutta umiltà che mi sottopongo a qualunque sua decisione».

Non è il messaggio di un dimissionario, anche se nel riportare le sue parole, il quotidiano cattolico italiano «Avvenire», significativamente definisce «scioccanti le rivelazioni, e scioccante l'ammissione del nuovo arcivescovo». La richiesta di essere compreso, accolto e perdonato, nonostante l'indignazione provocata per l'aver tentato di sminuire la portata della sua collaborazione, sta a indicare che nel momento in cui scrive quelle parole, monsignor Wielgus è ancora convinto di poter rimanere alla guida della diocesi di Varsavia, e forse di godere ancora dell'appoggio del Papa.

Nei sacri palazzi vaticani, però, l'irritazione è palpabile. Sono infatti finalmente arrivate via email e sono state tradotte in tedesco, le carte dei servizi segreti che riguardano il prelato. Il Papa conosce finalmente la verità tutta intera, e non avrebbe apprezzato il messaggio-confessione fatto leggere da Wielgus nelle parrocchie.

Nelle righe finali, Wielgus si rimetteva alla decisione di Benedetto XVI, e lo stesso pomeriggio di quel 6 gennaio il cardinale Re lo chiama al telefono, per comunicargli la decisione del Pontefice: dimissioni.

Così quello che doveva essere un giorno di festa, l'inizio solenne del suo episcopato a Varsavia, diventa una mesta cerimonia di addio. Wielgus, con le lacrime agli occhi, legge una scarna dichiarazione per annunciare di aver «deciso di rimettere l'incarico nelle mani del Signore» dopo «una profonda riflessione e la considerazione della mia situazione personale». L'annuncio del prelato, affiancato dai cardinali Glemp e Dziwisz, viene accolto con qualche grido di protesta da parte di alcuni fedeli, che gli chiedono: «Resta con noi!». Mezz'ora prima dell'inizio della messa, erano state la nunziatura apostolica in Polonia e la Sala Stampa della Santa Sede a comunicare la decisione di Wielgus.

> «La Nunziatura Apostolica in Polonia comunica che Sua Eccellenza Mons. Stanisław Wielgus, Arcivescovo Metropolita di Varsavia, nel giorno in cui era previsto l'ingresso nella basilica cattedrale, per dare inizio al suo ministero pastorale nella Chiesa di Varsavia, ha rassegnato a Sua Santità Benedetto XVI le dimissioni dall'ufficio canonico a norma del can. 401 § 2 del Codice di Diritto Canonico. Il Santo Padre ha accettato le dimissioni dell'Arcivescovo Stanisław Wielgus ed ha nominato Sua Eminenza il Card. Józef Glemp, Primate di Polonia, Amministratore Apostolico dell'Archidiocesi di Varsavia fino a nuovo provvedimento.»

La rinuncia è avvenuta a norma del canone che invita «vivamente» a ritirarsi il vescovo che «per infermità o altra grave causa» risultasse «meno idoneo» all'ufficio. Il suo episcopato a Varsavia è durato meno di tre giorni. Quello stesso giorno padre Federico Lombardi, direttore della Sala Stampa vaticana, commentando ai microfoni di Radio Vaticana quella che definisce l'«ondata di attacchi alla Chiesa cattolica in Polonia», riconosce che «il comportamento di monsignor Wielgus ha compromesso gravemente la sua autorevolezza» ma denuncia la «strana alleanza tra i persecutori di un tempo e altri avversari» e «la vendetta da parte di chi nel passato aveva perseguitato la Chiesa ed è stato sconfitto dalla fede e dalla voglia di libertà del suo popolo». Lombardi conclude osservando che quello di Wielgus non è il primo «e probabilmente non sarà l'ultimo caso di attacco a personalità della Chiesa in base alla documentazione dei servizi del passato regime». Parole che sembrano preludere l'uscita di nuovi imbarazzanti dossier riguardanti ecclesiastici. I riferimenti del portavoce vaticano alla "strana" convergenza tra vecchi persecutori e nuovi alleati può riferirsi alle manovre politiche in Polonia, dove i gemelli Lech e Jaroslaw Kaczynski si sono coalizzati con l'estrema destra (Autodifesa e Lega delle famiglie polacche), cercando di cavalcare le istanze politiche più radicali degli alleati, per conquistare anche il loro elettorato. «E hanno accellerato» scrive lo studioso ebreo polacco Wlodek Goldkom «la campagna di "Lustrazione"... I candidati agli incarichi pubblici, giornalisti, avvocati, professori, dovranno provare di non aver collaborato con i servizi comunisti. I dossier volano. Quello contro Wielgus, un vescovo di destra, armato da Radio Marya, è stato pubblicato da un settimanale dell'estrema destra "Gazeta Polska". La rivoluzione divora i propri figli, c'è sempre qualcuno più puro dei puri.»

Molto duro il commento che padre Adam Boniecki, direttore del settimanale cattolico di Cracovia «Tygodnik Powszechny» affida al quotidiano «la Repubblica»: «La vicenda si è risolta in modo provvidenziale all'ultimo momento. La Santa Sede ha lavorato persino di domenica: è straordinario. Nella sua confessione monsignor Wielgus si è rimesso alla volontà del Papa, e il Santo Padre ha saputo approfittare di questa disponibilità e ha accolto le sue dimissioni». Poi aggiunge: «Non so chi, ma qualcuno ha disinformato papa Ratzinger. È grave, qualcuno dovrà pagare. In Polonia, o alla Segreteria di Stato, o secondo alcuni in ambienti tedeschi ultraconservatori amici di Wielgus. Scherzando potrei dire che le prigioni vaticane non esistono più ma formalmente la Santa Sede non ha ancora abrogato la pena di morte». Boniecki conclude: «Benedetto XVI è stato bravissimo. In base alle prime informazioni pensava a un vescovo che aveva scritto 39 libri, un intellettuale come lui. Poi ha saputo altro, e mi è piaciuta moltissimo la sua capacità di reazione brusca».

Joaquín Navarro-Valls, predecessore di Lombardi, ritiene che Wielgus abbia di certo «mentito» al Papa e afferma che nella vicenda «c'è una responsabilità condivisa tra il Vaticano centrale e le Chiese locali, che hanno una loro autonomia». «E dire Vaticano» scrive il vaticanista Marco Politi, traendo le conseguenze dalle parole di Navarro «significa dire Congregazione dei vescovi guidata dal cardinale Re, la cui posizione appare in forte difficoltà. Se il nunzio Kowalczyk salterà, il cardinale Re potrebbe essere sostituito entro l'estate.» Non accadrà né l'una né l'altra delle ipotesi.

Nei giorni successivi i giornali pubblicano molte delle sessantotto pagine che compongono il dossier Wielgus. Il vescovo viene difeso da Ceranj Czarnochi, portavoce della sezione di Solidarność di Lublino, il quale ritiene «impossibile» la collaborazione del vescovo con i servizi del regime: «Nessuno dei suoi ex studenti ci crede. Nessuno di noi, che lo abbiamo visto crescere e agire in quegli anni, crederà mai che possa aver tradito. Era lui che riforniva di carta la tipografia clandestina in cui si stampavano i volantini dei dissidenti, era lui che proteggeva e nascondeva i ricercati politici. È sempre stato dei nostri». Dalle carte emerge un rapporto strutturato e organico di Wielgus con la polizia politica, ma non risulta che il prelato abbia mai denunciato nessuno né fatto davvero attività spionistica per il suo paese al tempo del regime comunista.

A margine del caso Wielgus, oggettivamente clamoroso, vengono pubblicati i primi commenti che imputano l'incidente alla mancanza di coordinamento nella Segreteria di Stato. Il nuovo "primo ministro" di Benedetto XVI si era trovato, appena insediato, a dover trattare il fascicolo bollente di Ratisbona, che però aveva avuto in qualche modo in eredità dal predecessore. Questa, invece, è la prima difficile crisi che avviene dopo il suo insediamento. «Anche all'interno della stessa Chiesa cattolica» scrive su «La Stampa» il sociologo Franco Garelli «emergono situazioni critiche che chiamano in causa la linea politica ecclesiastica oggi prevalente in Vaticano. La nomina del cardinal Bertone a segretario di Stato ha indubbiamente arricchito la Curia di una figura qualificata e umanamente simpatica, ma ha creato qualche scompenso nella diplomazia vaticana che tifa sempre per soluzioni interne. Sui recenti inciampi del Papa pesano forse anche questi cambi di direzione della Curia romana, alla ricerca di nuovi equilibri e rapporti dopo anni di indirizzi consolidati».

A dire il vero, riesce difficile ipotizzare una qualche responsabilità di Bertone nella gestione dell'affare Wielgus. A mancare vistosamente, in quel caso, era stata un'adeguata indagine sul candidato da parte della nunziatura e della Congregazione dei vescovi. Sia la Chiesa polacca che il Vaticano, però, hanno sottovalutato le notizie rese note da «Gazeta Polska» il 20 dicembre, dopo la pubblicazione della nomina di Wielgus. «Chi non ha voluto vedere i problemi di una Curia romana che Giovanni Paolo II non ha mai governato (e dove anche oggi il Papa si augura che il segretario di Stato faccia il direttore d'orchestra)» commenta lo storico della Chiesa Alberto Melloni «ha finalmente modo di toccare con mano la fragilità di un sistema circondato dal mito dell'onnipotenza, e alla fine vulnerabile alle bugie.»

Eppure il triste caso di monsignor Wielgus, rimasto in carica meno di tre giorni, non sarebbe stato l'unica nomina controversa, l'unico caso di un vescovo costretto a dimettersi poco dopo essere stato designato. Meno eclatante sulla scena internazionale, ma per certi versi ancora più grave ed emblematico, sarebbe stato il caso accaduto due anni dopo, quasi in concomitanza con l'*affaire* Williamson. Questa volta, a determinare le clamorose dimissioni di un vescovo appena designato, non sono state rivelazioni sul suo passato, ma le pressioni interne alla stessa sua diocesi da parte di coloro che lo consideravano troppo conservatore.

Il 31 gennaio 2009, mentre era ancora in corso la bufera per il caso Williamson (che sarà trattato in un prossimo capitolo), la Santa Sede annunciava che

> «Il Papa ha nominato Vescovo Ausiliare di Linz (Austria) il Rev.do Gerhard Wagner, del clero della medesima diocesi, Parroco a Windischgarsten, assegnandogli la sede titolare vescovile di Zuri».

Un mese dopo, il 3 marzo, la Sala Stampa vaticana rendeva noto che

> «Il Santo Padre ha dispensato il Rev.do Mons. Gerhard Wagner dall'accettare l'ufficio di Vescovo Ausiliare di Linz (Austria)».

Nominato, ma mai consacrato. Designato, ma senza raggiungere nemmeno l'ordinazione episcopale. A distanza di appena un anno, un caso simile a quello accaduto in Polonia. Che cosa è avvenuto nelle quattro settimane trascorse tra l'ufficializzazione della nomina e l'accettazione delle dimissioni da parte di Benedetto XVI? Perché il vescovo eletto Wagner, ausiliare di Linz, è stato "costretto" a lasciare prima ancora di essere consacrato? E perché Ratzinger, che l'aveva designato, ha poi accolto la sua retromarcia e la richiesta di essere dispensato?

La nomina di un vescovo ausiliare è solitamente notizia che passa quasi inosservata. Si tratta, di norma, di persone scelte direttamente dal vescovo titolare della diocesi, in questo caso Ludwig Schwarz (già braccio destro del cardinale Schönborn a Vienna) che, avendo bisogno di un aiuto per l'attività pastorale, propone dei nomi alla Santa Sede. Nel caso di Linz, però, la designazione dell'ausiliare ha dei risvolti importanti. È noto infatti che la diocesi numericamente più consistente dell'Austria vive un travaglio profondo e dal Vaticano si guarda con preoccupazione la notevole influenza che vi esercitano molti gruppi liberal. La scelta di Wagner, cinquantaquattrenne parroco di Windischgarsten, animatore del «Linzer Priesterkreis», il circolo sacerdotale che organizza ogni estate dei colloqui teologici ai quali aveva partecipato da cardinale lo stesso Joseph Ratzinger, ha dunque una motivazione precisa: nei sacri palazzi c'è infatti chi ha l'impressione che il governo di monsignor Schwarz sia troppo debole.

«È ovvio» spiega una fonte autorevole d'Oltretevere «che il vescovo Schwarz era stato avvisato dell'intenzione di nominare monsignor Wagner ausiliare di Linz. Anche se Wagner non era il candidato che aveva proposto nell'ultima consultazione, il vescovo ha accettato di buon grado la designazione, senza sollevare alcuna obiezione. Mi risulta che anche il cardinale Christoph Schönborn, arcivescovo di Vienna, sia stato avvertito telefonicamente, e che non abbia avuto nulla da dire contro la nomina di Wagner.»

Già due giorni dopo la pubblicazione della notizia, i giornali titolano: «Il Papa promuove vescovo colui che aveva definito il ciclone Katrina "una punizione divina"». Il riferimento polemico è ad alcune vecchie dichiarazioni del neo-vescovo ausiliare, il quale in occasione del ciclone che nel 2005 aveva devastato l'intera costa del Mississippi e distrutto New Orleans, in Lousiana, provocando 1.836 vittime, aveva detto che si trattava di una sorta di punizione divina per l'immoralità della stessa città di New Orleans: «Non per caso» spiegò «sono state distrutte le cinque cliniche dove si pratica l'aborto e i postriboli». «La catastrofe naturale» si chiese allora Wagner «non è forse la conseguenza di una catastrofe spirituale?»

Altre dichiarazioni del neo-vescovo ausiliare finite sotto la lente d'ingrandimento dei media, erano quelle pronunciate nel 2001 a proposito della saga di Harry Potter, il fortunato «maghetto» creato da J.K. Rowling. Wagner aveva messo in guardia da quei fortunatissimi romanzi, letti da milioni di ragazzi in tutto il mondo, perché, a suo dire, portano a forme di «satanismo». A questo proposito bisogna ricordare che appena due anni dopo lo stesso Ratzinger aveva espresso dubbi sulla saga di Harry Potter. Il 7 marzo 2003, scrivendo alla sociologa tedesca Gabriele Kuby, autrice di un volumetto sull'argomento che gli aveva mandato in visione, il futuro Papa si complimentava per il libro «istruttivo» e affermava:

> «È una buona cosa che lei chiarisca il caso di Harry Potter, perché contiene delle sottili seduzioni che agiscono in profondità e con grande effetto, e che corrompono i giovani cristiani nell'anima, ancor prima che questa sia completamente formata».

In un secondo biglietto, inviato alla scrittrice tedesca il 27 maggio 2003, Ratzinger ringraziava nuovamente l'autrice del libro, accordandole il permesso di rendere pubblico il suo giudizio su Harry Potter. Almeno su questo, dunque, il neo-vescovo ausiliare appare perfettamente in linea con i giudizi del futuro Pontefice.

Anche se a far notizia sono soprattutto queste vecchie dichiarazioni di Wagner, non manca chi fa pure notare come il prelato sia contrario alle chierichette sull'altare e ai ministri straordinari dell'eucaristia, bollandolo come «ultraconservatore», etichetta che in alcuni paesi equivale a un marchio d'infamia.

Tre giorni dopo la pubblicazione della nomina, Wagner partecipa a una conferenza stampa a fianco del vescovo Schwarz. Si mostra sicuro di sé. Dice di essere favorevole al celibato ecclesiastico – affermazione evidentemente non pacifica in un paese dove, secondo quanto sostenuto dal teologo Paul Zulehner, ex decano della Facoltà di Teologia di Vienna, fino a un quarto dei preti austriaci intratterrebbero una relazione di tipo coniugale – e spiega chiaramente che «la Chiesa non può cambiare la sua dottrina per creare accomodamenti». La polemica si scatena ogni giorno di più. I gruppi liberal della diocesi non digeriscono la nomina. Schönborn da Vienna interviene per manifestare pubblicamente il suo appoggio a Wagner.

Il 7 febbraio, però, la situazione precipita. Quel giorno infatti viene pubblicata un'intervista del neo-vescovo ausiliare di Linz al settimanale «Profil Magazine», nel corso della quale Wagner afferma che «l'omosessualità si può curare». È la goccia che fa traboccare il vaso.

I trentatré decani della diocesi si riuniscono per discutere la nomina, e al termine del loro incontro rilasciano una dichiarazione congiunta affermando che «Wagner non viene accettato» dai fedeli e «noi non possiamo dare il nostro consenso alla sua consacrazione», prevista per il 22 marzo. È a questo punto che Schönborn, insieme al vicepresidente della Conferenza episcopale, Egon Kapellari, e ad altri vescovi austriaci, si reca a Roma. Con loro c'è anche Wagner, che viene filmato da una tv mentre acquista degli abiti vescovili. È Kapellari a dichiarare, dopo la visita in Vaticano, che da Roma è stato chiesto a Wagner di abbassare i toni (indubbiamente, vista la situazione, l'intervista a «Profil» si è rivelata quantomeno un'imprudenza) e gli è stato consigliato di pensare a guadagnarsi la stima dei suoi diocesani. Il vescovo critica però anche il comunicato dei decani di Linz. Tra i più fieri avversari della nomina di Wagner c'è uno di questi, il parroco di Ungenach, Josef Friedl.

La Conferenza episcopale austriaca, che aveva in programma di riunirsi in marzo, anticipa la sua seduta dedicando un incontro di lavoro al caso, lunedì 16 febbraio. Il giorno prima, a sorpresa, monsignor Wagner rende noto attraverso l'ufficio stampa della diocesi di Linz, di «aver chiesto al Papa di accettare la mia rinuncia». «Alla luce delle pesanti critiche» spiega «ho deciso, dopo preghiere e un consulto con il vescovo, di chiedere al Santo Padre di ritirare la mia nomina.» Così «mi potrò sentire più leggero in confronto alle scorse notti».

È l'annuncio che i liberal si attendono. Che cosa farà ora la Santa Sede? Verrà incontro a questa richiesta del vescovo designato? Resisterà?

Mentre i vescovi dell'Austria il 16 febbraio 2009 si riuniscono, in una sala attigua i giornalisti già attendono il comunicato finale. Durante quell'incontro, Schönborn avrebbe chiesto a ciascuno dei presenti se fosse stato consultato circa la nomina di Wagner (questione peraltro sottoposta al segreto pontificio). Nella dichiarazione finale, i presuli austriaci citano «l'insufficienza dei processi di comunicazione anche in Vaticano», augurandosi che il «servizio universale del Papa non venga oscurato da ombre». «Prima che il Papa prenda la decisione definitiva» scrivono i vescovi «devono esserci elementi affidabili e completamente provati che possano sostenere la sua scelta.» «È fuori discussione che spetti al Papa la libera nomina dei vescovi» spiega il cardinale Schönborn, aggiungendo che «il metodo previsto è buono, se viene effettivamente rispettato.» Il comunicato e le successive dichiarazioni contengono critiche neanche tanto implicite al procedimento che ha portato alla nomina di Wagner e si lascia intendere che questa sia avvenuta senza le necessarie consultazioni. Nessuno difende Wagner e la scelta del Papa.

Ad aumentare la portata polemica della dichiarazione dell'episcopato, ci sono le esternazioni rilasciate alla vigilia della riunione dall'arcivescovo di Salisburgo, Alois Kothgasser, il quale denuncia il rischio che la Chiesa sia «ridotta a una setta nella quale resterebbero solo un pugno di membri fedeli alla linea ufficiale». Le dure parole del vescovo riguardano soprattutto il caso Williamson, cioè la revoca della scomunica ai quattro lefebvriani e la concomitante intervista negazionista sulle camere a gas di uno di questi. Ma non suscitano reazioni o precisazioni da parte dei vertici della Conferenza episcopale.

«Di fronte a quanto stava accadendo» confida un prelato autorevole che ha seguito la vicenda da vicino, nel dicastero che si occupa di nominare i vescovi «Roma aveva tre possibilità: resistere e procedere con la nomina, oppure, cedere sulla designazione ad ausiliare di Linz offrendo però a Wagner un altro ufficio, ad esempio in Curia, oppure ancora, accettare la sua rinuncia avvenuta sotto pressione dell'opinione pubblica, dei gruppi liberal e dello stesso episcopato. In quei giorni il cardinale Schönborn ha giocato molto di sponda con il cardinale Giovanni Battista Re, prefetto della Congregazione dei vescovi, per far sì che le dimissioni di Wagner venissero accettate. Si è arrivati così al paradosso: mentre cardinali e vescovi possono criticare pubblicamente il Papa, com'è avvenuto, un vescovo ausiliare designato è costretto a rinunciare per delle frasi infelici risalenti a diversi anni prima sul ciclone Katrina e sui romanzi di Harry Potter... è sinceramente incredibile. Tanto più che lo stesso cardinale Re ha dovuto ammettere che l'iter per arrivare alla nomina era stato regolare.»

Gli avversari di Wagner, per ottenere la rinuncia, avevano tentato di tutto. Decisiva sarebbe stata la voce incontrollata fatta circolare negli ambienti ecclesiali, secondo la quale, se Wagner avesse insistito per accettare l'incarico, sarebbe stata fatta emergere una vecchia storia e una donna avrebbe testimoniato che proprio lui, il prelato conservatore, le avrebbe consegnato dei soldi serviti per un aborto. Non c'è nulla di provato, ma la pressione aumenta. E alla fine arriva la dispensa del Papa.

Qualche giorno dopo la pubblicazione dell'accettazione delle dimissioni di Wagner da parte di Benedetto XVI, dalla diocesi di Linz arriva un'altra notizia, che questa volta fa molto meno scalpore. Il decano Josef Friedl, uno dei più accesi oppositori della nomina del vescovo ausiliare designato da Roma, annuncia pubblicamente, il 7 marzo 2009, di convivere con una compagna e spiega di non aver mai nascosto questo fatto ai suoi parrocchiani e alla stessa gerarchia, che, a suo dire, tollerava questa situazione. Padre Peter Paul Kaspar, portavoce di uno dei gruppi liberal, osserva: «Il vescovo Schwarz sa che molti preti convivono con donne, ma non c'è molto che si possa fare quando si hanno pochi preti».

Schwarz, che difficilmente poteva ignorare il pubblico concubinato del parroco, il 16 marzo lo dichiara decaduto dalla carica di decano, ma lo mantiene nella parrocchia.

Che cosa dunque è davvero accaduto dietro le quinte della nomina di monsignor Wagner? Lo abbiamo chiesto a un vescovo che per motivi d'ufficio ha potuto visionare le carte.

«Chi afferma che il nome di Wagner non fosse tra i candidati, mente sapendo di mentire» dice l'alto prelato «dato che era stato presentato dal vescovo di Linz nella prima terna che egli propose.» Il nostro interlocutore ricorda che, nel caso degli ausiliari, la presentazione della terna compete al vescovo diocesano. Dunque, in una prima terna di nomi, Gerhard Wagner era presente. «Questa prima terna, però, non è neanche arrivata a Roma. A causa delle continue pressioni degli ambienti liberal esercitate su di lui, il vescovo Schwarz la ritirò alcuni mesi dopo, e l'anno seguente presentò al nunzio apostolico una seconda "terna" con tre nuovi nomi. Quello di Wagner era stato cancellato, secondo i desiderata degli ambienti della diocesi più avversi a lui.» Dunque era vero che nella seconda "terna", Wagner non c'era. «Attenzione!» ci interrompe il nostro interlocutore. «Il nome di Wagner è stato ripescato dal nunzio Edmond Farhat, che l'ha recuperato dalla precedente, dato che la seconda terna era molto debole. Ma alla fine il vescovo Schwarz, che era e doveva rimanere il proponente, accettò l'ipotesi di ritornare a Wagner.» Per questo il cardinale Re ha potuto assicurare che la nomina di Wagner è stata regolare. È comprensibile che, conoscendo la situazione della diocesi di Linz, a Roma sia stato scelto il candidato più conservatore e meno allineato con le posizioni liberal.

«Di certo» conclude il vescovo «si è trattato di una

brutta storia, perché Wagner è stato costretto a presentare le dimissioni in seguito a pressioni mediatiche. Avrebbe dovuto fare attenzione, evitare di rilasciare interviste. Mi chiedo ancora: nessuno ha fatto ricerche su Wagner, nessuno ha considerato quelle dichiarazioni controverse su Katrina e Harry Potter? Conoscerle avrebbe permesso di intervenire subito, consigliandogli eventualmente di chiarire... Però anche qui da noi, in Curia, si sarebbe dovuto tenere un po' più duro. Perché quanto accaduto rappresenta un precedente preoccupante, tanto più che coloro che si sono battuti strenuamente per bloccare la nomina di Wagner erano sacerdoti che vivono in stato di concubinato, e in qualche caso lo rivendicano anche pubblicamente.»

La situazione problematica della diocesi di Linz, e più in generale della Chiesa austriaca, è stata al centro di un incontro tra il Papa, i suoi più stretti collaboratori della Curia romana e i vertici dell'episcopato dell'Austria, che si è tenuto in Vaticano il 15 e 16 giugno 2009.

Al termine del summit, Benedetto XVI ha richiamato i vescovi austriaci a vivere una maggiore comunione con Roma e

> «all'urgenza dell'approfondimento della fede e della fedeltà integrale al Concilio Vaticano II e al magistero post-conciliare della Chiesa, e del rinnovamento della catechesi alla luce del Catechismo della Chiesa Cattolica».

Erano presenti – informa la Sala Stampa vaticana – il cardinale Schönborn, presidente della Conferenza episcopale; monsignor Kothgasser, arcivescovo di Salisburgo, monsignor Kapellari, vescovo di Graz-Seckau e vice-presidente della Conferenza episcopale, monsignor Ludwig Schwarz, vescovo di Linz. Durante gli incontri

> «sono stati affrontati, in un dialogo fraterno e in spirito costruttivo, alcuni temi riguardanti la situazione della diocesi di Linz e della Chiesa in Austria, prospettando soluzioni per i problemi in atto».

Si è parlato anche

> «di questioni dottrinali e pastorali e della situazione del clero, del laicato, dei seminari maggiori e delle facoltà teologiche a Linz ed in altre diocesi dell'Austria».

Per quanto riguarda il clero concubino, sono state ricordate le norme generali, di maggiore severità, stabilite dal Papa per tutta la Chiesa nel gennaio precedente, che concedeva direttamente alla Congregazione vaticana per il clero la facoltà speciale di dimettere dallo stato clericale, per direttissima.

Il vescovo Schwarz, durante l'incontro in Vaticano ha assicurato che l'ex-decano Friedl si era impegnato a osservare il celibato, ma pochi giorni dopo e più volte in seguito questi ha smentito, anche pubblicamente, ogni assunzione d'impegni del genere. Intanto Linz è rimasta senza ausiliare e a vincere la partita sono stati coloro che non volevano Wagner e sono riusciti a ottenerne le dimissioni.

3

Messa antica, il motu proprio contestato

È il 7 luglio del 2007 quando Benedetto XVI compie uno dei gesti più discussi del suo pontificato: la pubblicazione – l'entrata in vigore è prevista per il 14 settembre successivo – del motu proprio *Summorum Pontificum* con cui «liberalizza» l'uso del messale tridentino nell'ultima edizione rivista da Giovanni XXIII nel 1962. Si tratta del messale in lingua latina in vigore fino a prima del Concilio Vaticano II e che, come spiega il Papa nella lettera pubblicata assieme al motu proprio, mai fu abolito né ufficialmente proibito: «Non fu mai giuridicamente abrogato» scrive il Papa.

La decisione di Benedetto XVI è importante. Arriva dopo anni burrascosi. Dopo il Vaticano II nessuno, eccetto pochissime eccezioni, ha più potuto celebrare col rito antico. Nel 1984, con la lettera *Quattuor abhinc annos* della Congregazione del culto divino, Giovanni Paolo II concesse sì il ritorno all'uso del rito tridentino, ma lo vincolò a due condizioni tassative. Per celebrare la messa secondo il rito di san Pio V occorreva anzitutto riconoscere «la legittimità e l'esattezza dottrinale» anche del messale promulgato da Paolo VI nel 1970. E soprattutto occorreva il permesso del vescovo del luogo. Un permesso che numerosi presuli hanno nella maggioranza dei casi negato ai sacerdoti e ai fedeli che ne facevano richiesta. Un rifiuto diffuso, che ha avuto tra le sue conseguenze quella di approfondire i dissidi con i seguaci dell'arcivescovo tradizionalista Marcel Lefebvre.

Ma torniamo al motu proprio. Il documento del Papa è un gesto atteso e coraggioso. Benedetto XVI vuole in questo modo mostrare comprensione per tutte quelle comunità di fedeli rimaste attaccate al vecchio rito romano. Queste, infatti, possono da quel momento in avanti, rivolgersi direttamente ai propri parroci per chiedere la celebrazione della messa antica. E non devono più appellarsi a dispense particolari.

Le novità pratiche che il motu proprio porta sono tante In tutte le parrocchie dove «esiste stabilmente un gruppo di fedeli aderenti alla precedente tradizione liturgica», il parroco è invitato ad accogliere volentieri le loro richieste. Il messale può essere utilizzato «nei giorni feriali, nelle domeniche e nelle festività», per celebrare «esequie o celebrazioni occasionali, ad esempio pellegrinaggi» e per i sacramenti, dal battesimo alla cresima, dal matrimonio all'unzione degli infermi. Le letture «possono essere proclamate nella lingua vernacola». I preti possono usare il vecchio messale per le messe private senza chiedere il permesso a nessuno. E possono recitare il breviario secondo le antiche formule. Il vescovo, in caso di difficoltà, può intervenire ma deve andare incontro alle necessità di coloro che vogliono rifarsi al messale antico. In ultima istanza, per ogni controversia, i fedeli possono rivolgersi alla Pontificia commissione Ecclesia Dei che è incaricata di vigilare sull'osservanza delle nuove disposizioni.

Nella lettera che accompagna il motu proprio il Papa dice che «il documento è frutto di lunghe riflessioni, di molteplici consultazioni e di preghiera». Tanto è vero che «notizie e giudizi fatti senza sufficiente informazione hanno creato non poca confusione. Ci sono reazioni molto divergenti tra loro che vanno da un'accettazione gioiosa a un'opposizione dura, per un progetto il cui contenuto in realtà non era conosciuto».

Benedetto XVI conosce le perplessità che il motu proprio può destare. Molte di queste difficoltà, infatti, sono sorte quando la notizia della sua pubblicazione è filtrata sulla stampa. E prova a prevenirle, spiegando che il nuovo messale scaturito dalla riforma liturgica post-conciliare «è e rimane la forma normale» per celebrare la messa. Quella antica, dice il Papa, altro non è che una forma straordinaria dello stesso rito romano. I riti non sono due, come in molti hanno detto: «Si tratta, piuttosto, di un uso duplice dell'unico e medesimo rito». E se il rito è il medesimo, seppure celebrato in forme diverse, una è la Chiesa che lo celebra. Ratzinger ricorda che alcuni fedeli si sono avvicinati all'antica liturgia «perché in molti luoghi non si celebrava in modo fedele alle prescrizioni del nuovo messale». Esso, dice il Papa, «addirittura veniva inteso come un'autorizzazione o perfino come un obbligo alla creatività, la quale portò spesso a deformazioni della liturgia al limite del sopportabile». Il Papa dice di parlare per esperienza personale: «Ho vissuto anch'io quel periodo con tutte le sue attese e confusioni. E ho visto quanto profondamente siano state ferite, dalle deformazioni arbitrarie della liturgia, persone che erano totalmente radicate nella fede della Chiesa». Col motu proprio Benedetto XVI vuole offrire «un regolamento giuridico più chiaro» e «liberare i vescovi dal dover sempre di nuovo valutare come sia da rispondere alle diverse situazioni».

La lettera di Benedetto XVI continua con affermazioni che fanno trasparire la volontà di prevenire le polemiche. Chiede per i fedeli tradizionalisti «carità e prudenza pastorale» auspicando che si celebri «con grande riverenza anche la nuova messa». Il Papa spera che si mantenga l'unità tra tutti i fedeli e precisa che «anche i sacerdoti delle comunità aderenti all'uso antico non possono, in linea di principio, escludere la celebrazione secondo i libri nuovi».

Il giorno seguente alla pubblicazione del motu proprio i giornali danno conto delle diverse reazioni. Si comprende immediatamente come siano molteplici le sensibilità che la liberalizzazione dell'antico rito intercetta. Ed è anche per questo motivo che appare evidente che la ricezione del motu proprio non sarà facile per la Chiesa.

Sul «Corriere della Sera» è Vittorio Messori a raccogliere le reazioni della Fraternità sacerdotale San Pio X, fondata da monsignor Marcel Lefebvre, il vescovo scomunicato nel 1988 insieme ai presuli che aveva validamente ma illegittimamente consacrato, senza l'autorizzazione della Santa Sede. La Fraternità, oltre a celebrare col rito antico senza il permesso vaticano, contesta la pastorale e la dottrina della Chiesa scaturite dai lavori del Concilio. Con oltre quattrocento sacerdoti, un centinaio di fratelli laici, più di duecento religiose, sei seminari e ancora priorati, scuole, istituti universitari, diversi luoghi di culto sparsi in oltre sessanta paesi del mondo, e circa un milione di seguaci convinti, la Fraternità è una spina nel fianco della Chiesa cattolica. Le sue posizioni arroccate in difesa di tutto ciò che era in vigore prima del Vaticano II dividono e provocano imbarazzo. I lefebvriani vengono definiti, non senza un certo disprezzo da alcuni, «ultra-tradizionalisti»: sono più che dei semplici tradizionalisti, perché rifiutano praticamente ogni novità e ogni riforma scaturita dal Concilio. C'è chi sostiene che il motu proprio di Benedetto XVI sia stato pensato soltanto per loro, per abbattere una barriera fino a quel momento invalicabile sulla strada che il Papa desidera percorrere, quella del loro rientro alla piena comunione con Roma. In effetti, la liberalizzazione dell'antico messale rappresentava una delle condizioni che i lefebvriani avevano posto per iniziare un dialogo con il Vaticano.

È il vescovo Bernard Fellay, superiore generale della Fraternità, a parlare con Messori. Si dichiara contento per il motu proprio papale ma, insieme, fa capire che la cosa non basta. Scrive: i lefebvriani «dissidenti», così li definisce Messori, «hanno sempre insistito sul fatto che la nuova liturgia eucaristica non è che l'espressione di un orientamento in molti punti inaccettabile assunto dopo il Vaticano II dalla Catholica. Così, in certi ambienti tradizionalisti, si è spesso detto che un decreto come quello approvato da Papa Ratzinger non solo non sarebbe bastato ma poteva essere in qualche modo fuorviante, rafforzando gli equivoci».

Fellay, comunque, è molto positivo. Dice: il documento del Papa «non è un passo, è un salto nella buona direzione». La «normalizzazione» della messa «non di san Pio V» bensì «della Chiesa di sempre», è «un atto di giustizia, è un aiuto soprannaturale straordinario in un momento di grave crisi ecclesiale». Ancora: «La riaffermazione da parte del Santo Padre della continuità del Vaticano II e della messa nuova con la Tradizione costante della Chiesa – dunque la negazione di una frattura che il Concilio avrebbe introdotto con i diciannove secoli precedenti – ci spinge a continuare la discussione dottrinale. *Lex orandi, lex credendi*: si crede come si prega. Ed ora è riconosciuto che, nella messa di sempre, si prega "giusto"».

Per Fellay, Roma non sarebbe arrivata alla pubblicazione del motu proprio senza il pungolo che per anni è stata la Fraternità San Pio X. Dice: «La Provvidenza ci ha permesso di essere strumenti per pungolare Roma e giungere sino a questo giorno: ma siamo anche consapevoli di non essere che il termometro che segnala una febbre che esige rimedi adeguati. Questo documento è una tappa fondamentale in un percorso che ora potrà accelerare, speriamo con prospettive confortanti, anche nella questione della scomunica». Nessuna delusione quindi? «Direi di no, anche se meno soddisfacenti ci sembrano alcuni passi della lettera d'introduzione, dove si avvertono condizionamenti di politica ecclesiale.»

Luci e ombre, dunque, secondo Fellay. Le luci di un traguardo finalmente raggiunto, la possibilità di celebrare liberamente col rito antico. Le ombre per la strada ancora da percorrere, per le profonde divergenze che comunque restano con la Chiesa cattolica che non vuole e non può certo rinunciare al Concilio. Molte di queste ombre Fellay le mette nero su bianco pochi giorni dopo l'intervista concessa a Messori. Fellay pubblica un comunicato ufficiale della Fraternità San Pio X che fa capire quanto ancora ci sia da lavorare nella strada della piena comunione coi lefebvriani. Recita il comunicato:

> «Con il motu proprio *Summorum Pontificum*, Papa Benedetto XVI ha ristabilito nei suoi diritti la messa tridentina, affermando con chiarezza che il messale romano promulgato da san Pio V non è mai stato abrogato. La Fraternità Sacerdotale San Pio X si compiace di vedere che la Chiesa ritrova così la sua Tradizione liturgica, donando ai sacerdoti e ai fedeli che fino a questo momento ne erano stati privati la possibilità di accedere liberamente al tesoro della Messa tradizionale per la gloria di Dio, il bene della Chiesa e la salvezza delle anime. Per questo grande beneficio spirituale, la Fraternità San Pio X esprime al Sommo Pontefice la sua viva gratitudine. La lettera che accompagna il motu proprio non nasconde tuttavia le difficoltà che ancora sussistono. La Fraternità San Pio X auspica che il clima favorevole instaurato dalle nuove disposizioni della Santa Sede permetta – dopo il ritiro della scomunica che colpisce ancora i suoi vescovi – di affrontare con più serenità i punti dottrinali in questione».

Dei lefebvriani parla con molta speranza il cardinale Darío Castrillón Hoyos. Già prefetto della Congregazione del clero, nel 2007 è ancora presidente dell'Ecclesia Dei. È lui che ha tessuto pazientemente la tela tra i lefebvriani e Roma. È lui a dire l'8 luglio al quotidiano «Il Giornale» che con la decisione del Papa «si spalanca la porta per un ritorno alla piena comunione della Fraternità San Pio X». Afferma: «Se dopo questo atto non avviene questo ritorno, davvero non lo saprei capire. Vorrei però precisare che il documento papale non è stato fatto per i lefebvriani, ma perché il Papa è convinto della necessità di sottolineare che c'è una continuità nella tradizione e che nella Chiesa non si procede per fratture».

Castrillón Hoyos insiste nel dire che il motu proprio non è stato fatto per i lefebvriani. Ed è vero. Eppure è evidente che dopo il motu proprio, sui lefebvriani si concentrano le attenzioni di molti. La Chiesa ha vissuto la scomunica a Lefebvre e ai vescovi da lui consacrati in modi diversi. C'è chi ha applaudito perché vede in loro esclusivamente la volontà di schiacciare il *novum* del Concilio. E chi è rimasto dispiaciuto perché riconosce nel loro attaccamento alla tradizione degli elementi positivi. L'8 luglio su «Il Sole 24 Ore» il vaticanista Giancarlo Zizola parla del motu proprio e di ciò che a suo avviso questa disposizione comporta per il mondo lefebvriano. Dice: «Molto dipenderà dal modo con cui i tradizionalisti eviteranno di interpretare un atto di larghezza pastorale come l'accesso a un bastione della restaurazione. Malgrado i tonanti proclami di Lefebvre, Benedetto XVI dichiara che una separazione di riti non implica separazione nella fede, tradizionale negli uni, modernista negli altri, che la fede cattolica, se è tale, è abbastanza grande per ospitare la varietà delle forme, senza sconfessarne alcuna. Se alcuni si inquietano per la mancanza di garanzie di reciprocità, la speranza del Papa è che la coabitazione avvii col tempo una osmosi progressiva fra l'una e l'altra forma dello stesso rito, evitando preclusioni reciproche».

La volontà del Papa è di unire e non di dividere. Unire concedendo alle diverse sensibilità presenti nella Chiesa di celebrare con entrambi i riti. Unire favorendo il riassorbimento di un piccolo ma doloroso scisma. Unire auspicando che i tradizionalisti, e in particolar modo i lefebvriani, capiscano che il motu proprio è anche un voler andare loro incontro e insieme dimostrino di sapere superare le resistenze nei confronti del Concilio. Unire facendo comprendere e magari recuperare alla stragrande maggioranza dei fedeli che partecipa al rito celebrato secondo il nuovo messale, quel senso di sacralità talvolta smarrito. Ma facendo anche comprendere ai fedeli rimasti legati all'antico rito le ricchezze del nuovo messale, ad esempio per quanto riguarda le letture bibliche.

È l'auspicio che esprime su «la Repubblica» anche il cardinale Paul Poupard, allora presidente del Pontificio consiglio per la cultura. Il porporato spiega che il Papa intende «sanare una ferita nel seno della Chiesa, vale a dire la scomunica ai lefebvriani. Speriamo che dopo questo importante passo la ferita possa essere ricomposta. Ci auguriamo che il gesto del Santo Padre sia accettato dai lefebvriani, in modo tale che il corpo della Chiesa torni a essere unito».

Mentre coloro che hanno maggiormente collaborato con il Papa nella stesura del motu proprio difendono il testo e auspicano che questo venga recepito bene dai lefebvriani, è dall'interno delle stesse gerarchie che arrivano clamorose bordate, inattese per irruenza e forza. In molti, infatti, ritengono il motu proprio un tradimento del Concilio, del suo spirito, della sua spinta di rinnovamento. Una decisione che andrebbe incontro soltanto alle sensibilità degli ultra-tradizionalisti ignorando la storia della Chiesa degli ultimi quarant'anni.

Le parole più amare sono quelle di Luca Brandolini, vescovo di Sora-Aquino-Pontecorvo e membro della Commissione liturgica della Conferenza episcopale italiana. Dichiara a «la Repubblica» l'8 luglio 2007: «Oggi per me è un giorno di lutto. Ho un nodo alla gola e non riesco a trattenere le lacrime. Ma obbedirò al Santo Padre perché sono un vescovo e perché gli voglio bene. Tuttavia non posso nascondere la mia tristezza per l'affossamento di una delle più importanti riforme del Concilio Vaticano II». E ancora: «È un giorno di lutto non solo per me, ma per i tanti che hanno vissuto e lavorato per il Concilio Vaticano II. Oggi è stata cancellata una riforma per la quale lavorarono in tanti, al prezzo di grandi sacrifici, animati solo dal desiderio di rinnovare la Chiesa». Il vaticanista Orazio La Rocca gli chiede perché è così toccato dalla decisione di papa Ratzinger. La risposta di Brandolini fa trasparire in che modo una parte della Chiesa guardi al motu proprio e al Pontefice che l'ha voluto pubblicare. «L'anello episcopale che porto al dito era dell'arcivescovo Annibale Bugnini, il padre della riforma liturgica conciliare. Io, al tempo del Concilio, ero un suo discepolo e stretto collaboratore. Gli ero vicino quando lavorò a quella riforma e ricordo sempre con quanta passione operò per il rinnovamento liturgico. Ora il suo lavoro è vanificato.»

Le parole del vescovo rendono evidente che nelle gerarchie c'è chi vede nel motu proprio un tradimento della riforma liturgica iniziata dopo il Concilio e portata a compimento da Paolo VI, nel 1970. Una riforma, a suo dire, oggi «vanificata». Per molti questa riforma è avvenuta andando troppo oltre la lettera e anche lo spirito del Concilio. Per altri, invece, e tra questi c'è Brandolini, la riforma non è stata che l'inizio di un grande rinnovamento ancora da completare. Due linee, due visioni. Una spaccatura. Bugnini, il vero artefice della riforma liturgica, nel 1975, invece d'essere premiato con la porpora per il lavoro svolto, era stato spedito da Paolo VI in Iran come nunzio apostolico. Un allontanamento, una palese punizione. I suoi discepoli sono ancora oggi a Roma e nelle ore immediatamente successive alla pubblicazione del motu proprio si fanno sentire.

Non c'è solo Brandolini. L'8 luglio anche il priore di Bose, Enzo Bianchi, si chiede dalle colonne di «la Repubblica»: «Il messale di San Pio V non rischia di essere il portavoce di rivendicazioni di una situazione ecclesiale e sociale che oggi non esiste più? La messa di San Pio V non è per molti una messa identitaria, preferenziale e dunque preferita rispetto a quella celebrata dagli altri fratelli, come se la liturgia di Paolo VI fosse mancante di elementi essenziali alla fede?».

Le domande del priore di Bose provocano diverse risposte. Ad esempio quella di Dino Boffo, allora direttore di «Avvenire». A un prete di Mondovì che gli chiede perché «Avvenire» non abbia ripubblicato il polemico commento di Bianchi, Boffo risponde così: «Vede, reverendo, se Enzo Bianchi scrive la sua intemerata su "Repubblica", nessuno ha nulla da dire (eppure qualcosa ci sarebbe da commentare); se invece la ospitasse "Avvenire" (ma non ci è stato chiesto) immediatamente si direbbe, anche da parte di altra stampa, che "Avvenire" non è allineato alla Chiesa. Poi, ci pensi: che cosa c'è oggi di più anticonformista che ragionare in termini cattolici fino a sembrare fin troppo obbedienti?».

Ben oltre le domande di Enzo Bianchi vanno altri esponenti della Chiesa italiana: il vescovo di Alba, monsignor Sebastiano Dho, scrive nel luglio 2007 sul mensile dei Paolini, «Vita Pastorale», che «è difficile non temere, a ragione, che una prassi del genere [la facoltà offerta ai parroci di concedere la licenza di usare il rituale antico nell'amministrazione dei sacramenti, N.d.A.] rischi di provocare di fatto una specie di Chiesa parallela, difficilmente componibile con la comunità parrocchiale intera».

L'arcivescovo di Pisa, Alessandro Plotti, sempre nel mese di luglio, va ben oltre le semplici dichiarazioni alla stampa. E pubblica una «Notificazione» nella quale ricorda che «ogni vescovo è il moderatore della liturgia per la propria diocesi», ribadendo che «il messale di Paolo VI rimane la forma normale» e «ordinaria» della liturgia eucaristica, mentre il messale romano anteriore al Concilio può essere usato come forma «straordinaria». Ricorda che «non deve essere intaccata l'autorità del Concilio e messa in dubbio la riforma liturgica» e nemmeno deve essere «sconfessata l'opera di Paolo VI e di Giovanni Paolo II». Plotti non attacca direttamente il Papa. Ma le sue «Notificazioni», uscite dopo un motu proprio spiegato in modo approfondito da una lettera del Papa, suonano come la volontà di distinguersi. E, insieme, rendono evidente ai fedeli pisani che nella loro diocesi non sarà certo facile celebrare il rito antico. A Pisa, infatti, come in tante altre diocesi d'Italia, l'applicazione del motu proprio sarà ardua.

Tra i critici va annoverato anche il cardinale Carlo Maria Martini, arcivescovo emerito di Milano. Questi affida le sue riflessioni a «Il Sole 24 Ore». Il 29 luglio fa sapere di non voler celebrare secondo l'antico messale. Dice che la vita cristiana preconciliare emanava «un senso di chiuso». Afferma però di confidare nel buon senso della gente «che comprenderà come il vescovo... non può facilmente moltiplicare le celebrazioni».

Nel mese di settembre, pochi giorni dopo l'entrata in vigore del motu proprio, si svolge a Roma il consiglio permanente della Conferenza episcopale italiana. La discussione avviene a porte chiuse, ma sui giornali trapela l'opposizione di alcuni vescovi al motu proprio. Tra questi, secondo alcuni giornali, ci sarebbero Carlo Ghidelli, vescovo di Lanciano-Ortona; Bruno Forte, arcivescovo di Chieti-Vasto; Paolo Romeo, arcivescovo di Palermo; Felice Di Molfetta, vescovo di Cerignola e presidente della Commissione episcopale per la liturgia. Quest'ultimo già prima dell'uscita del documento papale aveva approvato la lettera inviata al Papa da un gruppo di liturgisti italiani per chiedergli di non procedere con la liberalizzazione dell'antico rito. Secondo questi vescovi l'ecclesiologia che si ritrova nel vecchio messale sarebbe "incompatibile" con quella delineata dall'ultimo concilio. Viene avanzata la proposta – che sarà respinta – di preparare come Cei un documento interpretativo per delimitare il testo papale. In difesa di Benedetto XVI e della sua decisione, intervengono tra gli altri i cardinali Camillo Ruini, Angelo Scola e Carlo Caffarra.

Ovviamente anche da singoli sacerdoti e studiosi arrivano critiche al motu proprio. Tra questi un celebre liturgista, Rinaldo Falsini, scrive la prefazione a un libro del prete genovese contestatore Paolo Farinella intitolato *Ritorno all'antica messa. Nuovi problemi e interrogativi*, edito da Il Segno dei Gabrielli. Il libro è un'arringa focosa contro la decisione del Papa. Falsini prende le distanze dai toni usati da

Farinella (sacerdote che balzerà agli onori della cronaca per attacchi violenti al Papa, all'arcivescovo di Genova Angelo Bagnasco, al segretario di Stato Tarcisio Bertone), ma scrive di condividere le tesi dell'autore. Precisa: «Il motu proprio non dice mai espressamente che il ripristino del messale di Pio V (edizione 1962) deve essere subordinato all'accettazione formale e sincera del Concilio e del magistero papale che ne ha attuato la riforma. Senza questa adesione del cuore e della mente, si rischia di mettere in contrapposizione il concilio di Trento e il Vaticano II anche contro le intenzioni e il volere del Papa». E poi: «Non si tratta di "Messa in latino" o in italiano, come la quasi totalità dei mezzi di comunicazione ha messo in evidenza, ma della fedeltà o meno al Concilio ecumenico Vaticano II che Giovanni XXIII annunciò "nella Chiesa come un giorno foriero di luce splendidissima"».

Oltre a Falsini, un altro liturgista di spicco interviene. È il salesiano Manlio Sodi, consultore dell'ufficio per le celebrazioni liturgiche papali. Dà alle stampe per le Edizioni Messaggero di Padova un piccolo volume intitolato *Il Messale di Pio V. Perché la Messa in latino nel III millennio?* Poche pagine per esprimere grande delusione per il testo papale.

Anche alcuni intellettuali e studiosi intervengono sollevando perplessità. Sulle pagine culturali del «Corriere della Sera», il 22 settembre, lo storico della Chiesa Alberto Melloni, successore di Giuseppe Alberigo alla guida della «scuola bolognese» – il più preparato e sistematico centro di ricerca che diffonde da decenni sul Concilio quella che papa Ratzinger definisce l'ermeneutica della «rottura» –, scende in campo con un breve commento facendo osservare che il testo del motu proprio non è ancora stato pubblicato negli *Acta Apostolicae Sedis* e dunque esisterebbe «in web tantum», cioè sarebbe qualcosa soltanto di virtuale, in attesa di modifiche. Dopo aver riferito i commenti critici espressi da alcuni ecclesiastici sul motu proprio, Melloni apprezza quella che a suo dire è «la saggia decisione di tenere ancora a bagnomaria un testo che sta creando più problemi di quanti non ne risolva». In realtà, come spiega il vaticanista Gianni Cardinale su «Avvenire» il 14 marzo 2008, il «ritardo alla pubblicazione è dovuto al fatto che, rispetto alla versione diffusa il 7 luglio 2007, la versione definitiva, e vincolante, del motu proprio *Summorum Pontificum* presenta alcune piccole variazioni». Cardinale enumera queste variazioni meticolosamente: «Innanzitutto al motu proprio è stato dato un sottotitolo ("De uso extraordinario antiquae formae Ritus Romani") che non c'era. All'articolo 1 il termine "conditiones" è stato sostituito con la forma più corretta "condiciones". All'articolo 3 il termine "plerumque" (la maggior parte delle volte) è stato sostituito con "habitualiter" (abitualmente), senza però che sia cambiata la sostanza della disposizione. Più concreta invece la variazione presente nell'articolo 5, comma 1: "Nelle parrocchie in cui esiste stabilmente (stabiliter) un gruppo di fedeli aderenti alla precedente tradizione liturgica, il parroco accolga volentieri le loro richieste per la celebrazione della Santa Messa secondo il rito del Messale romano edito nel 1962". Nella versione originaria al posto del termine "stabiliter" c'era "continenter", che letteralmente vuol dire "ininterrottamente" e che poteva far erroneamente pensare che un gruppo di fedeli ha diritto alla Messa preconciliare esclusivamente se si è costituito stabilmente già prima della pubblicazione del motu proprio e non in conseguenza di esso». Si tratta di una variazione importante, che va incontro alle istanze dei tradizionalisti.

«Un'altra variazione infine si trova all'articolo 7: "Se un gruppo di fedeli laici fra quelli di cui all'articolo 5 comma 1 non abbia ottenuto soddisfazione alla richiesta autorizzazione da parte del parroco, ne informi il vescovo diocesano. Il vescovo è vivamente pregato di esaudire il loro desiderio. Se egli non vuole (non vult) provvedere per tale celebrazione, la cosa venga riferita alla Pontificia Commissione Ecclesia Dei". In questo caso il verbo "non vult", sostituisce l'originario "non potest" (non può).»

Il motu proprio provoca diverse reazioni anche fuori dai confini italiani. Molti vescovi insorgono. Tra questi i vescovi tedeschi. Alla «Frankfurter Allgemeine» è l'allora presidente della Conferenza episcopale tedesca, il cardinale Karl Lehmann, a dire la sua. Lehmann ammette che la decisione del Papa è per «dare un contributo a una riconciliazione nella Chiesa» ma quanto alla celebrazione della messa ogni domenica in Germania non cambierà nulla. La celebrazione della messa, dice, «continuerà a orientarsi al rispetto della forma normale, propria, giusta». Certo, le parole di Lehmann non sono una critica diretta a Ratzinger. Ma esprimono comunque un disaccordo: per noi, dice il cardinale, «non cambierà nulla».

Durissima è invece la reazione dell'episcopato francese. La Chiesa di Francia vive una profonda crisi. I seminari perdono ogni anno candidati al sacerdozio. Gli ingressi di nuovi seminaristi sono sempre più rari e le chiese sempre più vuote. Fioriscono, invece, le comunità tradizionaliste. Fioriscono e fanno proseliti. Per questo motivo, già prima della pubblicazione del motu proprio, l'episcopato di Francia aveva deciso di muoversi. È il novembre del 2006. I vescovi sono riuniti in assemblea plenaria. Parlano della volontà di Ratzinger di liberalizzare l'antico rito e rilevano in questo una minaccia non solo alla riforma liturgica del Vaticano II, ma anche alla stessa unità della Chiesa. Già in ottobre i vescovi di Strasburgo, di Metz e della provincia ecclesiastica di Besançon scrivono un comunicato di protesta preventiva: «I vescovi temono che la generalizzazione del messale romano del 1962 relativizzi gli orientamenti del Concilio Vaticano II. Una simile decisione rischierebbe anche di mettere in pericolo l'unità tra i preti, come pure tra i fedeli». Sempre in ottobre è il cardinale Jean-Marie Lustiger, arcivescovo emerito di Parigi, a recarsi in udienza da Benedetto XVI. Con lui c'è anche il cardinale Jean-Pierre Ricard, arcivescovo di Bordeaux e presidente della Conferenza episcopale francese. I due intendono dare voce ai timori dei loro confratelli vescovi per l'annunciato motu proprio. Sempre in ottobre si svolge a Parigi una conferenza per i cinquant'anni dell'Istituto Superiore di Liturgia. Qui l'arcivescovo di Parigi e presidente dell'Istituto, André Vingt-Trois, ammette che il rinnovamento liturgico attuato in Francia negli ultimi decenni ha avuto sviluppi «talora maldestri o grossolani, che hanno potuto dare la sensazione di una rottura della tradizione». Poi però afferma che «sotto la copertura della mobilitazione per la difesa d'una forma liturgica, è a una critica radicale del Concilio Vaticano II che si è assistito, ossia al rigetto puro e semplice di alcune delle sue dichiarazioni». E ancora: «Il rifiuto dei libri liturgici regolarmente promulgati fu seguito dall'ingiuria pubblica contro i Papi e coronato da atti di violenza quali la presa a forza di una Chiesa parrocchiale a Parigi. [...] Nessuno dei protagonisti di queste battaglie ha mai creduto e detto che il problema fosse prioritariamente e, meno ancora, esclusivamente liturgico. Esso era e resta un problema ecclesiologico. Esso pone chiaramente in questione il senso dell'unità ecclesiale nella comunione con la sede di Pietro. Esso pone chiaramente in questione l'autorità di un concilio ecumenico».

Nel novembre 2006, aprendo i lavori dell'assemblea generale della Conferenza episcopale, il cardinale Ricard dice: «La decisione di liberalizzare per i preti la possibilità di dire la messa con il messale del 1962 non è ancora stata presa. Il motu proprio annunciato non è stato firmato. Il suo progetto sarà oggetto di consultazioni diverse. Noi possiamo far presenti, sin d'ora, i nostri timori e i nostri auspici». E ancora: «Questo progetto non si inscrive in una volontà di criticare il messale detto di Paolo VI né di procedere a una riforma della riforma liturgica. I libri liturgici redatti e promulgati a seguito del Concilio Vaticano II sono la forma ordinaria e quindi abituale del rito romano. Questo progetto ha origine piuttosto dal desiderio di Benedetto XVI di fare tutto ciò che è in suo potere per mettere fine allo scisma lefebvriano. Contrariamente alle intenzioni che certuni gli attribuiscono, papa Benedetto XVI non intende invertire la direzione che il Concilio ha dato alla Chiesa. Egli vi si è impegnato solennemente.» Ma i vescovi non si sentono tranquilli. E formulano una richiesta al Papa: «Noi desideriamo continuare ad accogliere coloro che conservano un attaccamento alla messa detta di san Pio V. Una diversità è possibile. Ma deve essere regolata. Ne va dell'unità della liturgia e dell'unità della Chiesa. Non è bene delegare la scelta di una delle forme del rito romano – messa di san Pio V o messa di Paolo VI – alla sola soggettività». I vescovi francesi chiedono dunque a Ratzinger di non allentare gli impedimenti che Giovanni Paolo II aveva stabilito per l'uso del messale tridentino.

E continueranno nei mesi successivi a chiedere la medesima cosa. Tanto che durante il viaggio apostolico in Francia in occasione del 150° anniversario delle apparizioni di Lourdes, dal 12 al 15 settembre 2008, il Papa deve intervenire per richiamare all'ordine. Domenica 14 settembre, incontrando a Lourdes i vescovi di Francia, Ratzinger li sollecita a essere pastori accoglienti di tutti, anche dei fedeli che si sentono più "a casa" con l'antico rito. Già sull'aereo che lo porta in Francia, il venerdì precedente, Benedetto XVI aveva parlato del rito antico. Un giornalista gli chiede: «Che cosa dice a coloro che in Francia temono che il motu proprio segni un ritorno indietro rispetto alle grandi intuizioni del Concilio Vaticano II? In che modo può rassicurarli?». Così risponde il Papa: «È una paura infondata perché questo motu proprio è semplicemente un atto di tolleranza, ai fini pastorali, per persone che sono state formate in quella liturgia, la amano, la conoscono, e vogliono vivere con quella liturgia. È un gruppo ridotto poiché presuppone una formazione in latino, una formazione in una cultura certa. Ma per queste persone avere l'amore e la tolleranza di permettere di vivere con questa liturgia, sembra un'esigenza normale della fede e della pastorale di un vescovo della nostra Chiesa. Non c'è alcuna opposizione tra la liturgia rinnovata del Concilio Vaticano II e questa liturgia. Ogni giorno [del Concilio, N.d.A.] i padri conciliari hanno celebrato la messa secondo l'antico rito e, al contempo, hanno concepito uno sviluppo naturale per la liturgia in tutto questo secolo, poiché la liturgia è una realtà viva che si sviluppa e conserva nel suo sviluppo, nella sua identità. Ci sono dunque sicuramente accenti diversi, ma comunque un'identità fondamentale che esclude una contraddizione, un'opposizione tra la liturgia rinnovata e la liturgia precedente. Credo in ogni caso che vi sia una possibilità di arricchimento da ambedue le parti. Da un lato gli amici dell'antica liturgia possono e devono conoscere i nuovi santi, le nuove prefazioni della liturgia, ecc... dall'altra, la liturgia nuova sottolinea maggiormente la partecipazione comune ma sempre... non è semplicemente un'assemblea di una certa comunità, ma sempre un atto della Chiesa universale, in comunione con tutti i credenti di tutti i tempi, e un atto di adorazione. In tal senso mi sembra che vi sia un mutuo arricchimento, ed è chiaro che la liturgia rinnovata è la liturgia ordinaria del nostro tempo».

In Olanda un gruppo di domenicani reagisce a modo suo al motu proprio del Papa. Visto il ritorno del rito antico, i domenicani ne propongono uno totalmente nuovo. In sostanza, lanciano una proposta che mira a sovvertire l'ordinamento di qualsiasi messa, nuova o vecchia che sia.

La proposta è contenuta in un opuscolo di trentotto pagine diffuso in tutte le milletrecento parrocchie cattoliche del paese, intitolato *Kerk en Ambt*, Chiesa e ministero. Qualora non vi fossero preti disponibili, i padri domenicani propongono che una persona scelta dalla comunità presieda ugualmente la celebrazione dell'eucaristia. «Non fa differenza che sia uomo o donna, omo o eterosessuale, sposato o celibe.» La persona prescelta e la comunità pronuncerebbero insieme le parole della consacrazione. «Pronunciare queste parole non è un diritto riservato al prete. È la consapevole espressione di fede dell'intera comunità.» L'opuscolo ha l'approvazione dei superiori dell'ordine in Olanda. Lo scrivono i padri André Lascaris, professore di teologia a Nimega, Jan Nieuwenhuis, già direttore del centro ecumenico dei domenicani di Amsterdam, Harrie Salemans, parroco a Utrecht, e Ad Willems, altro teologo di Nimega. Sullo sfondo, il teologo di riferimento è un altro, il più famoso domenicano olandese, Edward Schillebeeckx, che in quel momento ha 93 anni. Fu lui che negli anni Ottanta finì sotto l'esame della Congregazione per la dottrina della fede per tesi vicine a quelle ora confluite nell'opuscolo. La Conferenza episcopale olandese si riserva di replicare ufficialmente, pur facendo comunque sapere che la proposta dei domenicani appare «in conflitto con la dottrina della Chiesa cattolica». Ma un dato resta: anche in Olanda la ricezione del motu proprio non è facile. Per ovviare a una disposizione ritenuta «ultra conservatrice» si mette in campo una proposta «ultra progressista».

I problemi circa la ricezione e la messa in pratica del motu proprio ci sono in tutto il mondo. Nel settembre del 2008 ne parla a Roma il segretario della Commissione Ecclesia Dei, monsignor Camille Perl, nel corso di un convegno intitolato «Il motu proprio *Summorum Pontificum* di Sua Santità Benedetto XVI – Una ricchezza spirituale per tutta la Chiesa un anno dopo». Il giudizio di Perl è lapidario. Afferma: «In Italia la maggioranza dei vescovi, con poche ammirevoli eccezioni, ha posto ostacoli all'applicazione del motu proprio sulla messa in latino». Problemi in Italia dunque, ma non solo. Dice ancora Perl: «In Germania la Conferenza episcopale ha pubblicato una direttiva molto burocratica che rende di difficile applicazione il motu proprio». Anche in Francia la situazione non è delle migliori. Spiega ancora Perl: «Si accumulano sulla mia scrivania le lettere di fedeli di varie parti del mondo che reclamano l'applicazione del motu proprio. Ma bisogna tenere conto del fatto che il numero dei sacerdoti è scarso un po' ovunque. Così un prete che deve già celebrare tre o quattro messe in un giorno non riesce ad aggiungerne un'altra». Inoltre «bisogna tenere conto che il rito riformato da Paolo VI è in vigore da quarant'anni e ci sono molti preti che non sanno celebrare la messa con il vecchio rito; senza contare che sono stati indottrinati secondo una visione precisa: cioè che la vecchia liturgia è superata».

Anche la Curia romana conta i prelati favorevoli e sfavorevoli al motu proprio. Tra i favorevoli si segnala l'arcivescovo cingalese Albert Malcom Ranjith, segretario della Congregazione per il culto divino. Dopo l'arrivo dello statunitense William Joseph Levada quale prefetto della Congregazione per la dottrina della fede, quella di Ranjith è la seconda nomina di rilievo decisa da Benedetto XVI. Siamo nel dicembre del 2005, a soli otto mesi dall'elezione di Ratzinger al soglio di Pietro. Ranjith arriva a Roma col preciso compito di lavorare a fianco del Papa per la pubblicazione del motu proprio. È lui che su «L'Osservatore Romano» del 20 novembre 2007 deve scendere in campo per difendere il *Summorum Pontificum*, avversato da più parti:

> «Riguardo alla messa tridentina c'è stata una domanda crescente nel tempo, via via sempre più organizzata. Di contro, la fedeltà alle norme della celebrazione dei sacramenti continuava a calare. Più diminuivano tale fedeltà, il senso della bellezza e dello stupore nella liturgia, più aumentava la richiesta per la messa tridentina... Per anni la liturgia ha subìto troppi abusi e tanti vescovi li hanno ignorati... Il problema quindi non era la richiesta della messa tridentina, quanto piuttosto un abuso illimitato della nobiltà e della dignità della celebrazione eucaristica. Di fronte a ciò il Santo Padre non poteva tacere».

Ranjith sottolinea la continuità tra l'enciclica del 1947 *Mediator Dei* di Pio XII sulla liturgia e la costituzione liturgica del Vaticano II *Sacrosanctum Concilium*. Cerca di andare al cuore del problema: il motu proprio testimonia che c'è continuità tra il «pre» e il «post» Concilio, non è una decisione presa contro qualcuno, ma in favore dell'unica Chiesa che prega con forme diverse ma usando lo stesso rito. È ancora Ranjith che si premura di rispondere alle critiche con altre interviste. Alcune molto dure nei confronti di coloro che criticano la decisione papale. Le sue parole e soprattutto i toni che utilizza, non piacciono a una parte della Curia romana. Quanto Ranjith dice, e come lo dice, infastidisce coloro che mal sopportano il motu proprio di Benedetto XVI.

Così, nel giugno del 2009, Ranjith viene nominato arcivescovo metropolita di Colombo. In molti leggono la sua promozione come la vittoria di coloro che nella Curia romana avversano il motu proprio. Secondo questa chiave di lettura, la promozione di Ranjith sarebbe il più classico dei *promoveatur ut amoveatur*, si viene promossi per essere rimossi. Il prelato cingalese era già stato membro della Curia romana come segretario di Propaganda Fide, ed era stato allontanato, con l'inedita nomina a nunzio apostolico, per dissidi con l'allora prefetto Crescenzio Sepe. Il cardinale Joseph Ratzinger non aveva approvato quell'allontanamento, e per questo tra le prime nomine del suo pontificato stabilisce il cambio del segretario della Congregazione del culto, inviando l'arcivescovo Domenico Sorrentino ad Assisi, e facendo ritornare Ranjith in Curia romana, con la probabile intenzione di prepararlo alla successione del cardinale Francis Arinze, prefetto del culto. Non solo la successione non avverrà, ma il prelato cingalese lascerà una seconda volta Roma. C'è però anche chi ricorda, al contrario, che la nomina di Ranjith a Colombo sarebbe avvenuta dopo un'espressa e ripetuta richiesta del presidente dello Sri Lanka alla Santa Sede. La sede arcivescovile della capitale cingalese potrebbe portare presto la berretta cardinalizia sul capo del prelato.

Non è facile individuare chi, nella Curia romana, avversi il motu proprio. Un dato però può rendere l'idea della situazione nella quale il Papa si trova. Oggi, nel momento in cui questo libro va in stampa, il motu proprio è presente sul sito web del Vaticano soltanto nelle lingue latina e ungherese. Sono passati più di tre anni e ancora non è possibile consultare sul web il testo papale in inglese, italiano, spagnolo, francese, portoghese e tedesco.

Ma non tutto ciò che riguarda il motu proprio è affare infra ecclesiale. Le critiche aspre, infatti, arrivano anche dall'esterno. Perché il motu proprio finisce per toccare diverse sensibilità. Tra queste, quella ebraica. Già prima che il testo papale venisse pubblicato, esponenti del mondo ebraico avevano reso note diverse riserve. L'oggetto delle critiche è il testo del rito antico stabilito per la liturgia della Croce del Venerdì santo. Per gli ebrei è infatti inammissibile che la Chiesa torni a pregare con la formula «Oremus et pro perfidis Judaeis», cioè l'invito «Preghiamo anche per i perfidi ebrei». In realtà il testo che il Papa liberalizza è quello modificato da Giovanni XXIII nel 1962, nel quale erano state già abolite le parole «perfidia» e «perfidi».

Certo, bisogna ricordare che, purtroppo, alcuni gruppi tradizionalisti, invece di obbedire al Pontefice, faranno ristampare non il messale di Giovanni XXIII, ma quello precedente, del 1954, che ancora conservava quelle espressioni antigiudaiche.

Le contestazioni, però, arrivano comunque. Diversi rabbini nel mondo si dicono scandalizzati dal fatto che il Papa torni ad approvare preghiere che il Vaticano II aveva abolito.

Così Benedetto XVI, che tiene particolarmente al rapporto con il mondo ebraico, avendo riflettuto molto, da teologo, sul legame particolare e inscindibile che unisce i cristiani alla loro radice ebraica, deve intervenire. Lo fa con una nota della Segreteria di Stato pubblicata il 6 febbraio 2008 su «L'Osservatore Romano», cambiando le parole ritenute più critiche del testo del rito antico, ovvero l'invito a pregare per i giudei «affinché Dio e Signore nostro tolga il velo dai loro cuori, perché anch'essi riconoscano Gesù Cristo, nostro Signore». Quelle parole, in realtà, riecheggiano un testo di san Paolo.

L'ottava supplica del Venerdì santo, nel messale del 1962, era così formulata:

> «Dio onnipotente ed eterno, che non respingi dalla tua misericordia neppure i giudei, esaudisci le nostre preghiere che ti presentiamo per l'accecamento di quel popolo; affinché, riconosciuta la verità della tua luce, che è Cristo, siano liberati dalle loro tenebre. Per lo stesso Cristo Signore nostro, Amen».

Il Papa cambia le due formulazioni. E dispone che si inviti a pregare per gli ebrei

> «affinché Dio e Signore nostro illumini i loro cuori perché riconoscano Gesù Cristo salvatore di tutti gli uomini».

Ecco il testo della nuova orazione personalmente rielaborato da Benedetto XVI:

> «Dio onnipotente ed eterno, che vuoi che tutti gli uomini si salvino e giungano alla conoscenza della verità, concedi nella tua bontà che, entrando la pienezza dei popoli nella tua Chiesa, tutto Israele sia salvo. Per Cristo nostro Signore. Amen».

Il motivo che porta il Papa a modificare la formula è spiegato bene in una nota de «La Civiltà Cattolica», l'autorevole rivista dei gesuiti i cui testi sono rivisti prima della pubblicazione dalla Segreteria di Stato vaticana:

> «Nell'attuale clima di dialogo e di amicizia tra la Chiesa cattolica e il popolo ebraico è sembrato giusto e opportuno al Papa [fare questo cambiamento, N.d.A.], per evitare ogni espressione che potesse avere anche la più piccola apparenza di offesa o comunque dispiacere agli ebrei».

Le parole della precedente formulazione che a molti apparivano offensive erano soprattutto «accecamento» e «tenebre». Entrambe sono sparite dal nuovo formulario.

Ma il mondo ebraico non è ancora soddisfatto. La protesta più aspra arriva dall'assemblea dei rabbini italiani. Un comunicato firmato dal presidente Giuseppe Laras, afferma che la nuova preghiera costituisce «una sconfitta dei presupposti stessi del dialogo» ed è «solo apparentemente meno forte» della precedente. Essa «legittima anche nella prassi liturgica un'idea di dialogo finalizzato, in realtà, alla conversione degli ebrei al cattolicesimo, ciò che è ovviamente per noi inaccettabile». E quindi, «in relazione alla prosecuzione del dialogo con i cattolici, si impone quanto meno una pausa di riflessione che consenta di comprendere appieno gli effettivi intendimenti della Chiesa cattolica circa il dialogo stesso». Altre comunità ebraiche, specie americane, reagiscono in modo meno duro, negando che la nuova preghiera metta in pericolo il dialogo con la Chiesa. Un dialogo che di per sé, dice «La Civiltà Cattolica», «non è finalizzato alla conversione degli ebrei al cristianesimo, ma si propone l'approfondimento della mutua conoscenza in campo religioso, la crescita della reciproca stima e della collaborazione nei settori della pace e del progresso, oggi messi in grave pericolo».

Anche il rabbino capo di Roma Riccardo Di Segni critica il Papa. Dice: «Il comunicato è molto bello ma non c'entra con l'oggetto del contendere». E ancora: «Quello che avremmo voluto sentire nella dichiarazione è che la Chiesa non prega per la conversione degli ebrei». Dopo Di Segni interviene il rabbino capo di Venezia, Elia Enrico Richetti. Su «Popoli» del gennaio 2009, la rivista missionaria dei gesuiti italiani, scrive che con Benedetto XVI «stiamo andando verso la cancellazione degli ultimi cinquant'anni di storia della Chiesa». Parole trancianti, condivise da diversi ebrei e messe in pagina da una rivista cattolica.

Non tutti però si mostrano intransigenti. Il rabbino americano Jacob Neusner sul quotidiano «Il Foglio» difende la correttezza della formula di preghiera introdotta da Benedetto XVI e fa notare come «anche Israele chiede a Dio di illuminare i gentili». Anche altri esponenti ebrei esprimono soddisfazione per il chiarimento. Ad esempio, il rabbino Jack Bemporad, che il 18 aprile 2008 accoglierà Benedetto XVI nella sinagoga di Park East di New York.

Per il Vaticano scende in campo il cardinale Walter Kasper, presidente del Pontificio consiglio per la promozione dell'unità dei cristiani e della Commissione per i rapporti religiosi con l'ebraismo. Il suo intervento è lungo e articolato. Kasper spiega che al fondo la vera questione controversa è questa: «Devono i cristiani pregare per la conversione degli ebrei? Ci può essere una missione verso gli ebrei?». E chiarisce che, comunque, «l'incomprensione diffusa della riformulata preghiera del Venerdì Santo è un segnale di quanto grande sia ancora il compito che ci sta davanti nel dialogo ebraico-cristiano. Le reazioni irritate che sono sorte dovrebbero, quindi, essere un'occasione per chiarire e approfondire ancora le basi e gli obiettivi del dialogo ebraico-cristiano. Se si potesse avviare in questo modo un approfondimento del dialogo, l'agitazione sorta porterebbe alla fine davvero a un risultato positivo. Si deve certo essere sempre consapevoli che il dialogo tra ebrei e cristiani resterà, per sua natura, sempre difficile e fragile e che esige in grande misura sensibilità da entrambe le parti».

A conti fatti, resta un dato. Nessuno, dentro e fuori la Chiesa cattolica, può veramente comprendere il motu proprio *Summorum Pontificum* senza tornare a un discorso chiave del pontificato di Benedetto XVI. Quello rivolto alla Curia romana il 22 dicembre del 2005.

Benedetto XVI si era chiesto: «Perché la ricezione del Concilio, in grandi parti della Chiesa, finora si è svolta in modo così difficile?». E aveva risposto: «I problemi sono nati dal fatto che due ermeneutiche contrarie si sono trovate a confronto e hanno litigato tra loro. L'una ha causato confusione, l'altra, silenziosamente ma sempre più visibilmente, ha portato e porta frutti». La prima interpretazione l'ha chiamata «ermeneutica della discontinuità e della rottura». La seconda «ermeneutica della riforma». La prima ermeneutica è stata criticata dal Papa. La seconda è stata presentata come autentica.

Non si capisce il motu proprio se non si torna a queste parole. Liberalizzare il rito antico significa, nell'ottica di Benedetto XVI, ridare al Concilio ciò che un'ermeneutica successiva aveva tolto. Il Concilio non ha abolito la liturgia antica, ma ha stabilito i presupposti perché la liturgia venisse rinnovata. Una scorretta ermeneutica del Concilio ha portato invece a una totale abolizione del passato. A un rifiuto di tutto ciò che c'era prima nel nome del rinnovamento. Ed è contro questa abolizione che il Papa ha promulgato il motu proprio. Scrive in proposito il teologo piacentino don Pietro Cantoni sul numero di «Cristianità» del settembre-dicembre 2007: il motu proprio

> «non è la sconfessione del Concilio Ecumenico Vaticano II e neppure della riforma liturgica che ne è conseguita. È cosa talmente ovvia che può apparire persino inutilmente ridondante ripeterlo, se non fosse per l'insistenza con cui il pericolo viene denunciato. Come sempre, davanti a reazioni così insistenti e ad affermazioni così frequentemente ripetute, dobbiamo avere la saggezza di riconoscere un nucleo di verità. Quando vi è tanto fumo, vi deve pur essere un po' di arrosto. Una sconfessione infatti vi è: non però del Concilio, ma dell'interpretazione del Concilio all'insegna della rottura».

Non è il Concilio che il Papa vuole mettere in discussione. E nemmeno quanto di buono è venuto dopo il Concilio. È il Concilio visto come momento di totale rottura col passato che Benedetto XVI discute, insieme a ciò che dopo il Concilio è stato portato nella Chiesa partendo dalla teorizzazione di questa rottura.

Afferma il cardinale Camillo Ruini in una relazione tenuta nel marzo 2009 alla Scuola di cultura cattolica «Mariano Rumor» di Vicenza, che una delle priorità del pontificato di Benedetto XVI è «la preghiera». Ratzinger

> «è stato uno dei grandi sostenitori del Movimento liturgico che ha preparato il Concilio e uno dei protagonisti del Vaticano II, e tale è sempre rimasto. Fin dall'attuazione della riforma liturgica nei primi anni del "dopo-Concilio", egli aveva contestato però la proibizione dell'uso del messale di san Pio V, vedendovi una causa di sofferenza non necessaria per tante persone amanti di quella liturgia, oltre che una rottura rispetto alla prassi precedente della Chiesa che, in occasione delle riforme della liturgia succedutesi nella storia, non aveva proibito l'uso delle liturgie fino allora in uso. Da Pontefice ha pertanto ritenuto di dover rimediare a questo inconveniente consentendo più facilmente l'uso del rito romano nella sua forma preconciliare. Lo spingeva a questo anche il suo dovere fondamentale di promotore dell'unità della Chiesa. Si muoveva inoltre nella linea già iniziata da Giovanni Paolo II. In questo spirito la remissione della scomunica è stata concessa per facilitare il ritorno dei lefebvriani, ma non certamente per rinunciare alla condizione decisiva di questo ritorno, che è la piena accettazione del Concilio Vaticano II, compresa la validità della messa celebrata secondo il messale di Paolo VI».

E ancora:

> «In positivo Benedetto XVI ha precisato l'interpretazione del Vaticano II nel discorso alla curia del 22 dicembre 2005, prendendo le distanze da una "ermeneutica della rottura", che ha due forme: una prevalente, in base alla quale il Concilio costituirebbe una novità radicale e sarebbe importante "lo spirito del Concilio" ben più della lettera dei suoi testi; l'altra, contrapposta, per la quale conterebbe soltanto la tradizione precedente al Concilio, rispetto a cui il Concilio avrebbe rappresentato una rottura densa di conseguenze funeste, come sostengono appunto i lefebvriani. Benedetto XVI propone invece una "ermeneutica della riforma", ossia della novità nella continuità, sostenuta già da Paolo VI e Giovanni Paolo II: il Concilio costituisce cioè una grande novità ma nella continuità dell'unica tradizione cattolica. Soltanto questo tipo di ermeneutica è teologicamente sostenibile e pastoralmente fruttuoso».

Quel discorso alla Curia romana trova dunque una delle sue concrete applicazioni in *Summorum Pontificum*, un documento che fa emergere opposizioni, chiusure, resistenze su ambo i fronti. Da una parte, le critiche di autorevoli esponenti della gerarchia, che lo considerano un pericoloso ritorno al passato. Dall'altra, le rivendicazioni di alcune comunità tradizionaliste, che vivono il gesto magnanimo del Pontefice con uno spirito di rivincita. Né gli uni né gli altri sembrano aver compreso lo spirito di riconciliazione che papa Ratzinger ha particolarmente a cuore.

4

Williamson, la trappola negazionista

A mezzogiorno del 24 gennaio 2009 la Sala Stampa della Santa Sede pubblica un comunicato e il testo di un decreto a firma del cardinale Giovanni Battista Re, con il quale, per volontà di Benedetto XVI, viene revocata la scomunica comminata nel 1988 ai quattro vescovi consacrati illecitamente da monsignor Marcel Lefebvre, il grande oppositore delle riforme conciliari.

Un atto unilaterale di riconciliazione da parte di papa Ratzinger, che con la sua decisione sana l'esistenza di un mini-scisma e apre la porta al dialogo con la Fraternità San Pio X. Un atto che segna l'inizio di uno degli anni più difficili del pontificato ratzingeriano, aprendo un contenzioso con il mondo ebraico.

Questo il testo con il quale la Sala Stampa vaticana presenta il decreto:

> «Il Santo Padre, dopo un processo di dialogo tra la Sede Apostolica e la Fraternità Sacerdotale San Pio X, rappresentata dal suo Superiore Generale, S.E. Mons. Bernard Fellay, ha accolto la richiesta formulata nuovamente da detto Presule, con lettera del 15 dicembre 2008, anche a nome degli altri tre Vescovi della Fraternità, S.E. Mons. Bernard Tissier de Mallerais, S.E. Mons. Richard Williamson e S.E. Mons. Alfonso de Galarreta, di rimettere la scomunica in cui erano incorsi vent'anni fa.
> A causa, infatti, delle consacrazioni episcopali fatte, in data 30 giugno 1988, da S.E. Mons. Marcel Lefebvre, senza mandato pontificio, i menzionati quattro Presuli erano incorsi nella scomuni-

ca *latae sententiae*, dichiarata formalmente dalla Congregazione per i Vescovi in data 1° luglio 1988.

S.E. Mons. Bernard Fellay, nella citata missiva, manifestava chiaramente al Santo Padre che: "Siamo sempre fermamente determinati nella volontà di rimanere cattolici e di mettere tutte le nostre forze al servizio della Chiesa di Nostro Signore Gesù Cristo, che è la Chiesa cattolica romana. Noi accettiamo i suoi insegnamenti con animo filiale. Noi crediamo fermamente al Primato di Pietro e alle sue prerogative, e per questo ci fa tanto soffrire l'attuale situazione".

Sua Santità Benedetto XVI, che ha seguito fin dall'inizio questo processo, ha cercato sempre di ricomporre la frattura con la Fraternità, anche incontrando personalmente S.E. Mons. Bernard Fellay, il 29 agosto 2005. In quell'occasione, il Sommo Pontefice ha manifestato la volontà di procedere per gradi e in tempi ragionevoli in tale cammino ed ora, benignamente, con sollecitudine pastorale e paterna misericordia, mediante Decreto della Congregazione per i Vescovi del 21 gennaio 2009, rimette la scomunica che gravava sui menzionati Presuli. Il Santo Padre è stato ispirato in questa decisione dall'auspicio che si giunga al più presto alla completa riconciliazione e alla piena comunione».

Insieme al comunicato, viene reso noto anche il testo del decreto di revoca, a firma del cardinale Giovanni Battista Re, prefetto della Congregazione per i vescovi. A suo tempo, nel 1988, il decreto di scomunica era stato firmato dall'allora prefetto Bernardin Gantin.

«Con lettera del 15 dicembre 2008 indirizzata a Sua Em.za il Sig. Cardinale Darío Castrillón Hoyos, Presidente della Pontificia Commissione Ecclesia Dei, Mons. Bernard Fellay, anche a nome degli altri tre Vescovi consacrati il giorno 30 giugno 1988, sollecitava nuovamente la rimozione della scomunica *latae sententiae* formalmente dichiarata con Decreto del Prefetto di questa Congregazione per i Vescovi in data 1° luglio 1988. [...]

Sua Santità Benedetto XVI – paternamente sensibile al disagio spirituale manifestato dagli interessati a causa della sanzione di scomunica e fiducioso nell'impegno da loro espresso nella citata lettera di non risparmiare alcuno sforzo per approfondire nei necessari colloqui con le Autorità della Santa Sede le questioni ancora aperte, così da poter giungere presto a una piena

e soddisfacente soluzione del problema posto in origine – ha deciso di riconsiderare la situazione canonica dei Vescovi Bernard Fellay, Bernard Tissier de Mallerais, Richard Williamson e Alfonso de Galarreta sorta con la loro consacrazione episcopale.
Con questo atto si desidera consolidare le reciproche relazioni di fiducia e intensificare e dare stabilità ai rapporti della Fraternità San Pio X con questa Sede Apostolica. Questo dono di pace, al termine delle celebrazioni natalizie, vuol essere anche un segno per promuovere l'unità nella carità della Chiesa universale e arrivare a togliere lo scandalo della divisione.
Si auspica che questo passo sia seguito dalla sollecita realizzazione della piena comunione con la Chiesa di tutta la Fraternità San Pio X, testimoniando così vera fedeltà e vero riconoscimento del Magistero e dell'autorità del Papa con la prova dell'unità visibile.
In base alle facoltà espressamente concessemi dal Santo Padre Benedetto XVI, in virtù del presente Decreto, rimetto ai Vescovi Bernard Fellay, Bernard Tissier de Mallerais, Richard Williamson e Alfonso de Galarreta la censura di scomunica *latae sententiae* dichiarata da questa Congregazione il 1° luglio 1988, mentre dichiaro privo di effetti giuridici, a partire dall'odierna data, il Decreto a quel tempo emanato.
Roma, dalla Congregazione per i Vescovi, 21 gennaio 2009.
Card. Giovanni Battista Re
Prefetto della Congregazione per i vescovi.»

La decisione papale non arriva come un fulmine a ciel sereno. Non soltanto si sa da tempo che sono in corso colloqui e trattative, ma ormai già da diversi giorni l'annuncio dell'avvenuta firma del decreto circola sul web, rilanciato da diversi blog sensibili al mondo tradizionalista. Il primo a parlare di «notizia bomba» è, il 17 gennaio 2009, il blog dell'avvocato spagnolo Francisco José Fernández de la Cigoña, studioso di storia della Chiesa contemporanea, che dispone di fonti riconducibili alla Congregazione per i vescovi: il suo stringato testo non è esplicito, ma accanto all'evocativa immagine di san Pio X – il Papa al quale si ispira la Fraternità lefebvriana – viene citato il cardinale Re. Lo stesso Fernández de la Cigoña, due mesi e mezzo prima, il

3 novembre 2008, aveva annunciato che la bozza del decreto di revoca della scomunica era arrivato sulla scrivania di Benedetto XVI. E questo lasciava intendere una decisione ormai vicina.

Il 22 gennaio i quotidiani italiani «Il Giornale» e «Il Riformista» pubblicano la notizia parlando di un imminente annuncio e spiegano il contesto in cui nasce la decisione di revocare la scomunica. Il giorno dopo la stessa notizia viene ripresa da «la Repubblica» e da «La Stampa».

Ma nel frattempo un'altra notizia, clamorosa, viene messa in circolazione. Già il 20 gennaio, infatti, il settimanale tedesco «Der Spiegel» anticipava i contenuti di un'intervista che il vescovo lefebvriano Richard Williamson, uno dei quattro consacrati da Lefebvre nel 1988 ai quali stava per essere tolta la scomunica, aveva rilasciato a una televisione svedese. L'intervista, registrata nel novembre precedente in Germania, sarebbe stata tramessa in tv la sera del 21 gennaio. Contiene esplosive dichiarazioni negazioniste sulle camere a gas usate dai nazisti per sterminare gli ebrei. Dichiarazioni non nuove sulla bocca di Williamson, che le aveva già usate più di vent'anni prima, mentre si trovava in Canada, dove venivano celebrati, nel 1985 e poi nel 1988, i processi contro il revisionista Ernst Zündel. Da allora Williamson non aveva più ripetuto pubblicamente le sue convinzioni sulla Shoah.

Il 1° novembre 2008, il vescovo viene raggiunto dal giornalista Ali Fegan, del programma televisivo *Uppgrad Gransking* (Missione Ricerca), mentre si trova nel seminario della Fraternità San Pio X di Ratisbona, in Germania. L'intervista non è concordata in precedenza, il giornalista si presenta al seminario e riesce a ottenere il colloquio con Williamson. Dopo aver parlato d'altro, a un certo punto, Fegan chiede conto al vescovo lefebvriano delle dichiarazioni negazioniste rilasciate a suo tempo in Canada. Ecco la trascrizione dei passaggi decisivi di quell'intervista.

Vescovo Williamson, queste sono parole sue? «Non c'è stato un solo ebreo ucciso dalle camere a gas! Sono tutte menzogne, menzogne, menzogne». Queste sono parole sue?

«Lei sta citando una frase che dissi in Canada. Penso di sì. Molti anni fa. Ritengo che le prove storiche contro la tesi dei sei milioni di ebrei deliberatamente gasati nelle camere a gas, come conseguenza di una politica apposita da parte di Hitler, siano enormi.»

Ma lei dice che non venne ucciso neppure un ebreo.

«Non nelle camere a gas.»

Così, non vi furono camere a gas?

«Sì, ritengo che non vi furono camere a gas. Ritengo, per le prove che ho studiato, non sono guidato dall'emotività, dalle prove che ho esaminato, ritengo, ad esempio, che coloro che si battono contro quello che viene oggi largamente considerato come, aperte le virgolette, un "Olocausto", i revisionisti, come vengono chiamati, i più seri tra loro sono giunti alla conclusione che nei campi nazisti sono morti tra i 200 e i 300 mila ebrei, ma nessuno di loro per gasazione nelle camere a gas. Ha mai sentito parlare del Rapporto Leuchter? Fred Leuchter era un esperto in camere a gas. Progettò tre camere a gas per tre Stati, tra i 50 degli Stati Uniti, che ammettono la condanna a morte. Così lui conosceva la materia. E studiò, durante gli anni '80, i resti delle presunte camere a gas tedesche, ad esempio i crematori di Birkenau, Auschwitz. E la sua conclusione, la sua conclusione di esperto, fu che è impossibile che queste strutture potessero essere utilizzate per la gasazione di grandi numeri di persone. Perché il gas cianidrico è molto pericoloso. Se lei, supponiamo che lei voglia gasare 300 persone che ha ammassato in una camera e lei li gasa... È molto pericoloso entrare lì dentro e tirare fuori i cadaveri. Perché il gas che si è infiltrato nei vestiti la ucciderà. È estremamente pericoloso. Una volta che lei ha gasato delle persone deve espellere il gas. Per espellere il gas ha bisogno di un camino alto. Se il camino è basso il gas va sul selciato e uccide tutti quelli che vi camminano. Ha bisogno di un camino alto... Se c'era un camino alto allora l'ombra si sarebbe proiettata, per gran parte della giornata, sul terreno e i fotografi alleati che sorvolavano il campo avrebbero colto l'ombra di questi camini. Non vi sono mai state ombre del genere, non c'erano camini del genere. E quindi ecco la testimonianza di Fred Leuchter: "Non vi può essere stata nessuna camera a gas". Egli ha esaminato le porte. Le porte devono essere assolutamente a chiusura ermetica. Altrimenti, di nuovo, il gas esce e uccide le persone all'esterno. Le porte delle camere a gas che mostrano ai turisti ad Auschwitz non sono assolutamente a chiusura ermetica. Assolutamente no.»

Quello che lei sta dicendo adesso è che l'Olocausto non è mai avvenuto, non nel modo in cui gli storici lo intendono oggi.

«Mi attengo a quelle che considero le prove storiche, secondo il parere di coloro che hanno osservato ed esaminato tali prove. Credo alle conclusioni che hanno raggiunto, se cambieranno idea seguirò probabilmente il loro parere perché ritengo che abbiano giudicato in base alle prove. Ritengo che siano morti nei campi di concentramento nazisti 200 o 300 mila ebrei, ma che nessuno di loro sia morto tramite gas.»

Se questo non è antisemitismo, allora cos'è?

«Se l'antisemitismo è cattivo, è contro la verità. Se qualcosa è vera, non è cattiva. Non sono interessato alla parola antisemitismo. La parola è molto pericolosa.»

L'effetto delle parole di Williamson è dirompente, e aggravato dalla coincidenza temporale con la Giornata della Memoria, dedicata a ricordare la Shoah e le sue vittime. È necessario fare attenzione alle date: l'intervista viene rilasciata all'inizio di novembre 2008. Ma diventa una vera notizia soltanto in concomitanza con la revoca della scomunica. Fintanto che la Fraternità San Pio X resta un gruppo tradizionalista separato dalla Chiesa cattolica, con i suoi quattro vescovi scomunicati, le pur gravissime dichiarazioni negazioniste di Williamson sono destinate a restare confinate nel recinto di un estremismo antisemita che nulla ha a che vedere con la posizione della Santa Sede e più in generale della Chiesa. Come abbiamo detto, «Der Spiegel» già il 20 gennaio anticipa i contenuti dell'intervista a Williamson. Ma non accade nulla.

Il 22 gennaio, giorno dell'uscita su «Il Giornale» della notizia della revoca della scomunica, il vaticanista del quotidiano viene contattato dalla tv svedese che la sera precedente aveva trasmesso l'intervista e gli viene chiesto se sia «scandalizzato» per la revoca della scomunica a Williamson.

Dopo essere state per due giorni nei circuiti internazionali, le notizie sull'intervista negazionista vengono rilanciate anche dall'agenzia italiana «Ansa», la sera di quello stesso 22 gennaio.

In quel momento, come vedremo più approfonditamente in seguito, il superiore della Fraternità San Pio X Bernard Fellay ha già in mano il decreto di revoca datato 21 gennaio. Gli è stato consegnato a Roma qualche giorno prima, il 17 gennaio, dal cardinale Darío Castrillón Hoyos, presidente della Pontificia commissione Ecclesia Dei, che si occupa dei contatti con i lefebvriani.

Nonostante vi siano stati almeno due giorni per riflettere sul da farsi ed eventualmente correre ai ripari, nessuno in Vaticano sembra preoccuparsi troppo per ciò che potrebbe accadere e per le reazioni del mondo ebraico. Nessuno in Segreteria di Stato sembra pensare che sia necessario spiegare bene i termini e le conseguenze della revoca della scomunica. Così, proprio in quei giorni, nel giro di una settimana, si tengono in Vaticano ben tre conferenze stampa. Nessuna di queste è però dedicata al caso che si rivelerà come il più spinoso – fino a quel momento – per il pontificato di Joseph Ratzinger. Il 23 gennaio 2009, viene presentato in Sala Stampa, con la partecipazione dell'arcivescovo Claudio Maria Celli, il messaggio del Papa per la 43° Giornata delle comunicazioni sociali e si annuncia lo sbarco del Vaticano su Youtube. Una conferenza stampa si tiene il 29 gennaio, per presentare le iniziative della Santa Sede in occasione dell'Anno dell'Astronomia; il giorno successivo, 30 gennaio, nel corso di una terza conferenza stampa il Vaticano spiega le iniziative previste per celebrare l'anniversario dei Patti Lateranensi.

Alla revoca della scomunica, invece, è dedicato soltanto il comunicato del 24 gennaio, che abbiamo trascritto nelle pagine precedenti, che non cita in alcun modo le dichiarazioni negazioniste di Williamson. Tutto è stato predisposto da tempo, nessuno sente la necessità di aggiornare quei testi o di far intervenire davanti ai giornalisti un cardinale autorevole che getti acqua sul fuoco delle polemiche, chiarendo immediatamente che al momento della decisione di revocare la scomunica le deliranti parole di Williamson non erano conosciute e che, ovviamente, la Chiesa non aveva cambiato le proprie posizioni sulla Shoah.

Quel sabato, ai giornalisti che gli chiedono conto delle dichiarazioni negazioniste, il direttore della Sala Stampa della Santa Sede, padre Federico Lombardi, risponde che «la revoca della scomunica non c'entra assolutamente nulla» e non significa «sposare le idee e le dichiarazioni» di Williamson «che vanno giudicate in sé».

Nelle ore successive la polemica s'infiamma, com'era peraltro prevedibile. «Che mi venga a trovare chi nega l'Olocausto» commenta Nissim Alhadeff, un medico italo-greco sopravvissuto ad Auschwitz, intervistato dal Tg3. La reazione più dura, il 24 gennaio, arriva dal rabbino David Rosen, presidente del Comitato ebraico per i rapporti interreligiosi: «La scelta del Papa contamina la Chiesa e il Vaticano minaccia così il futuro della storica riconciliazione con il popolo ebraico; nell'accogliere un negazionista chiaramente antisemita nella Chiesa cattolica senza alcuna ritrattazione da parte sua il Vaticano si è fatto beffa del ripudio e della condanna commovente ed impressionante dell'antisemitismo fatti da Giovanni Paolo II». Sono parole durissime, per di più pronunciate da un esponente ebraico favorevole al dialogo.

«Nubi minacciose sembrano addensarsi sul dialogo ebraico cristiano» osserva il rabbino capo di Roma, Riccardo Di Segni.

«Quella di oggi è una tragedia, una sconfitta per la Chiesa. Sono deluso, sbalordito, scandalizzato, amareggiato» commenta Gianni Gennari, teologo e giornalista, già sacerdote del clero romano, poi sposatosi dopo aver ottenuto la dispensa di Giovanni Paolo II grazie all'intervento dell'allora cardinale Ratzinger. «Non so come le cose siano state spiegate al Papa, ma qui la misericordia c'entra poco. La misericordia si usa con chi si pente. I lefebvriani non si sono mai pentiti. Per quarant'anni hanno parlato di "papi bastardi" e di "messa bastarda". Si ritengono i depositari della vera dottrina cattolica e anche ora sono orgogliosi delle loro posizioni, credono che sia la Chiesa a essersi riconciliata con loro, non il contrario.»

La Fraternità San Pio X – che già il 20 gennaio aveva divulgato una dichiarazione del superiore del distretto della Germania, padre Schmidberger, nella quale si prendevano le distanze dalle affermazioni di Williamson – rende nota una lettera inviata da monsignor Fellay alla tv svedese nella quale si definiva l'intervista un «tentativo vile» di «distorcere e diffamare l'attività della nostra Fraternità», in quanto l'accordo era che il colloquio «avrebbe trattato solo temi religiosi, invece il giornalista ha chiesto le opinioni del vescovo su vicende storiche».

All'*Angelus* di domenica 25 gennaio, Benedetto XVI non accenna in alcun modo alla vicenda. Né lo fa quel pomeriggio, quando, nella basilica di San Paolo fuori le Mura, presiede la celebrazione dei secondi vespri della solennità della conversione di san Paolo, a conclusione della Settimana di preghiera per l'unità dei cristiani.

Proprio nei giorni in cui scoppia il caso, per una sfortunata coincidenza, il segretario particolare del Papa, monsignor Georg Gänswein, è a letto a causa di una fastidiosa forma di influenza: rimane isolato per non rischiare di contagiare il Pontefice, e dunque, per qualche giorno, non si reca nel suo ufficio, non consulta le email e non può leggere i messaggi che lo avvertono delle polemiche.

Domenica e lunedì, intanto, si moltiplicano le reazioni sdegnate da parte del mondo ebraico. Una nota durissima viene rilasciata dallo Yad Vashem, il museo della Shoah di Gerusalemme: «È scandaloso che qualcuno di tale statura, nella Chiesa, neghi l'Olocausto... Noi comprendiamo che le posizioni di Williamson non rappresentano il punto di vista della Chiesa, però continuiamo a sperare che essa continuerà a condannare con forza questi commenti inaccettabili e odiosi». Il rabbino capo di Roma, Riccardo Di Segni, torna sull'argomento e incalza: «Se la prendono con questo signore negazionista, ma è tutto il movimento lefebvriano ad essere problematico». Di Segni ricorda la storica visita di Giovanni Paolo II alla sinagoga di Roma, ospite dell'allora rabbino capo Elio Toaff: «I tradizionalisti, fuori della sinagoga, distribuivano un foglio con scritto: "Papa, non andare da Caifa"». Si registrano reazioni indignate di alte personalità ebraiche in vari paesi.

La Fraternità San Pio X tenta nuovamente di correre ai ripari e diffonde un comunicato nei distretti di Gran Bretagna, Scandinavia e Germania: «Gesù era ebreo, Maria era ebrea, gli apostoli erano ebrei, e quindi nessun vero cristiano può essere antisemita. Le affermazioni fatte dal vescovo Williamson sono esclusivamente sue e non riflettono le vedute della Società di San Pio X».

Esce allo scoperto, intanto, anche il dissenso interno alla Chiesa. Il cardinale Karl Lehmann, vescovo di Magonza e per molti anni presidente della Conferenza episcopale tedesca, intervistato dalla radio pubblica Suedwstrundfunk, definisce quanto è accaduto «una catastrofe per i sopravvissuti all'Olocausto» e invoca esplicitamente le dimissioni del cardinale Castrillón, presidente di Ecclesia Dei. Mentre la cancelliera tedesca Angela Merkel chiede che Benedetto XVI «chiarisca».

In molti commenti, dimenticando che il teologo Ratzinger è tra quelli che più hanno riflettuto sul legame unico che unisce cristiani ed ebrei, si lascia intendere che la revoca della scomunica ai lefebvriani rappresenti un cambiamento della posizione espressa dalla Chiesa cattolica verso gli ebrei a partire dalla dichiarazione conciliare *Nostra Aetate*. Un passo indietro rispetto al Vaticano II. Dissenzienti e critici all'interno della Chiesa diventano improvvisamente sostenitori dell'istituto della scomunica. Molti di coloro che denunciano l'autoritarismo e il centralismo romano si riscoprono nostalgici delle bolle con le quali Pontefici e vescovi sancivano l'esclusione dalla comunione cattolica di eretici e scismatici.

Il Papa parla dell'accaduto per la prima volta al termine dell'udienza generale di mercoledì 28 gennaio:

> «Ho deciso giorni fa di concedere la remissione della scomunica in cui erano incorsi i quattro vescovi ordinati nel 1988 da Mons. Lefebvre senza mandato pontificio. Ho compiuto questo atto di paterna misericordia, perché ripetutamente questi presuli mi hanno manifestato la loro viva sofferenza per la situazione in cui si erano venuti a trovare. Auspico che a questo mio gesto faccia seguito il sollecito impegno da parte loro di compiere gli ulteriori passi necessari per realizzare la piena comunione con la Chiesa, testimoniando così vera fedeltà e vero riconoscimento del magistero e dell'autorità del Papa e del Concilio Vaticano II.»

Poi Ratzinger accenna alle polemiche per le dichiarazioni negazioniste.

> «In questi giorni nei quali ricordiamo la Shoah, mi ritornano alla memoria le immagini raccolte nelle mie ripetute visite ad Auschwitz, uno dei lager nei quali si è consumato l'eccidio efferato di milioni di ebrei, vittime innocenti di un cieco odio razziale e religioso. Mentre rinnovo con affetto l'espressione della mia piena e indiscutibile solidarietà con i nostri fratelli destinatari della Prima Alleanza, auspico che la memoria della Shoah induca l'umanità a riflettere sulla imprevedibile potenza del male quando conquista il cuore dell'uomo. La Shoah sia per tutti monito contro l'oblio, contro la negazione o il riduzionismo, perché la violenza fatta contro un solo essere umano è violenza contro tutti. Nessun uomo è un'isola, ha scritto un noto poeta. La Shoah insegni specialmente sia alle vecchie sia alle nuove generazioni che solo il faticoso cammino dell'ascolto e del dialogo, dell'amore e del perdono conduce i popoli, le culture e le religioni del mondo all'auspicato traguardo della fraternità e della pace nella verità. Mai più la violenza umili la dignità dell'uomo!»

Parole chiare, in linea con quanto papa Ratzinger e il suo predecessore Giovanni Paolo II avevano già ripetutamente detto. Le polemiche innescate da giorni, però, non accennano a diminuire dopo l'intervento papale.

Il 31 gennaio, il vescovo Bernard Fellay viene intervistato da «Famille Chrétienne», settimanale cattolico francese, e risponde alle accuse di antisemitismo rivolte alla Fraternità.

> «Noi condanniamo fermamente ogni gesto assassino nei confronti di un innocente. È un crimine che grida vendetta verso il cielo! Soprattutto quando è rivolto a un intero popolo. Noi rigettiamo ogni accusa di antisemitismo. In maniera totale e assoluta. Rigettiamo qualunque forma di approvazione di ciò che è accaduto sotto Hitler. È qualcosa di abominevole. Il cristianesimo mette la carità al di sopra di tutto. San Paolo, parlando degli ebrei, proclama: "Desidero io stesso essere separato da Cristo a favore dei miei fratelli!" (Rm 9,3). Gli ebrei sono i "nostri fratelli maggiori", nel senso che abbiamo un qualcosa in comune, cioè l'antica Alleanza. Certo, ci separa l'aver riconosciuto il Cristo quando lui è venuto.»

Ma ancora non basta.

Il 2 febbraio, padre Lombardi ribadisce il pensiero del Papa sulla Shoah, ricorda nuovamente i discorsi papali alla «Sinagoga di Colonia il 19 agosto 2005, nel campo di concentramento di Auschwitz-Birkenau il 28 maggio 2006, nella successiva Udienza generale del 31 maggio 2006, e ancora recentemente al termine dell'udienza generale del 28 gennaio scorso con parole inequivocabili». Aggiunge che «la condanna di dichiarazioni negazioniste dell'olocausto non poteva essere più chiara, e dal contesto risulta evidente che essa si riferiva anche alle posizioni di mons. Williamson e a tutte le posizioni analoghe. Nella stessa occasione il Papa stesso ha spiegato chiaramente anche lo scopo della remissione della scomunica, che non ha nulla a che vedere con una legittimazione delle posizioni negazioniste dell'olocausto, da lui appunto chiaramente condannate».

Quello stesso giorno, intervistato da Radio Vaticana, il cardinale Walter Kasper – che oltre a occuparsi dell'unità dei cristiani presiede anche la Pontificia commissione per i rapporti religiosi con l'ebraismo – denuncia la gestione della revoca della scomunica ai lefebvriani da parte del Vaticano. La radio della Santa Sede ospita dunque l'intervista di un autorevole cardinale della Santa Sede che critica apertamente l'atteggiamento della Santa Sede. Un porporato curiale attacca la Curia ai microfoni della radio del Vaticano.

«Ci sono stati sicuramente errori di gestione da parte della Curia, lo voglio dire espressamente» scandisce Kasper. «Ma in sostanza la revoca della scomunica significa soltanto che si è tolto, per così dire, un impedimento, in modo che ora si possa entrare in dialogo con il movimento di Lefebvre su una serie di questioni teologiche. Per quanto io possa giudicare, non si tratterà di un dialogo leggero, ma pesante, sull'ecumenismo, il dialogo interreligioso, l'eucaristia e la libertà religiosa. Ci sono molte domande aperte tra loro e noi.»

Kasper parla anche di «errori di comunicazione»: «Lo devo dire apertamente. In Vaticano su questo tema si è parlato troppo poco l'uno con l'altro e non si è verificato dove potevano nascere problemi. Spiegarlo a posteriori è naturalmente molto, molto più difficile che se lo si fosse fatto subito. Avrei auspicato maggiore comunicazione a priori».

Ma la chiarificazione di Lombardi, e la critica-autocritica di Kasper non bastano ancora.

Il giorno successivo, 3 febbraio, è la Segreteria di Stato a pubblicare una nota articolata, nel tentativo di chiudere definitivamente il caso. Nel testo si spiega che con la revoca della scomunica «Sua Santità ha voluto togliere un impedimento che pregiudicava l'apertura di una porta al dialogo. Egli ora si attende che uguale disponibilità venga espressa dai quattro vescovi in totale adesione alla dottrina e alla disciplina della Chiesa». E per quanto riguarda le parole del vescovo negazionista, la nota conclude:

> «Le posizioni di mons. Williamson sulla Shoah sono assolutamente inaccettabili e fermamente rifiutate dal Santo Padre, come Egli stesso ha rimarcato il 28 gennaio scorso quando, riferendo-

si a quell'efferato genocidio, ha ribadito la Sua piena e indiscutibile solidarietà con i nostri Fratelli destinatari della Prima Alleanza, e ha affermato che la memoria di quel terribile genocidio deve indurre "l'umanità a riflettere sulla imprevedibile potenza del male quando conquista il cuore dell'uomo", aggiungendo che la Shoah resta "per tutti monito contro l'oblio, contro la negazione o il riduzionismo, perché la violenza fatta contro un solo essere umano è violenza contro tutti". Il vescovo Williamson, per una ammissione a funzioni episcopali nella Chiesa dovrà anche prendere in modo assolutamente inequivocabile e pubblico le distanze dalle sue posizioni riguardanti la Shoah, non conosciute dal Santo Padre nel momento della remissione della scomunica. Il Santo Padre chiede l'accompagnamento della preghiera di tutti i fedeli, affinché il Signore illumini il cammino della Chiesa. Cresca l'impegno dei Pastori e di tutti i fedeli a sostegno della delicata e gravosa missione del Successore dell'Apostolo Pietro quale "custode dell'unità" nella Chiesa».

Il passaggio chiave del comunicato redatto dalla Segreteria di Stato è quella frase: «non conosciute dal Santo Padre nel momento della remissione della scomunica». Il Papa, quando ha deciso, non sapeva. Se avesse saputo, se fosse stato informato, tutto lascia intende che avrebbe atteso, chiedendo che il vescovo ritrattasse le sue posizioni. Così però non è stato.

Proprio in quei giorni circola nei palazzi vaticani un dossier ufficioso interamente dedicato alla genesi del caso Williamson, nel quale si lascia intendere che quanto è avvenuto non sia stato soltanto il frutto di una serie di sfortunate coincidenze. La realizzazione e poi la messa in onda dell'intervista di Williamson, alla vigilia della revoca della scomunica ai vescovi lefebvriani, secondo il dossier, sarebbe stata in qualche modo "pilotata" da ambienti intenzionati a mettere in difficoltà Benedetto XVI. Ambienti che sarebbero stati aiutati da qualche oppositore interno alla Chiesa, contrario alla riconciliazione con la Fraternità San Pio X. Nel rapporto non si minimizzano le assurde parole di Williamson, ma si lascia intravedere la possibilità che vi siano stati interventi mirati a creare il caso.

Il documento ricostruisce i fatti e le circostanze dell'intervista filmata e ricorda come lo stesso Williamson fosse bene a conoscenza del fatto che le sue parole negazioniste rappresentavano un reato sul suolo tedesco: «Per le cose che dico potreste portarmi in carcere visto che siamo in Germania» aveva affermato.

L'intervista va in onda il 21 gennaio, lo stesso giorno dell'entrata in vigore del decreto di revoca della scomunica. Gli autori del programma televisivo assicurano che si è trattato di una pura coincidenza. Il «dossier Williamson» fatto circolare in Vaticano, invece, non esclude la possibilità che la notizia della revoca della scomunica sia stata fatta in qualche modo arrivare anticipatamente alla televisione svedese. Nel corso della trasmissione *Uppgrad Gransking* era stata intervistata anche la giornalista francese Fiammetta Venner, nota attivista del movimento omosessuale, impegnata in campagne «pro choice». Insieme alla compagna Caroline Fourest – con la quale condivide molte battaglie anticlericali nonché la vicinanza al Grande Oriente di Francia – nel settembre 2008, alla vigilia della visita di Benedetto XVI a Parigi e Lourdes, aveva dato alle stampe un libro intitolato *Les nouveaux soldats du pape. Légion du Christ, Opus Dei, traditionalistes*, durissimo contro papa Ratzinger e contro i lefebvriani, accusati di connessioni con l'ambiente politico dell'estrema destra francese. Il dossier Williamson insiste dunque sulla genesi francese del caso, ipotizzando un ruolo di Venner e Fourest nell'intera vicenda. E ricorda anche che il 20 gennaio, alla vigilia della messa in onda, il settimanale tedesco «Der Spiegel» aveva anticipato i contenuti dell'intervista, accennando al fatto che «il Consiglio Centrale degli ebrei in Germania» sarebbe «stato informato» in precedenza delle dichiarazioni negazioniste del vescovo. Una domanda che emerge dal documento ufficioso e informale fatto circolare nei sacri palazzi riguarda infine la genesi dell'intervista a Williamson. Dal punto di vista temporale essa coincide con il propagarsi sul web dell'indiscrezione riguardante l'imminente revoca della scomunica. Qualcuno ha rispolverato le vecchie dichiarazioni negazioniste del vescovo lefebvriano per mettere i bastoni tra le ruote al Papa? Non ci sono elementi per affermarlo, ma la domanda non appare del tutto peregrina.

A due settimane dall'inizio della crisi, nonostante l'intervento del Pontefice e la nota della Segreteria di Stato, la bufera non sembra ancora passare. Il «Financial Times» dedica un lungo articolo al caso e scrive: «Benedetto XVI è inciampato nella peggiore crisi dei suoi quattro anni di papato... cardinali e vescovi si stanno mobilitando per la rivolta».

Impietoso, ma lucido, il commento del vaticanista Sandro Magister, che sul suo sito (*www.chiesa.espressonline.it*) il 4 febbraio riassume così quei giorni convulsi.

«La domanda sorge naturale: tutto ciò era proprio inevitabile, una volta posta la decisione del Papa di revocare la scomunica ai vescovi lefebvriani? Oppure il disastro è stato prodotto da errori e omissioni degli uomini che dovrebbero mettere in opera le decisioni del Papa? I fatti propendono per questa seconda ipotesi.

Il decreto di revoca della scomunica porta la firma del cardinale Giovanni Battista Re, prefetto della Congregazione per i vescovi. Un altro cardinale, Darío Castrillón Hoyos, è il presidente della Pontificia commissione "Ecclesia Dei" che si occupa fin dalla sua costituzione, nel 1988, dei seguaci di Lefebvre. Sia l'uno che l'altro hanno dichiarato di essere stati colti di sorpresa, a cose fatte, dall'intervista del vescovo Williamson e di non aver mai saputo che egli fosse un negatore della Shoah.

Ma un approfondito esame del profilo personale di Williamson e degli altri tre vescovi» continua Magister «non era il primo dovere d'ufficio dei due cardinali? Che non l'abbiano fatto appare inescusabile. Tale esame non era neppure difficile. Williamson non ha mai nascosto la sua avversione al giudaismo. Ha difeso in pubblico l'autenticità dei "Protocolli dei Savi di Sion". Nel 1989, in Canada, rischiò d'essere processato per aver esaltato i libri di un autore negazionista... Dopo l'11 settembre 2001 aderì a tesi complottistiche per spiegare l'abbattimento delle Torri Gemelle. Bastava un clic su Google per rintracciare questi precedenti.

Un'altra grave falla» scrive ancora il vaticanista de «L'Espresso» «ha riguardato il Pontificio consiglio per la promozione dell'unità dei cristiani. La ricomposizione dello scisma con i lefebvriani fa parte, logicamente, delle sue competenze, che comprendono anche i rapporti tra la Chiesa e l'ebraismo. Ma il cardinale che lo presiede, Walter Kasper, ha detto di essere stato tenuto fuori dalla delibera: cosa tanto più sorprendente in quanto l'emissione del decreto di revoca della scomunica è avvenuta durante l'annuale settimana di preghiera per l'unità dei cristiani e a pochi giorni dalla giornata mondiale di memoria della Shoah.

Non solo. È apparso del tutto carente anche il lancio mediatico della decisione. La Sala Stampa del Vaticano si è limitata, sabato 24 gennaio, a distribuire il testo del decreto, nonostante la notizia fosse già trapelata da alcuni giorni e su di essa già stesse montando la polemica accesa dalle dichiarazioni negazioniste di Williamson.»

Magister ricorda che, oltre alla settimana di preghiera per l'unità dei cristiani, era imminente la giornata della memoria della Shoah. «In Italia c'era poi stata pochi giorni prima, il 17 gennaio, la giornata per il dialogo tra cattolici ed ebrei. Il cardinale Kasper, il maggior responsabile della curia su entrambi i versanti, sarebbe stato la persona ideale per presentare il decreto, inquadrarlo nella persistente situazione di scisma, indicare le finalità della revoca della scomunica, ricapitolare i punti sui quali i lefebvriani venivano chiamati a riconsiderare le loro posizioni, dall'accettazione piena del Concilio Vaticano II al superamento del loro antigiudaismo. Quanto a Williamson, non sarebbe stato difficile circoscrivere il suo caso: restando fermo sulle sue aberranti tesi negazioniste, si sottraeva egli stesso al gesto di "misericordia" del Papa. Ebbene, se niente di questo è avvenuto, non è per colpa della Sala Stampa vaticana e del suo direttore, il gesuita Federico Lombardi, ma degli uffici di Curia dai quali ricevono i comandi. Uffici di curia che si riassumono nella Segreteria di Stato.»

Il 6 febbraio il presidente della Conferenza dei vescovi svizzeri, Kurt Koch, pubblica una lettera aperta ai cattolici elvetici sulla vicenda, chiedendosi se Roma non sia andata troppo incontro ai lefebvriani. «Il prezzo da pagare per l'unità non è troppo alto?» scrive Koch, aggiungendo di «capire» tutti coloro che lo pensano. Anche per lui «nella situazione attuale è molto difficile vedere qualcosa di positivo». Koch ribadisce che antisemitismo e negazionismo non trovano posto nella Chiesa cattolica. E aggiunge che se la Fraternità San Pio X vuole il pieno riconoscimento deve accettare i princìpi fondamentali del Concilio Vaticano II.

Il caso Williamson accentua strascichi polemici interni alla stessa Santa Sede. In un'intervista a «La Croix», padre Lombardi critica apertamente il cardinale Castrillón:

> «La questione più delicata è sapere chi conosceva le opinioni di quest'uomo... Indubbiamente, le persone che hanno gestito questa situazione non erano consapevoli della gravità delle opinioni di mons. Williamson. È vero che i negoziati sono stati portati avanti con monsignor Fellay. Tuttavia, le posizioni degli altri vescovi non sono state prese in considerazione. Quel che è certo è che il Papa non ne era al corrente. Se c'era qualcuno che avrebbe dovuto saperlo, questi è il cardinale Castrillón Hoyos».

Per chiudere la vicenda deve scendere in campo, in modo diretto e definitivo, Benedetto XVI. Il Papa decide di farlo da par suo, con una modalità inattesa: una lettera indirizzata a tutti i vescovi del mondo. Lo fa prendendo su di sé le responsabilità dei collaboratori. Si manifesta così per la prima volta in modo evidente un significativo cambiamento nell'atteggiamento della Santa Sede rispetto agli anni passati. Era infatti tradizione che fossero sempre i collaboratori a sacrificarsi per proteggere il Papa, prendendo su di sé ogni responsabilità. A partire da questo momento, e ciò avverrà anche in seguito, è il Pontefice a prendere su di sé le responsabilità dei collaboratori e a proteggerli. Non sono più i collaboratori a fare da scudo al Papa. È il Papa che fa scudo a loro.

La lettera papale, pubblicata l'11 marzo 2009, ormai alla vigilia della partenza per il viaggio in Africa di Benedetto XVI, è un testo articolato, bello, umile e allo stesso tempo forte: il Papa vuole fare chiarezza sulle polemiche sollevate dalla revoca della scomunica ai quattro vescovi lefebvriani e dal caso Williamson, e interviene sulle critiche divampate anche e soprattutto dentro la Chiesa. Ricorda che il caso «ha suscitato all'interno e fuori della Chiesa cattolica una discussione di tale veemenza quale da molto tempo non si era più sperimentata». Benedetto XVI cita la «valanga di proteste» e l'accusa a lui rivolta di voler tornare indietro rispetto al Concilio.

> «Una disavventura per me imprevedibile è stata il fatto che il caso Williamson si è sovrapposto alla remissione della scomunica. Il gesto discreto di misericordia verso quattro vescovi, ordinati validamente ma non legittimamente, è apparso all'improvviso come una cosa totalmente diversa: come una smentita della riconciliazione tra cristiani ed ebrei, e quindi come la revoca di ciò che in questa materia il Concilio aveva chiarito per il cammino della Chiesa.»

L'invito alla riconciliazione con un gruppo che si era separato, è stato dunque presentato come una volontà di creare nuove fratture fra cristiani ed ebrei. Nelle parole di papa Ratzinger emerge tutto il dolore che questa strumentalizzazione gli ha provocato, dato che proprio la riconciliazione tra cristiani ed ebrei «fin dall'inizio era stato un obbiettivo del mio personale lavoro teologico». Benedetto XVI spiega che in futuro la Santa Sede dovrà prestare più attenzione alle notizie diffuse sul web.

«Mi è stato detto che seguire con attenzione le notizie raggiungibili mediante l'internet avrebbe dato la possibilità di venir tempestivamente a conoscenza del problema. Ne traggo la lezione che in futuro nella Santa Sede dovremo prestar più attenzione a quella fonte di notizie.»

Ratzinger aggiunge:

«Sono rimasto rattristato dal fatto che anche cattolici, che in fondo avrebbero potuto sapere meglio come stanno le cose, abbiano pensato di dovermi colpire con un'ostilità pronta all'attacco. Proprio per questo ringrazio tanto più gli amici ebrei che hanno aiutato a togliere di mezzo prontamente il malinteso e a ristabilire l'atmosfera di amicizia e di fiducia».

Il Papa si rammarica poi per il fatto che la stessa revoca della scomunica non sia stata spiegata a dovere:

«Un altro sbaglio, per il quale mi rammarico sinceramente, consiste nel fatto che la portata e i limiti del provvedimento del 21 gennaio 2009 non sono stati illustrati in modo sufficientemente chiaro al momento della sua pubblicazione».

Ancora una volta Ratzinger assume su di sé i limiti e la mancanza di strategia dell'organizzazione curiale.

Il Pontefice precisa inoltre che la scomunica colpisce persone, non istituzioni: la revoca è un atto disciplinare, che rimane ben distinto dall'ambito dottrinale: «Il fatto che la Fraternità San Pio X non possieda una posizione canonica nella Chiesa, non si basa in fin dei conti su ragioni disciplinari ma dottrinali» e i suoi ministri, anche se «sono stati liberati dalla punizione ecclesiastica, non esercitano in modo legittimo alcun ministero nella Chiesa».

Continuando su questo tema, il Pontefice annuncia di voler collegare la Commissione Ecclesia Dei, che si occupa dei lefebvriani, con la Congregazione per la dottrina della fede. E a proposito del Concilio dice:

«Non si può congelare l'autorità magisteriale della Chiesa all'anno 1962 – ciò deve essere ben chiaro alla Fraternità. Ma ad alcuni di coloro che si segnalano come difensori del Concilio deve essere pure richiamato alla memoria che il Vaticano II porta con sé l'intera storia dottrinale della Chiesa. Chi vuole essere obbediente al Concilio, deve accettare la fede professata nel corso dei secoli e non può tagliare le radici di cui l'albero vive».

È un modo per rispondere sinteticamente ma puntualmente alle critiche piovute sul suo capo e all'interpretazione diffusa, nel mondo ebraico come all'interno della Chiesa, che vorrebbe leggere la revoca della scomunica come un passo indietro rispetto al Vaticano II.

Benedetto XVI – ed è la parte più commovente della lettera – risponde poi alla domanda critica che molti gli hanno rivolto in queste settimane: la revoca della scomunica era necessaria? Era davvero una priorità? Il Papa risponde che la sua priorità come pastore universale

> «è di rendere Dio presente in questo mondo e di aprire agli uomini l'accesso a Dio. Non a un qualsiasi dio, ma a quel Dio che ha parlato sul Sinai; a quel Dio il cui volto riconosciamo... in Gesù crocifisso e risorto».

Nel momento in cui Dio sparisce dall'orizzonte degli uomini, bisogna «avere a cuore l'unità dei credenti», perché la loro discordia e contrapposizione «mette in dubbio la credibilità del loro parlare di Dio». Anche «riconciliazioni piccole e medie» fanno dunque parte delle priorità per la Chiesa. Il «sommesso gesto di una mano tesa» ha invece dato origine a un grande chiasso, trasformandosi così «nel contrario di una riconciliazione». Ma il Papa spiega come sia invece necessario cercare di reintegrare, prevenire ulteriori radicalizzazioni, impegnarsi per sciogliere irrigidimenti e dar spazio a ciò che vi è di positivo. «Può lasciarci totalmente indifferenti una comunità» – i lefebvriani – «nella quale si trovano 491 sacerdoti, 215 seminaristi... 117 frati, 164 suore e migliaia di fedeli? Dobbiamo davvero lasciarli andare alla deriva lontani dalla Chiesa?». Benedetto XVI non nasconde che dalla Fraternità da molto tempo siano venute «molte cose stonate – superbia, saccenteria, unilateralismi ecc. Per amore di verità devo aggiungere che ho ricevuto anche una serie di testimonianze commoventi di gratitudine, nelle quali si rendeva percepibile un'apertura dei cuori».

Ma aggiunge che anche nell'ambiente ecclesiale sono emerse stonature:

> «A volte si ha l'impressione che la nostra società abbia bisogno di un gruppo almeno, al quale non riservare alcuna tolleranza; contro il quale poter tranquillamente scagliarsi con odio. E se qualcuno osa avvicinarglisi – in questo caso il Papa – perde anche lui il diritto alla tolleranza e può pure lui essere trattato con odio senza timore e riserbo».

Un passaggio che colpisce particolarmente l'attenzione è quello nel quale Benedetto XVI cita la lettera di san Paolo ai Galati: «Se vi mordete e divorate a vicenda, guardate almeno di non distruggervi del tutto gli uni gli altri!».

> «Sono stato sempre incline» scrive Ratzinger «a considerare questa frase come una delle esagerazioni retoriche che a volte si trovano in San Paolo. Sotto certi aspetti può essere anche così. Ma purtroppo questo "mordere e divorare" esiste anche oggi nella Chiesa come espressione di una libertà mal interpretata.»

Benedetto XVI ha dunque revocato la scomunica ai vescovi lefebvriani con lo sguardo del pastore preoccupato per l'unità della Chiesa, che tende la mano e offre misericordia. Quel gesto sommesso non significa ancora piena unità, finché le questioni dottrinali non saranno chiarite. La sciagurata intervista negazionista di Williamson non era conosciuta dal Papa quando ha approvato il decreto: leggere ciò che è avvenuto come un cambiamento di rotta rispetto a quanto stabilito dal Concilio nel rapporto con gli ebrei è stata una strumentalizzazione, alla quale si sono prestati anche cattolici, nonostante il Pontefice ammetta che andava chiarita meglio la portata del provvedimento. La Chiesa non torna indietro rispetto al Vaticano II, ma il Vaticano II non rappresenta una frattura, un nuovo inizio, rispetto alla bimillenaria storia cristiana.

Se la lettera papale, uno dei documenti più alti e commoventi del pontificato, chiude il caso Williamson, qualche retroscena di quanto è accaduto nel gennaio 2009 merita ancora di essere scandagliato.

L'appuntamento con il cardinale Darío Castrillón Hoyos è fissato per mezzogiorno. Il cardinale ricorda molto bene la sequenza degli avvenimenti di quei giorni, anche perché, non appena iniziata la bufera, ha dovuto ricostruire più volte ciò che era accaduto. «Vorrei ricordare» spiega «che il processo di riconciliazione riguardante la Fraternità San Pio X è iniziato il 14 agosto 2000.» Cita il pellegrinaggio giubilare compiuto dai lefebvriani, che erano ordinatamente sfilati in piazza San Pietro e avevano visitato la basilica. Ricorda ancora la generosa disponibilità subito mostrata da Giovanni Paolo II, che aveva ricevuto per pochi minuti monsignor Fellay. Ricorda l'avvio dei contatti, che lo stesso porporato gestiva in quanto presidente della Commissione Ecclesia Dei per conto del Pontefice.

«Ebbene» aggiunge scandendo con attenzione ogni sillaba «durante tutto il processo di riconciliazione non ho mai, ripeto mai, avuto documenti, segnalazioni, lettere, denunce, né ho mai sentito parlare di tesi negazioniste sulla Shoah da parte della Fraternità San Pio X o di suoi membri. Mai nessuno dei miei collaboratori, sia nella Congregazione del clero, sia alla Commissione Ecclesia Dei, mi ha mai detto qualcosa al riguardo. Non c'è mai arrivata alcuna indicazione, segnalazione, protesta... nulla di nulla! Nessuno dei vescovi delle Conferenze episcopali dell'Europa o di altre parti del mondo ci ha mai segnalato qualche cosa, anche minima, al riguardo. Mai nulla su questo ci è arrivato dall'episcopato svizzero, da quello francese, da quello tedesco, da quello argentino, da quello statunitense. Allo stesso modo, nessuna segnalazione ci è pervenuta da organismi o persone della Curia romana.»

Il cardinale parla lentamente, soppesando bene ogni

parola. Si comprende come questa vicenda lo abbia personalmente colpito. «Neanche nei dialoghi con i giornalisti questo argomento è mai stato sollevato, fino al 20 gennaio 2009, vale a dire tre giorni dopo che il decreto con la revoca della scomunica era stato consegnato nelle mani del superiore della Fraternità San Pio X, il vescovo Fellay.» È infatti il 17 gennaio che, convocato segretamente a Roma, il vescovo lefebvriano incontra il cardinale presidente di Ecclesia Dei e riceve non soltanto l'ormai attesa notizia della revoca della scomunica, ma anche il documento originale firmato dal cardinale Giovanni Battista Re. Gli viene detto che sarà pubblicato sabato 24 gennaio e che fino a quel momento tutto è sotto segreto pontificio. Dal 21 gennaio, però, i quattro vescovi consacrati illecitamente da monsignor Marcel Lefebvre sono già liberi dalla scomunica del 1988.

Il 20 gennaio, come abbiamo ricordato, «Der Spiegel» anticipa la notizia dell'intervista televisiva con monsignor Williamson, e le sue dichiarazioni negazioniste sulle camere a gas. «Il decreto» continua Castrillón «era già stato consegnato da tre giorni nelle mani dei destinatari. Ce l'avevano già. Quello stesso 20 gennaio, via internet, abbiamo anche appreso la dichiarazione di padre Schmidberger, superiore del distretto tedesco della Fraternità San Pio X, che prendeva le distanze dalle dichiarazioni di Williamson sull'Olocausto, spiegando che le sue parole non rappresentavano in alcun modo la posizione della Fraternità.» Il porporato colombiano attesta dunque che al momento della decisione, come pure della successiva consegna del decreto nelle mani di Fellay, nessuno sapeva alcunché dell'intervista rilasciata nel novembre precedente da Williamson.

Ci si può però ragionevolmente chiedere: non era davvero possibile fare più nulla per evitare la crisi con il mondo ebraico, tra il momento in cui l'intervista è stata anticipata e fatta circolare, e il momento in cui il decreto è stato reso di dominio pubblico?

Una ricostruzione giornalistica, pubblicata sul quotidiano «Italia Oggi» il 28 gennaio 2009, riportava come indiscrezione i commenti che avrebbe fatto il cardinale Giovanni Battista Re, prefetto della Congregazione dei vescovi, mentre si trovava con altri porporati e vescovi della Curia sul pullman che li stava portando dal Vaticano alla basilica di San Paolo fuori le Mura, il 25 gennaio, in occasione della celebrazione per l'unità dei cristiani presieduta da Benedetto XVI. Il cardinale si sarebbe chiesto come fosse possibile che nessuno sapesse dell'intervista a Williamson. E si sarebbe dato la seguente risposta, pronunciata a voce alta e ben intesa dagli altri illustri passeggeri ecclesiastici:

> «Macché... Tutto noto a Castrillón-Pasticcion, che sapeva, probabilmente non ha detto nulla al Papa, e certo ha sottovalutato le conseguenze».

Davvero non era possibile fare più nulla per evitare la crisi nei giorni trascorsi tra la consegna del decreto a Fellay (17 gennaio), la circolazione dell'intervista (20 gennaio) e la pubblicazione del decreto (24 gennaio 2009)? E ancora, ha davvero ragione il cardinale Re nell'attribuire ogni responsabilità a Castrillón? La domanda sembrava destinata a rimanere senza risposta, o meglio, ad avere come unica risposta la smentita che ci ha fornito lo stesso Castrillón. Fino a quando, inaspettatamente, qualcuno avrebbe tirato fuori da un cassetto chiuso a chiave nella Segreteria di Stato quattro fogli dattiloscritti e particolarmente illuminanti.

«C'è un documento che vorrei farle vedere. È interessante più che per ciò che dice, per ciò che non dice...» Erano mesi che questo illustre e dinoccolato monsignore con radici Oltreoceano ma ormai quasi completamente italiano (anzi, romano) non si faceva vivo. Da quando aveva fatto carriera nella Segreteria di Stato di Benedetto XVI, le nostre telefonate si erano prima diradate, poi erano cessate del tutto. Anche per questo la sua inattesa chiamata aveva destato, in chi scrive, stupore e un pizzico di curiosità. L'aria era tersa quel pomeriggio del marzo 2009, alla vigilia della partenza di papa Ratzinger per il viaggio in Camerun e Angola. Il caso Williamson era ancora all'ordine del giorno, perché Benedetto XVI aveva da poco pubblicato la sua coraggiosa lettera ai vescovi di tutto il mondo, nella quale spiegava il significato profondo del gesto di riconciliazione con i lefebvriani e al tempo stesso assumeva sulle sue incol pevoli spalle tutta la responsabilità per la gestione del caso. Una gestione che aveva legittimamente sollevato più d'un dubbio, fuori e dentro i sacri palazzi vaticani. L'incontro avviene lontano da sguardi indiscreti, nella sala seminterrata di un ristorante nei pressi di piazza Risorgimento.

«Volevo farle vedere un documento... ma non glielo posso lasciare!» dice l'interlocutore, che indossa un clergyman un po' sgualcito che ormai gli va stretto. Finalmente estrae dalla borsa di cuoio nero alcuni fogli scritti al computer. «È una copia, ma può solo leggerla e, se lo ritiene, può prendere appunti. Può anche trascrivere tutto. Ma non fotografarlo o fotocopiarlo. Non posso correre rischi, perché si tratta di un documento interno della Segreteria di Stato, un documento riservato. Se solo l'eccellentissimo sostituto sapesse che glielo sto facendo vedere...»

Il monsignore squaderna quattro fogli che sembrano una bozza di lavoro, con l'intestazione:

«Verbale Riunione del 22 gennaio 2008 (sic!) – Prima Loggia».

Di che cosa si tratta? «Qui troverà descritto tutto ciò che è stato detto o non è stato detto durante l'incontro presieduto dal cardinale Tarcisio Bertone in Segreteria di Stato, per decidere come presentare la revoca della scomunica ai quattro vescovi lefebvriani. Revoca già firmata e consegnata nelle mani di Bernard Fellay, il superiore della Fraternità San Pio X, già nei giorni precedenti...»

La penna corre veloce per trascrivere ciò che si legge nel verbale. Dunque c'è stato un incontro per discutere il da farsi, per stabilire come presentare la revoca della scomunica. In Vaticano, insomma, ci hanno riflettuto.

«Il 22 gennaio 2008 (sic!), alle ore 17.30 in Prima Loggia, l'Em.mo Sig. Card. Tarcisio Bertone, Segretario di Stato di Sua Santità, ha convocato i seguenti Porporati e Presuli: S.E. il Sig. Card. Darío Castrillón Hoyos, Presidente della Pontificia Commissione "Ecclesia Dei", S.E. il Sig. Card. William J. Levada, Prefetto della Congregazione per la Dottrina della Fede, S.E. il Sig. Card. Giovanni Battista Re, Prefetto della Congregazione per i Vescovi, S.E. il Sig. Card. Cláudio Hummes, Prefetto della Congregazione per il Clero, S.E. Mons. Francesco Coccopalmerio, Presidente del Pontificio Consiglio per i Testi Legislativi e S.E. Mons. Fernando Filoni, Sostituto per gli Affari Generali della Segreteria di Stato. Presenti tutti i Porporati e Presuli sopra elencati.»

La data è sbagliata. «Sì, ma subito dopo il verbale si corregge, stiamo parlando del gennaio 2009, ovviamente...» sibila l'interlocutore. Proprio quella mattina, Bertone faceva ritorno da un viaggio in Messico. Proprio quella mattina due quotidiani italiani, «Il Giornale» e «Il Riformista», pubblicavano con notevole evidenza la notizia dell'ormai imminente revoca della scomunica ai quattro vescovi ordinati illegittimamente nel 1988 da Lefebvre, confermando voci e indiscrezioni incontrollate che da giorni si rincorrevano sul web.

Continua il verbale:

«Dopo la preghiera iniziale, il Cardinale Segretario di Stato, che ha presieduto la riunione, ha illustrato il tema dell'incontro, attirando l'attenzione dei partecipanti sulla situazione che si creerà al momento in cui verrà pubblicato, sabato 24 gennaio 2009, alle ore 12.00 di Roma, il Decreto con cui si rimette la scomunica ai quattro Vescovi ordinati da S.E. Mons. Lefebvre il 30 giugno 1988 (copia del Decreto viene distribuita ai presenti), sottoponendo le seguenti questioni:

1. la prima è se tale atto di benevolenza del Sommo Pontefice concerne o meno gli ecclesiastici, i religiosi e i fedeli.

2. la seconda è se sarebbe opprtuna una Nota esplicativa che accompagni il menzionato Decreto».

Ecco dunque descritto quale sia stato il dibattito interno alla Curia, quel pomeriggio del 22 gennaio, quarantott'ore prima che la Sala Stampa della Santa Sede pubblicasse il bollettino con la notizia della revoca della scomunica.

Dopo l'introduzione, inizia il resoconto degli interventi.

«Legga e ricopi, faccia con comodo...» sussurra l'interlocutore, impegnato nel frattempo ad addentare una bruschetta.

> «Il Card. Re ha riferito innanzitutto circa il modo con cui è venuto a conoscenza del Decreto e, con il consenso del Santo Padre, dopo qualche ritocco, lo ha firmato; i ritocchi sono stati del tutto marginali, per rendere il testo più chiaro. Il Porporato ha fatto presente che, essendo stato il Card. Gantin a firmare il Decreto con cui si formalizzava la scomunica a Mons. Lefebvre e ai quattro Vescovi da lui ordinati nel 1988, è d'accordo che sia lo stesso Prefetto della Congregazione per i Vescovi a firmare il Decreto di remissione della pena. Quanto all'eventuale remissione della scomunica anche agli ecclesiastici della Fraternità San Pio X, si è aperto subito il dibattito.»

Dopo Re interviene l'arcivescovo Coccopalmerio, che

> «ha espresso il proprio convincimento che l'assoluzione dalla scomunica pone i quattro Vescovi in piena comunione con la Chiesa. Quanto ai presbiteri e ai diaconi ci si attende che con atto esplicito chiedano di essere a loro volta accolti nella piena comunione».
> «Il Card. Levada si è riferito al caso di Campos [diocesi brasiliana dove in precedenza era stata accolta nella piena comunione con Roma una nutrita comunità lefebvriana, N.d.A.], rilevando che se è vero che al Vescovo e al Clero è stata rimessa la scomunica, in quel caso si trattava di Diocesi e Clero uniti. Egli ha sottolineato, riferendosi a quanto espresso da Mons. Rifan [il vescovo tradizionalista brasiliano di Campos, N.d.A.] in un documento distribuito ai presenti, che i quattro Presuli, nel corso di varie occasioni, hanno emesso dichiarazioni o scritto affermazioni che richiedono una chiarificazione o comunque una rettifica pubblica prima dell'assoluzione stessa».

Appare piuttosto evidente che qui il cardinal Levada, citando monsignor Rifan, intenda riferirsi a dichiarazioni dei vescovi lefebvriani contro il Concilio, contro certe scelte del

Papa, ecc. Tra queste dichiarazioni potrebbero ben rientrare quelle negazioniste sulle camere a gas rilasciate a più riprese da Williamson. Ma durante quella riunione, almeno stando al verbale interno, nessuno cita il vescovo negazionista.

Il monsignore guarda sornione e sorride. «Non s'interrompa, vada avanti nella lettura...»

> «In merito al caso della reintegrazione dei lefebvriani di Campos nel Brasile,»

si legge ancora nel verbale della Segreteria di Stato

> «il Card. Hummes ha affermato di avere sempre difeso il fatto che è stato provvidenziale, nonostante i problemi e le critiche che ha sollevato. Infatti, ha sottolineato il Porporato, è molto importante che il processo di integrazione sia realizzato con la prima generazione dei lefebvriani, poiché già la seconda generazione sarà molto meno sensibile e più indifferente ad un possibile ritorno alla Chiesa di origine. Il Porporato, perciò, ha manifestato appoggio al gesto del Papa di togliere la scomunica ai Vescovi lefebvriani della Fraternità San Pio X. La remissione della scomunica è fondamentalmente un atto di misericordia e le questioni dottrinali pendenti non la rendono impossibile. Ci sarà certo – ha continuato il cardinale – un itinerario posteriore da percorrere per le questioni dottrinali. Ha concluso, quindi, affermando che concorda con la proposta di redigere una Nota esplicativa che accompagni il Decreto di remissione della pena della scomunica.»

Il verbale continua con l'intervento di Castrillón che,

> «da parte sua, ha voluto illustrare la "mens" del Santo Padre, il Quale nel rimettere la scomunica ai quattro Vescovi lefebvriani ha voluto compiere un atto di clemenza per ricucire l'unità. In particolare, ha sottolineato che il dialogo sopra le questioni ancora aperte si svolgerà meglio quando i Vescovi si sentiranno all'interno e non all'esterno della comunione ecclesiale. Inoltre ha rilevato che questo primo passo non implica che tutti i problemi siano risolti e che lo stesso Santo Padre aveva parlato di un "iter" graduale nella soluzione delle questioni».

Riprende la parola il cardinale Re per sottolineare che

> «la revoca della scomunica non è ancora la piena comunione, ma è un gesto che intende favorire un percorso di riconciliazione».

A questo punto, il sostituto Filoni chiede di leggere il decreto

«su cui confrontarsi per comprendere se alcuni elementi sono già affrontati e risolti dallo stesso documento. In effetti la lettura che ne faceva il Segretario di Stato scioglieva molte perplessità e sul testo si trovavano sostanzialmente tutti d'accordo, nonostante qualche espressione, come quella relativa alla "piena comunione" (penultimo capoverso), che S.E. Mons. Coccopalmerio avrebbe preferito sostituire con "piena riconciliazione". Tuttavia, atteso che il Decreto era già stato portato alla conoscenza dei vari interessati, non si riteneva opportuno ritoccarlo; l'espressione si poteva riprendere nel Comunicato. A questo punto sulla questione se anche agli ecclesiastici fosse rimessa la scomunica, è emerso quanto segue:

1. i sacerdoti che, per l'ordinazione illegittima, sono incorsi nelle pene canoniche previste, dovranno in qualche modo manifestare la propria fedeltà al Santo Padre e alla Chiesa e questo dovrà avvenire tenendo in considerazione il numero dei sacerdoti e la loro identificazione. Ciò potrà essere concordato con i Responsabili della Fraternità; il Superiore Generale potrebbe chiederlo a nome di tutti i sacerdoti e diaconi.

2. Quanto allo stato attuale, in relazione soprattutto alle celebrazioni e alle attività pastorali dovrà essere fatto appello al principio "supplet Ecclesia" non potendo trovare una soluzione immediata per tutti.

3. È stato poi rilevato che il Decreto stesso costituisce anche una provocazione affinché i Presuli, sacerdoti, religiosi e fedeli manifestino la loro intenzione in ordine alla comunione ecclesiale e alla riconciliazione. In tal modo non è stato più ritenuto opportuno ricorrere ad una Nota esplicativa simile a quella emessa nel 1997 dal Pontificio Consiglio per i Testi Legislativi per non complicare la situazione. Si studierà in futuro se sarà necessaria qualche chiarificazione.

Infine, Mons. Sostituto ha chiesto un parere sul Comunicato Stampa che dovrà accompagnare la pubblicazione del Decreto. I presenti si sono detti tutti d'accordo sul testo, chiedendo una piccola variante alla fine dello scritto nei termini qui segnalati: "Il Santo Padre è stato ispirato in questa decisione dall'auspicio che si giunga al più presto alla completa riconciliazione e alla piena comunione". È rimasto ben chiaro che questo atto di clemenza del Santo Padre esige ancora un "iter" che porti alla piena riconciliazione e al chiarimento della situazione canonica della Fraternità San Pio X, la quale pur senza essere formalmente riconosciuta, di fatto viene in qualche modo implicata e incaricata nel trattare, essendo menzionata nel Decreto. Quanto alla medesima Fraternità, è stato detto che, senza fare formalmente un decreto di riconoscimento, l'attuale stato sia considerato come punto di riferimento e rimanga in vigore "donec aliter provideatur". Si è anche deciso che Mons. Coccopalmerio approntì un articolo da pubblicare su "L'Osservatore Romano" nei prossimi giorni. Si è escluso di rilasciare interviste, come pure di presentare alla Stampa il documento, che di per sé appare sufficientemente chiaro...».

«Rilegga, amico mio, rilegga con attenzione quest'ultima frase. Che cosa le sembra?» Difficile trovare le parole per commentare il paragrafo finale. È il tardo pomeriggio del 22 gennaio, «Der Spiegel» ha già anticipato da due giorni la notizia delle dichiarazioni negazioniste del vescovo Williamson sulle camere a gas, la tv le ha trasmesse la sera precedente, le agenzie di stampa hanno rilanciato le sue parole, eppure cardinali e vescovi coinvolti non ritengono ci sia nulla da spiegare alla stampa. «Come avrà visto dall'elenco dei presenti» aggiunge il monsignore, ormai già alla terza bruschetta, «padre Federico Lombardi, il direttore della Sala Stampa vaticana, non ha partecipato a quella riunione. A discutere sul comunicato è il sostituto Fernando Filoni. A nessuno viene in mente che forse sarebbe stato meglio studiare come presentare la decisione del Santo Padre ai mass media... Una decisione che ci si poteva immaginare avrebbe sollevato critiche, riserve, incomprensioni e fraintendimenti, anche lasciando da parte le sciagurate parole del vescovo Williamson, e che invece non viene spiegata. Nessuno sente il dovere o l'esigenza di farlo. Finisca la lettura e la ricopiatura, mentre io finisco l'ultima bruschetta...»

«Il Card. Levada ha rilevato che vi sono questioni aperte e il cammino da compiere pertanto comporterà un lavoro collegiale da parte delle Congregazioni interessate. Il Porporato ha indicato che la Congregazione per la Dottrina della Fede procederebbe subito al dovuto esame, con le istanze ordinarie, delle questioni

dottrinali da tenere in conto nel successivo "iter" di dialogo previsto nel Decreto stesso; ha menzionato anche l'opportunità di invitare il Card. Castrillón a partecipare alla riunione in Feria IV al riguardo.
Tutti si sono detti d'accordo che il Decreto e il Comunicato siano inviati ai Capi Dicastero e alle Rappresentanze Pontificie e, per loro tramite, alle Conferenze Episcopali. La seduta è terminata alle ore 19.50 con la preghiera.»

«Che ne dice, dottore? Ha visto che cosa manca in questo verbale?» chiede il monsignore.

«Manca qualsiasi cenno all'intervista negazionista del vescovo Williamson sulle camere a gas!»

«Esatto. E in che giorno avviene la riunione? Il 22 gennaio, quando mancano ancora quarantott'ore alla pubblicazione del decreto di revoca della scomunica. Quell'intervista a Williamson ormai circola dappertutto, su "Der Spiegel", su internet, sulle agenzie di stampa internazionali, eppure durante quella riunione nessuno ne parla, nessuno solleva l'argomento, almeno a leggere il verbale che le ho messo tra le mani e che ora richiudo in borsa.»

La lettura di quel verbale lascia molte domande senza risposta.

A rilanciarne alcune è, ancora una volta, la tv svedese Svt, il canale televisivo pubblico che aveva ottenuto l'intervista con Williamson. La sera del 23 settembre 2009 la tv torna sull'argomento, mandando in onda un programma nel quale si attacca Benedetto XVI.

L'emittente arriva a sostenere, sulla base delle dichiarazioni del vescovo di Stoccolma, che la Santa Sede in realtà non potesse non sapere. Nel trailer che lancia il programma, una voce femminile fuori campo commenta: «Lo scorso inverno la Chiesa cattolica è stata scossa dall'intervista fatta con il vescovo Richard Williamson. Il Papa e i cardinali incaricati assicurarono il mondo di non aver saputo dell'intervista, ma questo non è vero». E subito rilancia un passaggio delle dichiarazioni rilasciate all'emittente dal vescovo cattolico di Stoccolma, Anders Arborelius, il quale assicura di aver avvisato il Vaticano delle parole negazioniste fin dal novembre 2008, subito dopo essere venuto a conoscenza dell'intervista rilasciata dal vescovo Williamson: «Da parte nostra, abbiamo passato l'informazione al rappresentante del Papa». Il riferimento di monsignor Arborelius è al nunzio apostolico per i paesi nordici, monsignor Emil Paul Tscherrig. Il quale non rilascia dichiarazioni davanti alle telecamere, ma a microfoni spenti dice al reporter di aver spedito una nota in Vaticano. Un comunicato ufficiale della Curia di Stoccolma di quello stesso 23 settembre conferma le sue parole. È una notizia importante: l'informazione sulle deliranti parole del vescovo lefebvriano era stata dunque trasmessa Oltretevere dalla nunziatura apostolica. La Santa Sede era stata avvertita. A chi era arrivata l'informativa? Chi era a conoscenza del fatto che Williamson aveva rivangato davanti alle telecamere vecchie dichiarazioni negazioniste risalenti a oltre vent'anni prima? Lasciamo per il momento in sospeso questa domanda.

Il programma televisivo contiene pure un'intervista al cardinale Kasper, che precisa di non aver ricevuto alcuna informazione interna dal Vaticano in merito al provvedimento di revoca della scomunica, affermando invece di essere stato egli stesso da tempo a conoscenza delle posizioni estremiste di Williamson.

Questa volta l'obiettivo delle critiche non è più la Fraternità San Pio X, né la revoca della scomunica. Nel mirino c'è direttamente la Santa Sede, e in particolare la persona del Papa, il quale nella lettera ai vescovi aveva esplicitamente dichiarato di non essere stato a conoscenza delle parole negazioniste di Williamson al momento in cui aveva deciso di revocare la scomunica.

Nel programma tv è però Castrillón Hoyos a venire indicato, ancota una volta, come il principale indiziato: la trasmissione s'intitola *Kardinal* ed è costruita in modo da far apparire lui come il responsabile ultimo di quanto accaduto. Né il vescovo Arborelius né il nunzio Paul Tscherrig affermano in realtà di avere spedito a lui la nota informativa, eppure gli autori della puntata di *Uppdrag granskning* del 23 settembre sembrano supporlo. Anche perché, pur senza essere troppo esplicito, in questa direzione va l'intervista del cardinale Kasper, il quale, dopo aver ricordato che è grazie ai suoi legami personali con molti rabbini se la crisi è stata fatta rientrare, sorride alla domanda su chi sia stato il vero responsabile lasciando intendere che l'indiziato numero uno rimanga proprio Castrillón.

Padre Federico Lombardi, chiamato in causa, spedisce una precisazione via email alla tv svedese. Ecco il testo:

> «Non ho avuto alcuna conoscenza dell'intervista con il vescovo Williamson prima che fosse trasmessa. Dopo di essa fui informato in proposito dai giornalisti e colleghi svedesi della Radio Vaticana. Il Card. Castrillón non mi disse alcuna parola su di essa prima della trasmissione dell'intervista.
> Non sapevo che l'informativa su Williamson fosse stata inviata in Vaticano, e io non so chi l'abbia ricevuta e letta. Nessuno mi ha detto una sola parola su di essa.
> Il Papa ha detto che non era stato informato quando ha approvato la revoca delle scomuniche. Sono certo che il Papa dica la verità.
> Quando ho informato i miei superiori sulla sua intervista con Williamson, ho riscontrato che la decisione circa la revoca delle scomuniche era già stata presa.
> Quindi l'unica cosa che potevo fare, era quella di distinguere fortemente il senso e lo scopo della decisione della revoca della scomunica da parte del Papa, e l'assolutamente inaccettabile negazionismo di Williamson come una sua posizione personale, che non era collegata in alcun modo all'origine della scomunica. Questo è quello che ho ripetuto molte volte in quei tristi giorni».

Vale la pena di fare due sottolineature. La prima: padre Lombardi afferma che il cardinale Castrillón non gli disse nulla dell'intervista prima che questa andasse in onda. La seconda sottolineatura riguarda la frase «Quando ho informato i miei superiori sulla sua intervista con Williamson, ho riscontrato che la decisione circa la revoca della scomunica era già stata presa» (nel testo originale in inglese dell'email: *As I informed my Superiors about your interview with Williamson, I saw that the decision about the lifting of the excommunications was already done*), dalla quale si evince che i superiori di Lombardi, cioè i vertici della Segreteria di Stato, vennero avvisati da lui subito dopo la messa in onda dell'intervista. E comunque prima della pubblicazione del decreto, avvenuta il 24 gennaio. È vero che il decreto era già firmato e nelle mani di Fellay. Non era però ancora stato pubblicato. Si sarebbe potuto tentare qualcosa per correre ai ripari?

Chiamato nuovamente in causa, Castrillón si difende dalle accuse della tv svedese pochi giorni dopo, con una lunga intervista al «Süddeutsche Zeitung». Definisce «molto dubbia» la dichiarazione del vescovo Arborelius circa l'informazione spedita in Vaticano: «Noi archiviamo tutti i documenti che abbiamo ricevuto, in forma digitale. Il vescovo Arborelius dovrebbe dire, come, chi e quando ha comunicato questa informativa, e se ciò è accaduto per via scritta o orale». Nulla infatti risulta negli archivi di Ecclesia Dei.

In effetti il vescovo di Stoccolma non ha mai affermato di aver passato l'informazione a Castrillón, né qualcosa di simile ha detto il nunzio apostolico. Si è infatti sempre parlato genericamente di «Vaticano».

Che cosa è dunque accaduto? A chi sono arrivate quelle preziose informazioni? È giunto il momento di ricontattare l'amico monsignore della Segreteria di Stato.

«Amico mio, forse dovrebbe smetterla di farsi domande... Comunque, il report di un nunzio apostolico può essere inviato alla Segreteria di Stato e contemporaneamente al dicastero interessato alla notizia. Oppure può essere spedito soltanto alla Segreteria di Stato.»

Castrillón ha già più volte ripetuto, in pubblico e in privato, di non aver ricevuto nulla, né per iscritto né come forma di comunicazione orale. Una possibile spiegazione è che la nota informativa sia stata passata agli officiali della

Segreteria di Stato che si occupano dei paesi nordici e sia stata trasformata troppo tardi in un appunto per i superiori. Nel novembre 2008, infatti, soltanto i vertici della «cabina di regia» della Curia romana erano a conoscenza del fatto che il processo in corso per la revoca della scomunica si stava avviando rapidamente a conclusione.

Dalla vicenda sembrano dunque emergere, accanto a contingenze e coincidenze sfortunate, sbavature, ritardi e sottovalutazioni. Sembra però difficile attribuire ogni responsabilità a un unico capro espiatorio.

Del tutto artificioso e strumentale è invece il tentativo di coinvolgere Benedetto XVI, l'unico davvero all'oscuro di tutto. L'unico a essersi assunto ogni responsabilità per coprire i suoi collaboratori e ad aver scritto quell'umile lettera ai vescovi di tutto il mondo.

5

L'Africa dimenticata e la crisi diplomatica sul condom

Dall'11 al 17 marzo. Sei giorni appena dura la tranquillità di papa Ratzinger. L'11 marzo 2009, l'umile lettera ai vescovi chiudeva definitivamente le polemiche sul caso Williamson, spiegando le vere motivazioni del gesto di benevolenza e misericordia che Benedetto XVI aveva deciso nei confronti dei quattro vescovi lefebvriani.

Il 17 marzo il Papa parte per l'Africa, il suo primo viaggio nel cuore del Continente nero, che l'avrebbe portato prima in Camerun e poi in Angola, due paesi diversi tra loro, entrambi immersi nelle contraddizioni tipiche di quell'area del mondo, dove povertà, aids, economie disastrate e classi politiche corrotte hanno impedito, pur in presenza di risorse naturali, lo sviluppo e condizioni di vita accettabili. C'è attesa per ciò che Ratzinger dirà, nell'abbraccio con i popoli africani. Il suo pontificato è presentato spesso come rivolto principalmente all'Occidente scristianizzato, incentrato sulla rinascita della fede nel Vecchio Continente che ha smarrito le sue radici. Si presta minore attenzione, invece, ai messaggi che lo mostrano proiettato in chiave globale, attento e partecipe alle condizioni del Terzo mondo, pronto a richiamare stili di vita più sobri e alla necessità di salvaguardare il creato.

Il viaggio in Camerun e Angola, seppure considerato mediaticamente meno "accattivante" di quello che si sarebbe svolto alcune settimane dopo in Giordania, Israele e Territori sottoposti all'Autorità palestinese, è un appuntamento importante del pontificato, attraverso il quale il Papa desidera che «gli uomini e le donne di ogni parte del mondo volgano i loro occhi all'Africa», così «assetata di giustizia e di pace». Purtroppo questo risultato non sarebbe stato ottenuto, nonostante gli importanti discorsi pronunciati. A Luanda il Pontefice ricorderà, di fronte alle autorità dello stato e al corpo diplomatico, che «la Chiesa la troverete sempre accanto ai più poveri di questo continente». Chiederà alla comunità internazionale di intervenire urgentemente con un «coordinamento degli sforzi per affrontare la questione dei cambiamenti climatici», la «piena e giusta realizzazione degli impegni per lo sviluppo indicati dal Doha round», la «realizzazione della promessa dei Paesi sviluppati di destinare lo 0,7% del loro PIL agli aiuti per lo sviluppo». Ed elencherà in questo modo i mali che affliggono l'Africa: «Pensiamo al flagello della guerra, ai frutti feroci del tribalismo e delle rivalità etniche, alla cupidigia che corrompe il cuore dell'uomo, riduce in schiavitù i poveri e priva le generazioni future delle risorse di cui hanno bisogno per creare una società più solidale e più giusta».

Sul volo da Roma a Yaoundé, Benedetto XVI incontra i giornalisti e risponde alle loro domande. È una conferenza stampa controllata e preparata: i giornalisti ammessi sull'aereo papale hanno inviato a padre Federico Lombardi nei giorni precedenti le loro domande. Il direttore della Sala Stampa vaticana le ha divise raggruppando quelle simili, le ha riformulate in modo che tutte le principali questioni proposte vengano affrontate, e poco dopo l'inizio del volo ha incaricato alcuni dei presenti di rivolgerle al Papa, sulla base di un testo preparato. Ratzinger ha ricevuto in anticipo le domande che sono state viste anche in Segreteria di Stato. C'è stato dunque il tempo per riflettere su come rispondere.

La prima domanda riguarda gli strascichi del caso Williamson, il rapporto del Pontefice con i suoi collaboratori, la presunta «solitudine» del Papa, di cui più di un commentatore ha parlato analizzando gli eventi degli ultimi due mesi. A porla è il vaticanista del Tg2 Lucio Brunelli, che chiede: «Santità, da tempo – e in particolare, dopo la Sua ultima lettera ai vescovi del mondo – molti giornali parlano di "solitudine del Papa". Ecco: Lei che cosa ne pensa? Si sente davvero solo? E con quali sentimenti, dopo le recenti vicende, ora vola verso l'Africa con noi?».

Questa è la trascrizione della risposta dal sonoro originale registrato in aereo.

> «Per dire la verità mi fa un po' ridere questo mito della mia solitudine, in nessun modo mi sento solo, ogni giorno ricevo nelle mie visite in agenda i miei collaboratori più stretti a cominciare dal Segretario di Stato fino a Propaganda fide e tutti i capi dicastero che vedo regolarmente, ogni giorno ricevo vescovi nelle visite "ad limina", ultimamente tutti i vescovi della Nigeria poi dell'Argentina, uno dopo l'altro. Abbiamo avuto due plenarie in questi giorni, una del Culto e una del Clero, ho anche colloqui amichevoli, una rete di amicizie, anche i miei compagni di messa della Germania sono venuti da me per chiacchierare con me. Quindi niente solitudine, sono realmente circondato da amici, da una stretta collaborazione con i vescovi, con collaboratori, con laici, e sono grato per questo. In quanto all'Africa vado con grande gioia, ho tanti amici africani fin dai tempi in cui facevo il professore e fino ad adesso. Amo la gioia della fede, di questa fede gioiosa che si trova in Africa. Voi sapete che il mandato del Signore per il successore di Pietro è di confermare i fratelli nella fede ed è ciò che farò ma sono sicuro che tornerò io confermato dai fratelli, contagiato per così dire dalla loro gioiosa fede.»

La "bomba" mediatica arriva con la quinta domanda, presentata da Philippe Visseyrias, giornalista di France 2. Questo il testo: «Santità, tra i molti mali che travagliano l'Africa, vi è anche e in particolare quello della diffusione dell'aids. La posizione della Chiesa cattolica sul modo di lottare contro di esso viene spesso considerata non realistica e non efficace. Lei affronterà questo tema, durante il viaggio?».

Come si vede, il giornalista non pronuncia la parola "preservativo". La formulazione della domanda non è affatto aggressiva. È piuttosto ovvio che l'accusa rivolta alla Chiesa di essere poco realistica ed efficace nella lotta all'aids si riferisca alla dottrina morale cattolica che rifiuta il condom. Ma il modo in cui la questione viene presentata, lascia la possibilità di risposte che non scendano nei particolari. Benedetto XVI, invece, decide di non eludere la questione. E risponde citando la parola "preservativo"; a memoria di vaticanisti è la prima volta che un Papa lo fa dialogando con i giornalisti.

Chiesa poco realistica?

> «Io direi il contrario. Perché la realtà più presente e più efficiente nella lotta contro l'Aids è proprio la Chiesa cattolica. Con i suoi movimenti, con le sue diverse realtà. Penso alla Comunità di Sant'Egidio che fa tanto, visibilmente e invisibilmente nella lotta; penso ai Camilliani e a tutte le suore che sono a disposizione dei malati. Direi che non si può superare questo problema dell'Aids solo con soldi, pur necessari, ma se non c'è l'anima, se gli africani non aiutano, non si può superare con la distribuzione di preservativi, che al contrario aumentano il problema. La soluzione può essere solo duplice. La prima: umanizzazione della sessualità, cioè rinnovo spirituale umano che comporta nuovo modo di comportarsi l'un l'altro e secondo una vera amicizia soprattutto verso le persone sofferenti, e una disponibilità anche con sacrifici e rinunce personali per essere vicini ai sofferenti. E questi sono i fattori che aiutano e che portano con sé veri e visibili progressi. Perciò direi, questa nostra duplice forza è di rinnovare l'uomo interiormente e di dargli forze spirituali e umane per un comportamento giusto nei confronti del proprio corpo e di quello dell'altro, e questa capacità di soffrire con i sofferenti che rimane presente nelle situazioni di prova. Questa mi sembra la giusta risposta della Chiesa e così offre un contributo grandissimo e importante e ringraziamo tutti quelli che lo fanno.»

Se Benedetto XVI si fosse limitato a dire che il problema non si risolve distribuendo preservativi, e si fosse fermato lì, l'esito sarebbe stato meno dirompente. Il Papa ha invece aggiunto che la distribuzione di condom non solo non risolve, ma rischia di aumentare il problema, cioè la diffusione dell'aids. Osserva il vaticanista Luigi Accattoli nel suo blog: «A suo modo è una risposta sapiente. Forse era possibile una formulazione più abile, o più mediaticamente avvertita ma certo non possiamo dire che quella risposta sia stata data senza consapevolezza del rischio. Scagli la prima pietra chi mai nel mondo d'oggi abbia saputo dire in campo aperto qualcosa di cristiano che soltanto sfiorasse la sfera della sessualità e non sia andato incontro all'irrisione».

«Il Pontefice ha deciso di parlare così» racconta oggi padre Giulio Albanese, responsabile delle riviste missionarie della Cei, presente tra i giornalisti sul volo papale. «Non appena la conferenza stampa si è conclusa e Benedetto XVI ha fatto ritorno al suo posto in testa all'aereo, è stato subito evidente tra i colleghi che quelle parole avevano un contenuto potenzialmente esplosivo.»

Padre Albanese, che conosce bene e da vicino la realtà dell'Africa, non appena sbarcato a Yaoundé, rilascia un'intervista a «Il Giornale», pubblicata il 18 marzo, spiegando che «la battuta del Pontefice potrebbe essere percepita come provocatoria, ma in realtà non lo è. Rappresenta invece uno stimolo per andare al di là della solita diatriba su preservativo sì o preservativo no. Un tema così profondo e articolato non può essere ridotto a questo». «L'idea che la sua risposta sottointende» afferma ancora Albanese «è la necessità di tanto buon senso e dunque il bisogno di promuovere una cultura che sia sempre rispettosa della relazione uomo-donna. La sessualità ha davvero bisogno di essere umanizzata e non mercificata. La domanda fatta al Papa riguardava la posizione della Chiesa sulla lotta all'Aids, ma nella sua risposta Benedetto XVI ha ampliato il campo al rapporto tra uomo e donna esprimendo così il bisogno di uno sforzo a livello educativo e culturale.»

Quello che il vaticanista Accattoli definirà uno «tsunami mediatico» ha inizio già il 18 marzo. Il «Corriere della Sera» titola *Papa in Africa: Aids, i preservativi non servono*; «La Stampa»: *Condom inutili contro l'Aids. Benedetto XVI: I preservativi fanno aumentare il problema. Cure gratis per tutti.* «la Repubblica» titola *Contro l'Aids no ai preservativi. Preghiera e astinenza ma le cure siano gratis* e propone un commento intitolato *Il tabù del Pontefice*, nel quale Adriano Prosperi si chiede: «Non è forse vero che quella barriera meccanica tutela le donne e può impedire la trasmissione del virus? E dunque perché ostinarsi a proibirne l'uso?». «Benedetto XVI ha pensato bene di cominciare il suo viaggio con un violento attacco contro l'uso del preservativo» scrive «Il Manifesto». Il giorno dopo i commenti e le analisi si sprecano, con titoli quali *L'ombra della Chiesa*, *La Chiesa immobile*, *Il Pontefice condanna a morte tanti africani*. Sono pochi i quotidiani italiani a presentare le ragioni di chi sostiene la fondatezza delle parole papali.

Decisamente contrari al Pontefice anche i titoli di molti media internazionali: «Le Monde» scrive che «nessuno ritiene che il preservativo sia la soluzione del problema, ma affermare che possa aggravare la pandemia è gravissimo e irresponsabile», mentre il «New York Times» sentenzia: «Il Papa si è messo tristemente dalla parte del torto».

Di fronte al montare della polemica mediatica, il 18 marzo padre Lombardi fornisce un'interpretazione autentica della risposta di Ratzinger: «Il Santo Padre ha ribadito le posizioni della Chiesa cattolica e le linee essenziali del suo impegno nel combattere il terribile flagello dell'Aids: primo, con l'educazione alla responsabilità delle persone nell'uso della sessualità e con il riaffermare il ruolo essenziale del matrimonio e della famiglia; due: con la ricerca e l'applicazione delle cure efficaci dell'Aids e nel metterle a disposizione del più ampio numero di malati attraverso molte iniziative ed istituzioni sanitarie; tre: con l'assistenza umana e spirituale dei malati di Aids come di tutti i sofferenti, che da sempre sono nel cuore della Chiesa. Queste sono le direzioni in cui la Chiesa concentra il suo impegno non ritenendo che puntare essenzialmente sulla più ampia diffusione di preservativi sia in realtà la via migliore, più lungimirante ed efficace per contrastare il flagello dell'Aids e tutelare la vita umana».

«La dichiarazione» osserva Accattoli «è importante per collocare nella giusta prospettiva la battuta del Papa, a correzione di chi ci aveva visto una condanna, un ostracismo, un anatema nei confronti della "protezione" che può venire dal preservativo. Ma forse era tardi. Nel frattempo, inoltre, si erano verificati altri pasticci, non nuovi neanche questi, che avevano confermato i media nella giustezza del loro ingiusto accanimento.»

I "pasticci" a cui allude il vaticanista sono rappresentati dal testo integrale e per così dire "ufficiale" dell'intervista papale, pubblicato ventiquattrore dopo sul sito internet vaticano dopo essere stato rivisto e corretto dalla Segreteria di Stato. Nel testo la risposta non è riportata fedelmente: le parole «ma anzi aumenta il problema» (riferite alla distribuzione di condom), diventano «il rischio è di aumentare il problema». La parola «soldi» si trasforma in «slogan pubblicitari». Viene corretta anche la parola «preservativi», trasformata in «profilattici».

Ritocchi ingiustificati, che, ovviamente, non passano inosservati e che – una volta segnalati dai media – costringono lo staff vaticano a fare marcia indietro e a ripristinare una versione più aderente alle effettive espressioni usate dal Pontefice. Risulta infatti piuttosto difficile che non attirino l'attenzione modifiche di quel genere a un discorso che è stato registrato sia in audio che in video da registratori e telecamere di settanta giornalisti.

A questo proposito, il direttore della Sala Stampa della Santa Sede, padre Federico Lombardi, spiegherà in un'intervista che «un funzionario in buona fede ha cercato di rendere le parole del Papa in un italiano migliore, una cosa che si fa spesso nelle frasi improvvisate del Papa». Il responsabile della revisione dei testi papali era, in quel momento, l'arcivescovo Paolo Sardi.

Due giorni dopo, la polemica divampa in campo politico. Le parole di Benedetto XVI, talvolta estrapolate dal loro contesto più ampio, sono lo spunto per critiche senza precedenti, provenienti per lo più dall'Europa. Secondo il ministro degli Esteri francese Bernard Kouchner il Papa «rivela poca comprensione della reale situazione dell'Africa». Eric Chevallier, portavoce dello stesso ministero francese, rincalza: «Le sue parole rischiano di mettere in pericolo le politiche di sanità pubblica e gli imperativi di protezione della vita umana».

A Parigi fa eco Bruxelles. Il ministro della Sanità belga, Laurette Onkelinx, ritiene infatti che le parole papali «potrebbero distruggere anni di prevenzione e informazione e mettere in pericolo molte vite umane». In Germania i ministri della Sanità e della Cooperazione, Ulla Schmidt e Heidemarie Wieczorek-Zeul, in una dichiarazione congiunta affermano che «i preservativi salvano la vita tanto in Europa quanto in altri continenti» e che «una moderna cooperazione allo sviluppo deve dare ai poveri l'accesso ai mezzi di pianificazione familiare e tra questi rientra in particolare anche l'impiego dei preservativi; tutto il resto sarebbe irresponsabile». Il governo spagnolo, guidato da Luis Zapatero, in risposta alle parole papali annuncia che invierà in Africa «un milione di condom per combattere l'Aids», mentre il più alto funzionario della Sanità in Spagna sostiene che il Papa è «mal consigliato», invitandolo a «rivedere la sua posizione».

Il premier lussemburghese, Jean-Claude Juncker, appartenente al Partito popolare, si dice «allarmato». Intanto Luis Michel, un portavoce dell'Unione Europea, dichiara che la Commissione «sostiene da sempre l'uso dei preservativi: la loro funzione contro la diffusione dell'Hiv è nota». Michel Kazatchkine, direttore esecutivo del Fondo mondiale per la lotta all'aids, fa sapere di essere «profondamente indignato» e chiede a Ratzinger di «ritirare le sue affermazioni» perché «inaccettabili».

Quattro giorni dopo la dichiarazione del Pontefice, mentre il viaggio è ancora in corso, «L'Osservatore Romano» pubblica in prima pagina un articolo dedicato al successo della campagna anti-aids condotta in Uganda, e basata sul richiamo alla fedeltà della coppia, sull'invito a ritardare i rapporti sessuali precoci tra adolescenti, e sul preservativo consigliato per certe categorie più a rischio (omosessuali, persone tossicodipendenti, prostitute). La campagna ha fatto sì che si passasse, nel decennio 1991-2001, dal 15% al 5% della popolazione infettata. Un articolo pubblicato non a caso, nel quale si riconosceva implicitamente la possibilità dell'uso del profilattico per le categorie a rischio.

Ci si può immaginare che il Papa, durante l'importante viaggio che sta compiendo in Camerun e Angola, venga tempestivamente informato delle polemiche divampate in seguito alle sue parole sul preservativo. È il giornalista francese Jean-Marie Guenois, vaticanista di «Le Figaro», a scoprire che le cose non stanno così. «Sono rimasto colpito» racconta «dal fatto che il 23 marzo, nel viaggio di ritorno dall'Angola all'Italia, Benedetto XVI ha voluto incontrare nuovamente i giornalisti. Non ha risposto a domande, è venuto soltanto a salutarci. Ha fatto in pochi minuti una sintesi efficace e bellissima del viaggio appena compiuto, raccontando ciò che lo aveva colpito della straordinaria accoglienza da parte dei popoli che aveva visitato. Era sereno, disteso, per nulla preoccupato. Mi sono detto: sembra persino troppo sereno, viste le polemiche dilaganti sul preservativo e le dure dichiarazioni da parte di esponenti dei governi europei. Mi sono chiesto: sarà stato informato di tutto questo? Nei giorni successivi, mi sono fermato a Roma, per preparare un ampio articolo che è stato poi pubblicato su "Le Figaro". E ho cominciato a contattare le mie fonti chiedendo quando Ratzinger fosse stato avvertito di ciò che stava accadendo in Europa dopo l'intervista rilasciata sul volo da Roma a Yaoundé, il 17 marzo 2009. Mi è stato autorevolmente spiegato che, visti i gravosi impegni di un viaggio come quello che il Papa stava affrontando, i tempi molto stretti per gli spostamenti, Benedetto XVI "non poteva essere informato di tutto" in quel momento, mentre si trovava in Africa. Ho dunque avuto la conferma che soltanto al suo ritorno a Roma il Pontefice ha appreso della portata di ciò che stava accadendo.»

Bisogna però attendere il 2 aprile per la reazione più avversa, quando il Parlamento del Belgio, con 95 voti a favore, 18 contrari e 7 astensioni, approva una mozione che «sollecita l'esecutivo a condannare l'inaccettabile presa di posizione del Papa e a presentare una protesta formale alla Santa Sede». Il primo ministro Herman Van Rompuy si era impegnato a dare esecuzione alla mozione a condizione che il riferimento alla «pericolosa e irresponsabile» posizione di Benedetto fosse cambiata in «inaccettabile».

Il Parlamento di un paese europeo interviene dunque per stigmatizzare le parole del Pontefice.

Il 15 aprile 2009 l'ambasciatore belga presso la Santa Sede viene ricevuto dal «ministro degli Esteri» vaticano, l'arcivescovo Dominique Mamberti, per presentargli la risoluzione della Camera dei rappresentanti. Due giorni dopo, la Sala Stampa della Santa Sede pubblica un duro comunicato nel quale si definisce «intimidatorio» l'intento fatto proprio dai parlamentari del Belgio.

Questo è il testo:

> «La Segretaria di Stato prende atto con rammarico di tale passo, inconsueto nelle relazioni diplomatiche tra la Santa Sede e il Regno del Belgio.
> Deplora che una Assemblea Parlamentare abbia creduto opportuno di criticare il Santo Padre, sulla base di un estratto d'intervista troncato e isolato dal contesto, che è stato usato da alcuni

gruppi con un chiaro intento intimidatorio, quasi a dissuadere il Papa dall'esprimersi in merito ad alcuni temi, la cui rilevanza morale è ovvia, e di insegnare la dottrina della Chiesa.
Come si sa, il Santo Padre, rispondendo ad una domanda circa l'efficacia e il carattere realista delle posizioni della Chiesa in materia di lotta all'AIDS, ha dichiarato che la soluzione è da ricercare in due direzioni: da una parte nell'umanizzazione della sessualità e, dall'altra, in una autentica amicizia e disponibilità nei confronti delle persone sofferenti, sottolineando anche l'impegno della Chiesa in ambedue gli ambiti. Senza tale dimensione morale ed educativa la battaglia contro l'AIDS non sarà vinta.
Mentre, in alcuni Paesi d'Europa, si scatenava una campagna mediatica senza precedenti sul valore preponderante, per non dire esclusivo, del profilattico nella lotta contro l'AIDS, è confortante costatare che le considerazioni di ordine morale sviluppate dal Santo Padre sono state capite e apprezzate, in particolare dagli africani e dai veri amici dell'Africa, nonché da alcuni membri della comunità scientifica.
Come si può leggere in una recente dichiarazione della Conferenza Episcopale Regionale dell'Africa dell'Ovest (CERAO): "Siamo grati per il messaggio di speranza che [il Santo Padre] è venuto ad affidarci in Camerun e in Angola. È venuto ad incoraggiarci a vivere uniti, riconciliati nella giustizia e la pace, affinché la Chiesa in Africa sia lei stessa una fiamma ardente di speranza per la vita di tutto il continente. E lo ringraziamo per aver riproposto a tutti, con sfumatura, chiarezza e acume, l'insegnamento comune della Chiesa in materia di pastorale dei malati di AIDS"».

Non è finita. Del caso viene infatti investito nientemeno che il Parlamento europeo. Il radicale italiano Marco Cappato e la liberale olandese Sophia in't Veld presentano infatti un emendamento da inserire nel rapporto annuale dell'Assemblea sui diritti umani nel mondo per il 2008. Il testo dell'emendamento recita: «L'Europarlamento sottolinea l'importanza di promuovere i diritti in materia di salute sessuale e riproduttiva quale presupposto di qualunque successo nella lotta contro l'Hiv/Aids, che causa perdite enormi in termini di vite umane e di sviluppo economico, colpendo in modo particolare le regioni più povere del mondo; condanna fermamente le recenti dichiarazioni con cui Papa Benedetto XVI ha bandito l'uso del preservativo avvertendo che il suo uso potrebbe addirittura determinare un aumento del rischio di contagio; teme che tali dichiarazioni ostacoleranno gravemente la lotta contro lo Hiv/Aids; ricorda che l'emancipazione delle donne contribuisce anche a contrastare lo Hiv/Aids; invita i governi e gli Stati membri ad agire insieme per promuovere i diritti e l'educazione in materia di salute sessuale e riproduttiva, anche riguardo all'uso del preservativo quale strumento efficace nella lotta contro questo flagello».

Un'esplicita "condanna" del Pontefice sancita addirittura dall'europarlamento... Ma i rappresentanti di Strasburgo, il 7 maggio, bocciano la proposta, con 253 voti contrari, 199 in favore e 61 astenuti.

Quando le polemiche mediatiche e politiche cominciano a scemare, finalmente ci si rende conto che le parole del Papa avevano un fondamento. E ci si comincia a interrogare su quanto singolare sia ascoltare reprimende contro la Chiesa da parte di Stati che hanno notevolmente diminuito i loro aiuti all'Africa, nonostante gli impegni presi, mentre preti, religiosi, suore e volontari laici cattolici spendono – e non di rado perdono – la loro vita per rimanere vicino a chi soffre e in particolare ai malati di aids.

Riccardo Bonacina, direttore editoriale del settimanale «Vita», dedicato al mondo del «no profit», fin dalle ore immediatamente successive all'infiammarsi della polemica, quando Benedetto XVI è ancora in Africa, scrive: «È vero, verissimo, che la pubblicità e la distribuzione di preservativi sia nelle megalopoli che nelle zone rurali hanno spesso creato più problemi che benefici e che sono servite più alla coscienza e ai budget delle agenzie occidentali piuttosto che alle popolazioni. Per battere l'Aids, come ha giustamento detto il Papa occorrono tre cose: a) "cure gratis", b) "una umanizzazione della sessualità" a tutela soprattutto delle donne, c) "una vera amicizia per le persone sofferenti capace di sacrificio". Insomma, una sfida un pochino più complessa della distribuzione del preservativo, e mi si permetta, un pochino più giusta, ragionevole, umana. Certo, vallo a spiegare alle Big Farma, vallo a spiegare ai pagatissimi funzionari delle Agenzie Onu. Per loro (anche per i loro tour nella prostituzione locale) il preservativo basta e avanza, altro che cure gratis, altro che educazione alla sessualità (entro la quale sta l'uso del preservativo, altrimenti davvero fa danni), altro che amicizia a rischio della propria vita.

Ora, i media, come sempre» aggiunge Bonacina «hanno fatto di questo dibattitto serio, carne da macello e attaccare il Papa è ormai di moda in un continente che (povero illuso Giovanni Paolo II) si voleva richiamasse le proprie origini cristiane! Tutto questo, però, sta nell'ordine carnevalesco dell'oggi. Ma c'è qualcosa che è davvero intollerabile. Sono le prese di posizione di governi come Francia e Germania e della Commissione europea. Questo no, risparmiatecelo, ministri e ministre arrossite un po' di vergogna! A salire in cattedra, oggi, infatti sono stati gli stessi responsabili di aver fatto carta straccia di tutti gli impegni internazionali da qualche decennio in qua. A parlare sono gli stessi rappresentanti di quei Governi che non arrossiscono neppure per aver fallito e tradito l'obiettivo fissato alla conferenza di Barcellona del 2002 di destinare agli aiuti internazionali lo 0,33% del PIL entro il 2006. Di aver tradito e fallito un ulteriore impegno, quello preso nel 2004 sugli Obiettivi del Millennio, quando firmarono e controfirmarono con inchiostro invisibile l'impegno di innalzare la quota per la cooperazione allo sviluppo sino allo 0,7% del PIL entro il 2015. E ancora la promessa del G8 2005 che disse di voler raddoppiare l'aiuto all'Africa. Come stiano le cose l'ha spiegato poche settimane fa l'Ocse.»

I paesi donatori avevano infatti promesso di aumentare i loro finanziamenti di circa 50 miliardi di dollari l'anno entro il 2015, a partire dai livelli del 2004 – si legge nel Development Co-operation Report pubblicato proprio in quei giorni – ma le proiezioni dell'Ocse rispetto alla destinazione di questi fondi registrano una caduta complessiva di circa trenta miliardi ciascun anno. I numeri sono abbastanza eloquenti: tra 2006 e 2007 i Paesi di area Ocse hanno diminuito il loro impegno dell'8,5% a livello internazionale, con punte del 29,6% per il Regno unito, del 29,8% del Giappone, del 16,4% della Francia e dell'11,2% del Belgio. Anche l'Italia perde terreno: meno 2,6% nel 2007.

Anche nel merito, l'analisi di Benedetto XVI si dimostra fondata.

Edward C. Green è un antropologo della medicina che insegna all'Università di Harvard. Per trentacinque anni ha progettato, attuato e valutato programmi di social marketing in trentaquattro paesi del mondo, diciassette dei quali africani dell'Africa sub-sahariana, che avevano come oggetto la distribuzione di anticoncezionali. Green interviene prima sul «Washington Post» e poi in varie interviste sui media internazionali. Questi sono brani di un colloquio proposto dal settimanale «Tempi»: «I fatti sono questi: non c'è nessuna prova che i condom abbiano funzionato come intervento di sanità pubblica mirato a ridurre l'incidenza delle infezioni da Hiv a livello della popolazione generale. Questo è un po' difficile da accettare, ma posso spiegarlo. Se noi prendiamo un individuo isolato, avrebbe senso dire che utilizzando il condom ogni volta che ha un rapporto, o almeno quanto più spesso gli è possibile, egli riduce le probabilità di contagiarsi con l'Aids. Ma noi stiamo parlando di programmi, di grandi interventi che riescono o falliscono a livello di interi paesi, ovvero, come diciamo noi che lavoriamo nell'ambito della salute pubblica, a livello di popolazione. Importanti articoli pubblicati su "Science", "The Lancet", "British Medical Journal" e persino su "Studies in Family Planning" hanno comunicato questa scoperta sin dal 2004.

Io ho scritto per la prima volta» continua lo studioso «per sostenere che l'enfasi sulla fedeltà di coppia è più efficace dell'enfasi sull'uso del profilattico nella prevenzione dell'Aids nel libro *Aids in Africa*, che è apparso nel 1988. I condom falliscono perché le persone non li usano correttamente, perché cessano di essere usati quando si è convinti di conoscere bene l'altra persona, e perché generano un senso di falsa sicurezza, per cui le persone attuano comportamenti più rischiosi, che non avrebbero osato se non avessero avuto a disposizione i condom. Inoltre i condom distraggono risorse da interventi che avrebbero funzionato di più, come la promozione della fedeltà di coppia.

L'uso corretto del condom» continua il professore «è protettivo solo all'80-85% quando viene attuato correttamente, anche se nelle condizioni della vita reale, che sono quelle in cui vive la maggior parte di noi, l'uso del condom è molto meno protettivo di quanto sopra detto. In realtà noi sapevamo che i condom non erano molto efficaci per la prevenzione dell'infezione da Hiv sulla base della nostra esperienza nel campo del family planning, prima dell'avvento dell'Aids.»

L'analisi di Green non rappresenta peraltro una novità. È curioso che proprio la rivista britannica «The Lancet» abbia immediatamente attaccato Ratzinger dopo l'intervista in aereo, pubblicando un editoriale intitolato *Redemption for the Pope*, nel quale si sostiene che sui preservativi Benedetto XVI «ha pubblicamente distorto le prove scientifiche» al punto che «non è chiaro se l'errore del Papa sia dovuto ad ignoranza o se sia un deliberato tentativo di manipolare la scienza».

È curioso perché proprio «The Lancet» aveva pubblicato nel gennaio 2000 uno studio che dimostrava la limitata efficacia del profilattico come barriera contro l'aids, scrivendo che «il rischio di contrarre il virus HIV usando i preservativi durante i rapporti sessuali è nell'ordine del 15%». Lo studio era firmato da John Richens, John Imrie, Andrew Copas, i quali sostenevano che «il senso di sicurezza» fornito dal preservativo «moltiplica i comportamenti a rischio». E mostravano che in Africa i paesi dove il condom è più diffuso (Zimbabwe, Botswana, Sudafrica e Kenya) sono anche quelli con i tassi di sieropositività più alti. «L'efficacia del preservativo» concludevano i ricercatori «è legata soltanto al reale cambiamento dei comportamenti a rischio.»

A due giorni di distanza dall'intervista papale con le parole sul preservativo, una importante voce fuori dal coro è quella dell'oncologo italiano Umberto Tirelli, coordinatore del Gicat, il Gruppo Italiano Cooperativo Aids e Tumori che dal 1986 studia le correlazioni tra tumori e agenti infettivi. Tirelli, intervistato da «Il Giornale», afferma: «Il Papa ha ragione, i preservativi in Africa non risolveranno il problema. Il punto è questo: a Washington, nella capitale del Paese più avanzato del mondo, dove l'informazione sull'Hiv è diffusissima e dove il Vaticano non c'è, be' qui si registra un 3% di persone sopra i 12 anni infettate dal virus.

È una ragione sufficiente per chiederci» afferma lo studioso «con quale autorevolezza andiamo a dire all'Africa di usare il condom.» Alla domanda di quale slogan utilizzerebbe per una campagna contro l'aids, lo studioso risponde: «Quello che noi chiamiamo A, B e C, che vuol dire astinenza (*abstinence*), fedeltà (*be faithful*) e condom. Sì anche il preservativo, ma non pensiamo solo a quello».

Il direttore di Asianews, padre Bernando Cervellera, fa sapere che «in Thailandia, il dott. Somchai Pinyopornpanich, vicedirettore generale del dipartimento per il controllo delle malattie a Bangkok, afferma che si ammala di Aids il 46,9% di uomini che usano il preservativo e il 39,1% delle donne. Anche l'affermazione del Papa che "il rischio è di aumentare il problema" è confermato dalle statistiche. Paesi come il Sud Africa, che hanno abbracciato in pieno la campagna sul "sesso sicuro" con l'uso del condom, sostenuta dall'Onu, l'Unione europea e varie organizzazioni non governative, hanno visto uno spaventoso incremento della diffusione dell'Aids. Al contrario, Paesi dove si spingeva alla responsabilità, all'astinenza e alla fedeltà, hanno visto una riduzione dell'epidemia».

Bisogna anche ricordare che la stessa posizione espressa da Benedetto XVI sul volo verso Yaoundé, contraria al ritenere i profilattici come la risposta adeguata per combattere l'aids, era stata più volte manifestata da Giovanni Paolo II.

Il 3 settembre 1999, ai vescovi dello Zambia in visita ad limina, papa Wojtyla spiegava che «Le influenze culturali esterne e le pratiche tradizionali, quali la poligamia, rappresentano una minaccia all'unità e alla stabilità delle famiglie nello Zambia. Lo stesso vale per il divorzio, l'aborto, la mentalità sempre più favorevole alla contraccezione e per il comportamento sessuale irresponsabile che aggrava la piaga dell'AIDS. Tutti questi fattori sviliscono la dignità umana in un modo che rende sempre più difficile l'impegno del matrimonio».

Nel febbraio 2003, ai vescovi delle conferenze episcopali del Gambia, della Liberia e della Sierra Leone, il Pontefice diceva: «Purtroppo, questo Vangelo di vita, fonte di speranza e di stabilità, viene minacciato nei vostri Paesi dalla diffusione della poligamia, del divorzio, dell'aborto, della prostituzione, del traffico di esseri umani e da una mentalità a favore della contraccezione. Questi stessi fattori contribuiscono a un'attività sessuale irresponsabile e immorale che porta alla diffusione dell'AIDS, una pandemia che non può essere ignorata».

Nel giugno di quello stesso anno, Giovanni Paolo II, incontrando i vescovi indiani di rito latino, affermava: «Al contempo una comprensione non corretta della legge morale ha portato molte persone a giustificare le attività sessuali immorali con il pretesto della libertà, che a sua volta ha comportato una comune accettazione della mentalità contraccettiva (cfr. *Familiaris consortio*, n. 6). Le conseguenze di una simile attività irresponsabile non solo minacciano l'istituzione della famiglia, ma contribuiscono anche alla diffusione dell'HIV/AIDS, che in alcune parti del vostro Paese sta raggiungendo proporzioni epidemiche».

Mentre nel messaggio ai vescovi della Tanzania in visita ad limina, quando si trovava al Policlinico Gemelli e mancavano ormai pochi giorni alla sua morte, Wojtyla scriveva: «La promozione degli autentici valori familiari è tanto più urgente a motivo del terribile flagello dell'AIDS che affligge il vostro Paese e così tanto il continente africano. La fedeltà in seno al matrimonio e l'astinenza al di fuori di esso sono gli unici metodi sicuri per limitare l'ulteriore diffusione dell'infezione. La trasmissione di questo messaggio deve essere l'elemento chiave della risposta della Chiesa all'epidemia».

È vero che nella formulazione della risposta data sull'aereo Benedetto XVI è stato più diretto, immediato e franco nell'esprimere quale sia l'insegnamento e la convinzione della Chiesa. Ma è anche innegabile che la reazione alle sue parole sia stata spropositata e sorprendente, come se, dopo i casi di Ratisbona e della revoca della scomunica a Williamson, ci fosse chi attendeva l'occasione per nuove polemiche, tenendo sotto tiro il Pontefice tedesco.

Il cardinale André Vingt-Trois, arcivescovo di Parigi, presidente della Conferenza episcopale francese, definisce l'accaduto un «uragano mediatico» montato «dall'estero», rispetto ai paesi africani visitati dal Papa. Una campagna che ha «occultato il resto degli interventi di Benedetto XVI», provocando la protesta degli stessi africani. In effetti l'8 aprile 2009 la Conferenza episcopale regionale dell'Africa occidentale aveva diramato un comunicato nel quale si esprimeva vicinanza la Papa: «Si è trattato di una deformazione della verità che discredita professionalmente questi comunicatori [il riferimento è soprattutto ai media francesi, N.d.A.], tra cui si ritrovano talvolta anche degli africani che senza vergogna pongono la loro firma al soldo della ricchezza sporca di chi ha spogliato i loro popoli».

Un nuovo incidente mediatico, oppure dietro la virulenza delle critiche al Pontefice, che coinvolgono esponenti di governi europei, c'è qualcosa di più?

Dall'Italia, una possibile risposta arriva dal cardinale Angelo Bagnasco, arcivescovo di Genova, presidente della Conferenza episcopale italiana: «Il Papa ha messo il dito su argomenti di estrema importanza che vanno a toccare interessi economici e politici rilevanti. Per questo, certi ambiti altolocati reagiscono con astio e irrisione». Mentre il settimanale «Famiglia cristiana» si è chiesto: «Davvero non c'è dietro [alla campagna mediatica contro il Papa, N.d.A.] la sollecitazione delle multinazionali del condom?».

Il 3 aprile 2009 il cardinale Paul Josef Cordes, tedesco, presidente di Cor Unum e buon amico di Ratzinger, ipotizza che a favorire lo scatenamento dei governi possa aver contribuito anche la nazionalità del Papa: «Giovanni Paolo II fu molto attaccato, ma mai dai governi. Mi sembra che questa sia la prima volta. Forse come polacco Giovanni Paolo II aveva maggiore protezione a livello dei governi a causa della sua provenienza».

Secondo il porporato tedesco saremmo dunque in presenza di un accanimento particolare e ingiustificato nei confronti di Benedetto XVI. Il politico italiano Pierferdinando Casini è molto più esplicito, e pochi giorni dopo l'intervista del Pontefice sull'aereo che lo portava in Africa, dichiara nel corso di una trasmissione televisiva (*Telecamere*, in onda su Raitre): «Vedo una manina occulta rappresentata dalla massoneria dietro queste ripetute critiche rivolte al Sommo Pontefice. Non è che l'informazione ad altissimi livelli non sia manipolata, certe reazioni sono manipolate e credo che la gente debba aprire gli occhi, non perché deve accettare e condividere ciò che dice il Papa, questo fa parte delle scelte personali, questo processo di denigrazione e delegittimazione, però, secondo me è molto preoccupante».

L'attacco, in diversi casi palesemente strumentale, e con inediti risvolti diplomatici, poteva essere evitato? È difficile rispondere. Ratzinger ha voluto essere franco nell'esprimere il suo pensiero, e non poteva non essere cosciente del fatto che le sue parole avrebbero sollevato critiche, visti gli importanti interessi che stanno dietro la distribuzione dei preservativi in Africa.

Il vaticanista americano John L. Allen ritiene che l'aver puntato tutta l'attenzione sul caso preservativo dimenticando il valore del viaggio africano non sia «esclusivamente né primariamente colpa dei media». «Il punto» afferma Allen «è se quello era il momento e il luogo giusto di dire certe cose, sapendo che ciò avrebbe messo in ombra il messaggio che Benedetto stava portando all'Africa.» Secondo il vaticanista, il Papa «avrebbe potuto dire qualcosa tipo: "La Chiesa è profondamente coinvolta con il problema aids, il che spiega perché un quarto di tutti i malati di aids nel mondo è curato in ospedali e altre strutture cattoliche. Per quanto riguarda i preservativi, il nostro insegnamento è ben conosciuto, ma questo non è il momento per discuterne"». Ma Allen ammette pure che, se Ratzinger avesse davvero risposto così, «sarebbe probabilmente finita con: "Benedetto ha ignorato la domanda sui preservativi"».

«Forse sarebbe stato necessario» ci fa notare padre Giulio Albanese «viste le circostanze, che dopo la risposta così diretta del Pontefice e l'immediata reazione dei giornalisti al seguito, ci fosse qualcuno dell'entourage in grado di spiegare tempestivamente il contesto di quella risposta. Qualcuno che subito, senza attendere l'arrivo a Yaoundé, facesse presente che ci sono studi molto seri e dati statistici che dimostrano come la distribuzione indiscriminata di preservativi non si sia rivelata una risposta efficace contro l'aids. E credo che quanto sto dicendo si possa applicare anche ad altri episodi che hanno sollevato critiche contro il Papa.»

Ancora un anno dopo, continueranno le ricadute polemiche: il 18 maggio 2010, infatti, l'olandese Condoomfabriek ha lanciato sul mercato via internet dei preservativi chiamati «Paus condom» (Papa condom) annunciando anche una distribuzione gratuita promozionale a Rotterdam. La società produttrice di profilattici ha spiegato di voler così polemizzare direttamente con la Chiesa per la sua posizione circa l'uso dei preservativi. La campagna di Condoomfabriek utilizza l'immagine di un ecclesiastico, accompagnata dalla scritta: «I said no! We say yes!» (Io ho detto di no! Noi diciamo di sì!).

6

Le critiche dei teo-con americani

Il 29 giugno 2009 Benedetto XVI firma la sua terza enciclica, *Caritas in veritate*, dedicata ai temi sociali: oltre cento pagine di aggiornamento della *Populorum progressio* di Paolo VI e, soprattutto, della *Centesimus annus* di Giovanni Paolo II. Dal 1991 al 2009 il mondo è cambiato e si sente il bisogno di una nuova riflessione in merito. L'enciclica si sviluppa in cento pagine che, in estrema sintesi, chiedono che lo sviluppo economico dei paesi venga attuato secondo tre direttrici tra loro inscindibili: responsabilità, solidarietà e sussidiarietà.

Oltre ai diffusi consensi, spunta anche qualche critica. In generale, secondo alcuni, diversi argomenti vengono presentati senza prendere una posizione chiara, in modo ambivalente. Per quanto riguarda la globalizzazione, ad esempio, c'è chi rileva che è possibile leggere dei «grandi problemi dell'ingiustizia nello sviluppo dei popoli», ma anche che «lo sviluppo c'è stato e continua ad essere un fattore positivo che ha tolto dalla miseria miliardi di persone». Un altro esempio sono gli aiuti allo sviluppo: «Gli Stati economicamente più sviluppati faranno il possibile per destinare maggiori quote del loro prodotto interno lordo per gli aiuti allo sviluppo», anche se spesso «sono stati distolti dalle loro finalità, per irresponsabilità che si annidano sia nella catena dei soggetti donatori sia in quella dei fruitori».

Le critiche più forti arrivano per i brani in cui il Papa

parla del mercato e della globalizzazione. E, significativamente, vengono da "destra", ovvero da coloro che dei mercati e della globalizzazione hanno un'idea ben precisa e soprattutto positiva. I passaggi maggiormente oggetto di critica sono i seguenti. Scrive il Papa:

> «Il mercato diventato globale ha stimolato anzitutto, da parte di Paesi ricchi, la ricerca di aree dove delocalizzare le produzioni di basso costo... Conseguentemente, il mercato ha stimolato forme nuove di competizione tra Stati allo scopo di attirare centri produttivi di imprese straniere, mediante vari strumenti, tra cui un fisco favorevole e la deregolamentazione del mondo del lavoro. Questi processi hanno comportato la riduzione delle reti di sicurezza sociale».
>
> «L'insieme dei cambiamenti sociali ed economici fa sì che le organizzazioni sindacali sperimentino maggiori difficoltà a svolgere il loro compito.»
>
> «Il contesto globale in cui si svolge il lavoro richiede anche che le organizzazioni sindacali nazionali... volgano lo sguardo anche verso i non iscritti e, in particolare, verso i lavoratori dei Paesi in via di sviluppo.»

Quindi le parole dedicate al commercio estero: bisogna «valutare seriamente il danno che il trasferimento all'estero di capitali a esclusivo vantaggio personale può produrre alla propria Nazione», mentre «non c'è motivo per negare che un certo capitale possa fare del bene, se investito all'estero piuttosto che in patria».

Il giorno 5 agosto, meno di un mese dopo l'uscita dell'enciclica, è Michael Novak – assieme a Richard John Neuhaus, oggi scomparso, e a George Weigel, uno dei portabandiera del cattolicesimo neo-conservatore statunitense – a dire la sua sul quotidiano italiano «Liberal». Le idee di Novak sono note. Da anni propone il suo «capitalismo democratico» come il sistema politico ed economico più compatibile con il cristianesimo e soprattutto con il cattolicesimo. Al mondo cattolico Novak si è sempre presentato come un avversario della teologia della liberazione, considerata di stampo chiaramente marxista, cercando di convincere i cattolici ad accettare il «capitalismo di mercato». Una teoria, quella del «capitalismo di mercato», che Novak ha sempre mostrato esistente all'interno dei testi pontifici, soprattutto nelle encicliche, sorvolando però sulle condanne papali per quei meccanismi del debito e della monopolizzazione con i quali diversi paesi in via di sviluppo devono convivere. Non a caso, in un commento all'enciclica *Centesimus annus* apparso sulla «National Review», Novak scriveva che

> «nel Concilio Vaticano II, Roma ha accettato l'idea americana di libertà religiosa, nella *Centesimus Annus* ha assimilato l'idea americana di libertà economica».

Dunque, Novak prende la parola e già dal titolo che «Liberal» mette alle sue riflessioni si comprende che cosa voglia dire; dove e come la sua critica voglia colpire: *Tanta* Caritas, *meno* Veritas. *La nuova enciclica di Benedetto XVI tra giuste intuizioni e (involontarie) omissioni.*

Novak all'inizio dice e non dice. Si capisce che vorrebbe attaccare in modo più esplicito, ma nelle prime righe si mantiene cauto. Poi inizia a uscire allo scoperto. Scrive: «Il lavoro di redazione [dell'enciclica, N.d.A.] risulta alquanto scadente». E ancora: «Per quanto mi riguarda prediligo la parte iniziale della *Caritas*». Anche perché «assistere a un Papa che parla di *caritas* in modo così meraviglioso mi riempie di profonda soddisfazione». Ma poi ecco l'affondo:

> «In tutta sincerità però, se sottoponessimo ogni periodo di *Caritas in veritate* alla luce delle verità empiriche derivanti dagli eventi che hanno caratterizzato l'economia politica dal 1967, scopriremmo che tanto la *veritas* quanto la *caritas* non risultano così presenti. Nel caso specifico, i benefici per i poveri apportati dalla diffusione delle iniziative e dei mercati economici (per alcuni il termine "capitalismo" risulta troppo "sgradevole") avrebbero dovuto essere presi maggiormente in considerazione. Ad esempio, nel 1970 l'aspettativa di vita degli uomini e delle donne del Bangladesh si attestava a 44,6 anni, ma nel 2005 questa era salita a 63 anni. Pensate quale gioia e quale forza tale conquista significhi per le famiglie. Similmente il tasso di mortalità infantile

(i deceduti su ogni 1.000 neonati) in Bangladesh era di 152, o del 15,2%. Nel 2005 la media era scesa a soli 57,2 decessi, un po' meno del 6%; di nuovo, da quale pena vengono sollevati padri e madri, e quanto immensa è la gioia che ne scaturisce. Molto rimane sicuramente da fare se si vogliono innalzare gli standard dei bengalesi. Ma i progressi compiuti negli ultimi trent'anni non hanno precedenti nella storia mondiale. Vi sono molte altre omissioni di fatti, insinuazioni discutibili ed errori involontari lungo tutta l'enciclica. Ogni difetto di *veritas* nuoce alla *caritas*. Questo è il meraviglioso e potente legame di questa enciclica».

Si possono condividere o meno le argomentazioni di Novak. Resta il fatto che un esponente di spicco del conservatorismo cattolico americano critica il Pontefice. Segno che le critiche nei confronti di Benedetto XVI sono trasversali, non provengono soltanto una parte dell'*intellighenzia* contemporanea, quella progressista.

Non c'è soltanto Novak a prendere le distanze dall'enciclica sociale. Uno dei principali biografi di papa Wojtyla, ma anche di Joseph Ratzinger, il teologo statunitense George Weigel, aveva fatto lo stesso. Il 7 luglio 2009, sul «National Review», Weigel firma un articolo intitolato *Caritas in veritate in Gold and Red*. Secondo il consigliere dell'«Ethics and Public Policy Center», la *Caritas in veritate* è una creatura «ibrida» (viene paragonata a un ornitorinco) in cui si possono individuare e sottolineare «in giallo oro» i passaggi riconducibili al pensiero autentico di Benedetto XVI, e si possono sottolineare in rosso le parti «scorrette», quelle elaborate dal Pontificio consiglio della giustizia e della pace, che sarebbero inficiate dall'inguaribile terzomondismo *naïf* d'impronta conciliare. Weigel critica il lavoro che, a suo dire, è stato fatto nell'elaborazione dell'enciclica:

«Il Pontificio consiglio della giustizia e della pace, che si crede il custode curiale della fiamma dell'autentico insegnamento sociale cattolico, preparò una bozza che fu debitamente inviata a Papa Giovanni Paolo II, che aveva già avuto una brutta esperienza con il pensiero convenzionalmente gauchiste e non molto originale della Commissione giustizia e pace, durante la preparazione dell'enciclica sociale del 1987, *Sollicitudo rei socialis*. Giovanni Paolo condivise la proposta di progetto con i colleghi nel cui parere riponeva la sua fiducia: un intellettuale di spicco, che aveva già avuto lunghi colloqui con il Papa gli disse che il progetto era inaccettabile, in quanto semplicemente non rifletteva il modo in cui funzionava l'economia globale del mondo post-Guerra Fredda. Così Giovanni Paolo superò la bozza di "giustizia e pace" e creò un'enciclica che era una commemorazione della *Rerum novarum*. Ciò perché la *Centesimus annus* non solo riassumeva abilmente la struttura intellettuale della dottrina sociale cattolica di Leone XIII; ma proponeva anche una solida traiettoria per l'ulteriore sviluppo di questo unico corpo di pensiero, sottolineando la priorità della cultura nella società triplicemente libera (libertà economica, politica democratica, vibrante cultura morale pubblica). Sottolineando la creatività umana come fonte della ricchezza delle nazioni, *Centesimus annus* visualizzava anche una lettura molto più acuta empiricamente dei segni economici dei tempi di quanto fosse visibile nelle posizioni difettose di Giustizia e Pace. Inoltre, *Centesimus annus* scartava l'idea di una "terza via cattolica", che fosse in qualche modo "tra" o "al di là" o "sopra" il capitalismo e il socialismo – un sogno preferito dei cattolici che vanno da G.K. Chesterton a John A. Ryan e Ivan Illich».

Dunque l'operazione di Weigel è quella di ricostruire la genesi dell'enciclica sottolineando i passi di sicura composizione ratzingeriana, e quelli invece dovuti alla penna del Pontificio consiglio della giustizia e della pace. Sostiene Weigel:

«Ci sono i passaggi che devono essere segnati in rosso – i brani che riflettono le idee e gli approcci di giustizia e pace che Benedetto ha creduto evidentemente di cercare di accogliere».

Weigel spiega che i passi su «gratuità» e «dono» si inserirebbero certamente bene in un contesto spirituale, meno in uno socio-economico. Quelli sull'autorità politica mondiale potevano essere giustificati al tempo di Giovanni XXIII; oggi lo sarebbero un po' meno.

Conclude Weigel:

«Se tali cunicoli scavati nel tronco intellettuale e istituzionale presso il Pontificio consiglio della giustizia e della pace lasciano immaginare la *Caritas in veritate* come una inversione di rotta rispetto alla *Centesimus annus*, e se inoltre lasciano immaginare la *Caritas in veritate* come l'impostazione della dottrina sociale cattolica su un corso completamente nuovo, già definito dalla *Populorum progressio* (come un consultore di "giustizia e pace" ha già detto), sappiate che dovranno restar disattese le loro aspettative. L'incoerenza delle sezioni della nuova enciclica realizzate da "giustizia e pace" è così profonda, e la lingua, in alcuni casi, talmente impenetrabile, che ciò che i difensori della *Populorum progressio* possono immaginare simile a un nuovo squillo di tromba è molto più simile ad un trillo stonato».

Dunque, due esponenti di spicco del cattolicesimo conservatore americano prendono apertamente le distanze dall'enciclica papale. Perché se nella *Centesimus annus* il capitalismo veniva in qualche modo sdoganato, il nuovo testo papale si mantiene più cauto e anzi avanza diverse critiche. E questo per loro rappresenta qualcosa di inaccettabile. Probabilmente non s'aspettavano un testo del genere, comunque non se l'aspettavano da Ratzinger. Ecco dunque il tentativo di attribuire l'enciclica a una specie di complotto del Pontificio consiglio guidato dal cardinale Renato Raffaele Martino: «La vendetta di giustizia e pace». Un complotto, a onor del vero, tutto da dimostrare.

Lo storico Paolo Prodi accetta di entrare un po' più a fondo sul testo dell'enciclica e ci dice subito di non condividere le posizioni di Novak e Weigel: «Non ho critiche da muovere in scia al mondo che i due pensatori statunitensi rappresentano». Seppure, anche per Prodi, qualcosa che non va nell'enciclica c'è. Dice: «Ratzinger parla con un tono un po' professorale, più da teologo che da Pontefice. Tuttavia la mia critica non riguarda tutta l'enciclica ma soltanto la seconda parte. È questa parte che mi sembra una sorta di quadro enciclopedico che non vuole lasciare spazi vuoti, a scapito di una lettura profetica della situazione attuale. Secondo me in questa parte il Papa non ha avuto consiglieri adeguati». In estrema sintesi la critica di Prodi è questa: «L'enciclica non rileva che il capitalismo non è nato separato dalla politica quanto in dialettica con essa. E cioè il fatto che senza la politica nemmeno il capitalismo può sopravvivere. Capitalismo e democrazia, infatti, sono nati dalla tensione tra ricerca del bene comune e ricerca del profitto. A mio avviso la sfida dei giorni nostri non è tra il mercato occidentale che persegue soltanto l'egoistico obiettivo del conto profitti e perdite e un mercato orientale-asiatico fondato e sponsorizzato dallo Stato. Il problema semmai è quello di capire se l'Occidente riuscirà a conservare con la democrazia la separazione tra potere sacro, potere politico e potere economico nella dialettica tra interesse privato e bene pubblico: se insomma il comandamento di non rubare rimane a un tempo come condizione per la salvezza dell'individuo e del mercato».

In sostanza per Prodi «alla base del mercato occidentale c'è una tensione permanente tra tre poli o poteri che non devono mai coincidere: mercato che non può che essere regolato dal profitto; la politica che deve dettare i fini e le regole dirette al conseguimento del bene comune; il sacro che deve guidare l'uomo verso la salvezza». «Non credo» spiega ancora Prodi «che possa esistere un mercato buono ispirato a un umanesimo cristiano, in cui le sfere della giustizia e della carità siano armonicamente congiunte, e uno cattivo legato solo al profitto: anche le imprese *no profit* agendo sul mercato devono per forza affrontare i problemi che questo pone nell'età della globalizzazione (costo del lavoro, de-localizzazione ecc.). Il problema che si pone alla Chiesa oggi, a mio avviso, è il recupero della sfera del sacro come espressione della carità, non la presentazione di una propria idea del mercato come poteva essere nella dottrina sociale cattolica sino a qualche tempo fa come alternativa al capitalismo o al socialismo statalista; dopo la fine delle ideologie nei nuovi panorami della globalizzazione il vero problema è che la politica ritrovi un suo ruolo nei confronti dello strapotere del mercato sul terreno della giustizia

(Rawls ecc.) e che la Chiesa recuperi il terreno riservato alla grazia nella sfera della carità che le è proprio in vista della salvezza dell'uomo.»

La critica di Prodi è una delle poche, forse l'unica, proveniente da un mondo non ascrivibile a quello di Novak e Weigel. Ma comunque dimostra che quanto ha scritto il «National Catholic Reporter» nei giorni in cui il testo papale vedeva la luce è vero: l'enciclica «offre sia alla destra che alla sinistra qualcosa da esaltare e qualcosa per cui irritarsi». Come a dire: c'è sempre qualcuno a destra o a sinistra che può trovare argomenti per criticare il Papa. Critiche che, ovviamente, non riserva all'enciclica l'economista Stefano Zamagni, uno dei consultori del lavoro papale. Presentando in Vaticano *Caritas in veritate* la definisce una «road map» per uscire dallo schema del «conservatorismo compassionevole» bushano ed espandere l'economia sociale sul modello del no-profit.

Sono comunque le accuse dei conservatori americani a fare più male al Vaticano. E a mostrare un Papa, Benedetto XVI, non compreso "da destra". O forse compreso, ma secondo uno schema precostituito, secondo un progetto organico di lettura del pontificato che caratterizza alcuni ambienti "ratzingeriani", pronti a ipotizzare l'esistenza di un complotto contro di lui, quando le idee e i pronunciamenti papali non corrispondono a questo progetto.

Per rispondere, seppure a un anno di distanza, ai rilievi di Novak e Weigel, ci siamo rivolti al cardinale Renato Raffaele Martino, che quando è uscita l'enciclica sociale di Benedetto XVI era presidente del Pontificio consiglio della giustizia e della pace. E, dunque, colui che, pur senza essere mai citato direttamente, siede sul banco degli imputati secondo le critiche del conservatorismo americano. Ecco cosa ci ha detto: «Le critiche avanzate da alcuni ambienti americani all'enciclica di Benedetto XVI non mi sorprendono più di tanto. *Caritas in veritate* è un testo importante, che mette tra l'altro in evidenza come le cosiddette emergenze etiche oggi siano anche vere emergenze sociali e sgombera il campo da vecchi *cliché* che volevano i cattolici cosiddetti progressisti impegnati nella solidarietà sociale e i cattolici cosiddetti conservatori impegnati nella difesa della vita: si tratta di due facce dello stesso impegno, che difende l'irriducibilità e la dignità umana di ogni persona, di fronte alla nuova ideologia dominante della tecnica». E ancora: «La Chiesa, come chiarisce bene anche il *Compendio della dottrina sociale della Chiesa*, non dimentica e non può dimenticare che i progressi scientifici e tecnologici, come pure la mondializzazione dei mercati, che possono essere fonte di sviluppo e di progresso, espongono però i lavoratori al rischio di essere sfruttati dagli ingranaggi dell'economia e dalla sfrenata ricerca di produttività. La Chiesa non dimentica e non può dimenticare che lo stesso diritto alla proprietà privata è subordinato al principio della destinazione universale dei beni. Un principio, questo, che riguarda anche i beni propri del mondo finanziario, tecnico, intellettuale, personale. I meccanismi del sistema economico devono essere al servizio dell'uomo, non allo sfruttamento illecito e alla speculazione. Mi sembra che le critiche provenienti da ben definiti ambienti statunitensi finiscano per far trasparire la volontà di far dire al Papa ciò che questi stessi ambienti vorrebbero, a sostegno delle loro legittime posizioni, dimenticando o censurando ciò che il magistero della Chiesa afferma e che non è in linea con quelle posizioni, ad esempio sulla globalizzazione, sul mercato, sulla difesa e salvaguardia del creato».

7

Scandalo pedofilia. Irlanda, Germania e... «panico morale»

I prodromi della grande bufera causata dallo scandalo pedofilia, scoppiata in tutta la sua virulenza nei primi mesi del 2010, avvengono già nel 2009, poco dopo le crisi provocate dal caso Williamson, dall'intervista sul preservativo, dalle dimissioni forzate del vescovo ausiliare di Linz.

Nel maggio 2009 viene infatti pubblicato in Irlanda il rapporto Ryan, 2.575 pagine costate nove anni di ricerche e interviste. A smuovere le acque, abbattendo per la prima volta il muro di omertà costruito attorno agli abusi e alle violenze, erano stati due documentari, trasmessi nel 1998, che raccontavano gli abusi subiti dai ragazzi nelle Scuole Industriali rette dalle Suore della Misericordia e dai Fratelli Cristiani. Il paese rimane sconvolto e viene istituita una commissione governativa per indagare sulle Scuole Industriali, istituzioni sorte per accogliere orfani, figli illegittimi, piccoli abbandonati o colpevoli di piccoli reati.

Il rapporto Ryan – che era stato preceduto da un'altra inchiesta, molto più delimitata, riguardante la diocesi di Ferns – prende in considerazione un arco di tempo lungo cinquant'anni, e riguarda centinaia di istitituti gestiti da ordini religiosi cattolici. Nel 2002, il governo irlandese istituisce anche il «Residential Redress Board», commissione incaricata di offrire risarcimenti a tutti coloro che avessero subìto abusi o violenze: la possibilità di richiedere il risarcimento cessa nel 2005, e per ottenerlo basta una testimonianza verosimile. Vengono accettate quasi tutte le 14.000 denunce arrivate, solo lo 0,4% sarà respinto. Alla fine, lo stato si ritroverà a dover pagare oltre un miliardo di euro. Parte di questi fondi sono destinati agli studi legali che assistono le vittime e che hanno cercato in tutto il mondo ex alunni da interrogare. Ben il 90% dei membri della congregazione dei Fratelli Cristiani viene coinvolto con almeno un'accusa. Anche se nella stessa Irlanda c'è chi nutre dubbi sul metodo adottato, l'effetto è devastante.

Nel rapporto, che prende il nome dal coordinatore dell'inchiesta, il giudice Sean Ryan, emerge che in cinquant'anni circa 2.500 bambini e ragazzi hanno subìto violenze e abusi. Va detto che non si tratta sempre di abusi sessuali. Nella maggior parte dei casi si tratta di punizioni corporali severissime, percosse, pressioni psicologiche, ecc. Comunque violenze.

Benedetto XVI rimane impressionato dalle notizie che arrivano dall'Irlanda. A Dublino, dal 2003 come coadiutore e dall'anno successivo come arcivescovo a tutti gli effetti, c'è monsignor Diarmuid Martin, un prelato che Joseph Ratzinger conosce molto bene. Il nuovo arcivescovo interpreta, pur essendo piuttosto isolato rispetto al resto dell'episcopato irlandese, la linea della "tolleranza zero", che il Vaticano ha inaugurato dopo lo scandalo pedofilia negli Stati Uniti, con la pubblicazione, nel 2001, del motu proprio di Giovanni Paolo II *Sacramentorum sanctitatis tutela* e della nota della Congregazione per la dottrina della fede *De delictis gravioribus*. In pratica questi documenti portano sotto l'esclusiva competenza dell'ex Sant'Uffizio, all'epoca guidato dal cardinale Ratzinger, che aveva come numero due l'attuale segretario di Stato Tarcisio Bertone, tutti i casi di abusi sui minori perpetrati da sacerdoti o religiosi. E rappresentano un giro di vite che sancisce maggiore rapidità e severità nell'affrontare i procedimenti canonici.

Il 26 novembre 2009 viene pubblicata una seconda inchiesta, il rapporto coordinato dal giudice Yvonne Murphy, relativo alla sola diocesi di Dublino, che è presentato dal ministro della Giustizia Dermot Ahern. In 700 pagine vi si descrive ciò che è accaduto nella diocesi tra il 1975 e il 2004. Vengono esplicitate le responsabilità di un campione rappresentativo di quarantasei sacerdoti pedofili che sono stati in qualche modo protetti, o comunque non perseguiti, dai vertici ecclesiastici, ma i preti nominati nel rapporto sono centosettantadue. Anche le autorità civili non ne escono bene, in quanto sembrano aver concesso, in qualche caso, una sorta di immunità ai responsabili. I casi di violenza citati sono trecentoventi, e uno dei preti ammette di aver abusato di oltre cento ragazzi. L'arcivescovo Martin chiede perdono, esprime «dolore» e «vergogna».

Questa volta, a essere chiamati in causa, sono anche quattro arcivescovi predecessori di Martin, John Charles McQuaid, Dermot Ryan, Kevin McNamara e il cardinale Desmond Connell, l'unico ancora vivo. Nel rapporto governativo si afferma che almeno fino al 1990, la diocesi «si è preoccupata più di mantenere il segreto, di evitare gli scandali, di proteggere la reputazione della Chiesa e di salvare i suoi beni. Tutte le altre considerazioni, inclusa la salute dei bambini e la giustizia per le vittime, sono state subordinate».

Se il rapporto Ryan aveva scoperchiato una realtà triste e mostrato le dimensioni del fenomeno, il rapporto Murphy evidenzia non soltanto le responsabilità di alcuni preti macchiatisi di atti abominevoli, ma anche quelle delle gerarchie. I vescovi, in molti casi, non sono intervenuti per impedire che l'accusato potesse nuocere ancora. Per evitare lo scandalo pubblico hanno preferito trasferire i sacerdoti da una parrocchia all'altra. Non hanno mostrato sensibilità per le vittime degli abusi, considerate spesso degli avversari se non dei veri e propri nemici della Chiesa. Emerge, insomma, la carenza di capacità di governo da parte dei pastori.

A metà febbraio 2010, Benedetto XVI convoca a Roma

ventiquattro vescovi d'Irlanda. Il comunicato finale della riunione è molto duro. Gli abusi sono definiti dal Papa «non soltanto un crimine odioso, ma anche un grave peccato che offende Dio e ferisce la dignità della persona umana». Si constata «il fallimento, per anni, delle autorità ecclesiastiche irlandesi nell'agire efficacemente» riguardo agli abusi sessuali perpetrati da alcuni sacerdoti. Si ricorda che «sono state prese importanti misure» per impedire il ripetersi di questi abusi, e che i vescovi si impegnano «a cooperare con le autorità competenti».

Durante il summit vaticano, ai vescovi viene presentata la bozza della lettera pastorale che Benedetto XVI intende dirigere alla Chiesa irlandese. Il segnale che il Pontefice dà è forte, e in questo momento, anche se ha già avuto inizio lo scandalo in Germania, la vicenda appare grave, ma circoscritta.

Il 20 gennaio 2010, tre giorni dopo la visita di Benedetto XVI alla Sinagoga di Roma – che ha finito per dividere il mondo ebraico, dato che molte voci contrarie si erano levate per impedirla, a motivo della decisione del Pontefice di promulgare, un mese prima, il decreto sull'eroicità delle virtù di Pio XII – il gesuita padre Klaus Mertes, rettore della chiesa delle carmelitane costruita in riparazione delle vittime della Shoah e preside del prestigioso collegio Canisius di Berlino, invia una lettera a tutti gli ex alunni e parla per la prima volta degli abusi avvenuti nella scuola negli anni Settanta e Ottanta. La lettera s'inserisce nell'"operazione trasparenza" che il gesuita lancia insieme all'avvocato Ursula Raye. In meno di un mese, dai trenta casi inizialmente segnalati, si arriverà a un centinaio.

Padre Mertes, il 2 febbraio, intervistato dal «Tagesspiegel», rispondendo alla domanda se si sente sostenuto dalla Chiesa nel suo lavoro di chiarificazione, risponde:

> «Dalla Curia arcivescovile di Berlino sì. Ma dalla Chiesa cattolica nel suo insieme? Mi auguro che si possa parlare senza paura

di tutto. Anche della propria sessualità. Mi auguro che la Chiesa si sia riconciliata con la modernità e la libertà. Che sia aperta a ciò che Dio vuole per la Chiesa di oggi. Che sia aperta alla rivalutazione teologica dell'omosessualità o all'ordinazione delle donne. Ma ci si dovrebbe impegnare sul presente e non reagire a tutto ciò con la difesa».

Intanto, l'8 febbraio, il noto magazine «Der Spiegel» pubblica un'inchiesta sulla pedofilia nel clero tedesco. I giornalisti hanno contattato le singole diocesi, chiedendo informazioni sul numero dei casi. Solo tre si rifiutano di rispondere: le diocesi di Ratisbona, di Limburgo e di Dresda-Meissen. Dall'articolo di «Der Spiegel» emergono questi dati: dal 1995 a oggi i preti accusati sarebbero novantaquattro, trenta dei quali già condannati da tribunali civili, dieci ancora sotto processo.

Il 4 e il 5 marzo esplode il caso Ratisbona. E risulta subito piuttosto evidente il tentativo di coinvolgere il fratello del Papa, Georg Ratzinger, dal 1964 al 1994 direttore del coro dei «Domspatzen», i passerotti del Duomo, il cui nome viene arbitrariamente associato ai gravi casi di violenze e di abusi perpetrati all'ombra di istituti religiosi, senza che in realtà nessuno abbia avanzato non soltanto accuse, ma nemmeno sospetti sul suo conto.

Agenzie e giornali online tedeschi, anche quelli che non mostrano di avere alcuna simpatia per la Chiesa cattolica, riferiscono correttamente quanto sta avvenendo, e soprattutto evitano di affiancare, nei titoli, il nome del fratello del Papa ai casi di abusi. Lo stesso purtroppo non avviene nei media di altri paesi, come ad esempio l'Italia, dove per tutta la giornata siti internet e tv parlano del "caso Ratisbona" associando gli abusi a Georg Ratzinger. Non direttamente, ma nei titoli e nelle immagini. Il messaggio che passa all'opinione pubblica è dunque quello di un coinvolgimento del fratello di Benedetto XVI.

Questi i fatti: il vescovo di Ratisbona, Gerhard Ludwig Müller, nei giorni precedenti aveva chiesto scusa alle vittime e alle loro famiglie per alcuni casi di abusi avvenuti in passato. Sul sito internet diocesano era stato pubblicato un articolo nel quale si affermava che di recente erano state presentate alcune nuove accuse per fatti riferibili ai primi anni Sessanta. Il nome del coro dei «Domspatzen» viene citato per abusi consumati nel 1958 da un sacerdote, all'epoca vicedirettore del convitto dove abitavano i cantori. Questo prete, riconosciuto colpevole, era stato condannato a due anni di carcere. Da notare che in quegli anni Georg Ratzinger non era ancora il direttore del coro. Un secondo sacerdote, invece, era stato condannato nel 1971 a undici mesi di carcere per abusi commessi due anni prima, nel 1969. Questo secondo prete nel 1959 aveva ricoperto soltanto per otto mesi l'incarico di responsabile del convitto dei cantori del Duomo (dunque, sempre in anni nei quali Georg Ratzinger non era ancora il responsabile musicale del coro), ma gli abusi dei quali era stato riconosciuto responsabile erano avvenuti dieci anni dopo, quando aveva già da tempo lasciato il convitto ed era, invece, il responsabile diocesano per la musica sacra. Dunque, anche questo secondo caso non ha nulla a che vedere con i «Domspatzen».

Entrambi i sacerdoti condannati sono morti nel 1984, lontano da Ratisbona. Per quanto riguarda invece gli episodi ancora da accertare, sui quali la diocesi intende fare piena luce, si tratta fino a quel momento di tre casi segnalati, uno dei quali non riguarda abusi sessuali ma punizioni corporali e metodi didattici troppo severi. Un secondo caso sarebbe avvenuto in una scuola, mentre in un terzo caso si denuncia un abuso avvenuto nel convitto dove alloggiavano e studiavano i «Domspatzen», ma sempre agli inizi degli anni Sessanta, quando ancora il fratello del Papa non era direttore.

Il portavoce del vescovo Clemens Neck ha chiarito che, sia per le vecchie come per le nuove denunce, fino a questo momento in nessun caso si tratta di abusi avvenuti nel periodo in cui Georg Ratzinger, oggi ottantaseienne, dirigeva il coro. L'attuale direttore dei «Domspatzen» Roland Buecher, il responsabile degli studi Berthold Wahl e il direttore del convitto Rainer Schinko, firmano una lettera nella quale si legge:

> «Noi siamo costernati per il fatto che simili casi vergognosi siano avvenuti in istituzioni ecclesiastiche. Abbiamo saputo che anche un ex allievo del Coro (all'inizio degli anni Sessanta) ha denunciato di aver subìto abusi sessuali... Sulla base delle conoscenze che si hanno al momento, non è tuttavia ancora chiaro se gli abusi siano avvenuti nella nostra istituzione o nella scuola elementare di Etterzhausen (attuale Pielenhofen)... Attraverso un articolo di stampa degli anni Cinquanta siamo venuti a conoscenza di una informazione concreta relativa a un abuso sessuale. L'allora responsabile del collegio, a quanto ne sappiano, era stato condannato per questo. A tutt'oggi non disponiamo di ulteriori elementi concreti su casi sospetti di abusi sessuali all'interno del Coro di Ratisbona».

Intanto però, il nome di Georg Ratzinger – che nel frattempo ha dichiarato a una radio bavarese di «non essere a conoscenza di alcun caso di abusi sessuali» – è stato associato a queste vicende. Dal Vaticano, il vicedirettore della Sala Stampa padre Ciro Benedettini fa sapere che la Santa Sede «sta prendendo molto sul serio tutta la vicenda dello scandalo della pedofilia in Germania» ma «non vuole intervenire direttamente sul caso Ratisbona».

Il giorno dopo, 6 marzo, il Vaticano pubblica una nota nella quale ribadisce la volontà di fare chiarezza sugli abusi avvenuti nella diocesi tedesca.

> «La Santa Sede appoggia la diocesi nella propria disponibilità ad analizzare la dolorosa questione con decisione e in modo aperto, ai sensi delle direttive della Conferenza episcopale tedesca. L'obiettivo principale del chiarimento da parte della Chiesa è di rendere giustizia alle eventuali vittime. Essa, inoltre, è grata per questo impegno di chiarezza all'interno della Chiesa e auspica che altrettanta chiarezza venga fatta anche all'interno di altre istituzioni, pubbliche e private, se veramente sta a cuore di tutti il bene dell'infanzia.»

Non è specificato quali siano queste istituzioni, si può ipotizzare scuole, istituti, ospedali, centri sportivi come pure le stesse famiglie: in Germania dal 1995 sono stati denunciati duecentodiecimila casi di reati contro minori. I casi sospetti avvenuti nell'ambito della Chiesa cattolica sono novantaquattro.

Per quanto riguarda il caso del coro di Ratisbona, il vescovo Müller scrive in un comunicato, pubblicato anche su «L'Osservatore Romano», che

> «le sezioni di cui si compone il Regensburger Domspatzen sono tre: il Liceo, gestito da un Direttore laico; il Convitto, gestito da un Sacerdote, assistito da educatori e pedagoghi; il Coro, diretto dal maestro della Cappella del Duomo. La Scuola elementare in Etterzhausen, ora in Pielenhofen è un'istituzione indipendente dai Domspatzen; c'è una collaborazione solo su alcuni punti specifici nel campo dell'educazione musicale (perciò viene anche denominata scuola preliminare dei Domspatzen)».

È in quest'ultima istituzione che avvenne il caso di abuso del 1958, commesso dal vice-direttore della scuola preliminare, subito rimosso e condannato anche penalmente. Nel secondo caso,

> «si tratta di una persona che lavorò nel 1958 per sette mesi presso i Domspatzen. Dopo 12 anni, fu condannata per un caso di abuso sessuale. Attualmente, si sta esaminando se ciò riguardi pure fatti accaduti durante quel periodo di sette mesi presso i Domspatzen».

Il vescovo infine precisa che

> «ambedue i casi erano pubblicamente noti già all'epoca e sono da considerarsi chiusi in senso giuridico. Non coincidono con il periodo dell'incarico del Maestro Prof. Georg Ratzinger (1964-1994)».

Da notare come, anche in questo caso, le prime notizie diffuse non parlano di episodi nuovi, ma di abusi avvenuti cinquant'anni prima, e già pubblicamente conosciuti. Il loro interesse mediatico non consiste tanto nei casi in sé, quanto nel fatto che essi si siano verificati nel coro diretto dal fratello del Papa.

Scrive Francesco Colafemmina, titolare del blog «Fides et Forma»:

«Una buona regola giornalistica vuole che se si scrive un titolo accostando un nome ad un gravissimo crimine, si rischia di cadere nella diffamazione. Il lettore infatti sarà indotto automaticamente ad accostare sempre in futuro quel nome a quel crimine, indipendentemente da ciò che c'è in mezzo. Ad esempio se scrivessi "Casi di *pedofilia* nel condominio di *Mario Rossi*" il lettore medio ricorderà sempre che il Mario Rossi ha a che fare con la pedofilia. Questo meccanismo si basa sull'imprinting visivo ed è usato moltissimo quando si vuol colpire un politico o un uomo di governo, semplicemente diffamandolo. Nel nostro caso abbiamo avuto un duplice coinvolgimento diffamatorio a reti internazionali unificate, e qui le parole chiave erano: "pedofilia", "fratello", "Papa". Questa notizia è stata determinante per minare la "credibilità" mediatica di Papa Benedetto e purtroppo le risposte della Santa Sede sono state scarsamente guidate da una vigorosa strategia antidiffamatoria, bensì basate sulla semplice rettifica o sul chiarimento, tecniche inconsistenti giornalisticamente parlando».

Georg Ratzinger, intanto, ribadisce di essere stato all'oscuro degli abusi sessuali subiti dai ragazzi nella scuola preliminare dei Domspatzen, e ammette di aver dato qualche schiaffo ai suoi cantori chiedendo «perdono alle vittime». L'ex direttore del coro dei «passerotti del Duomo» di Ratisbona viene intervistato dal quotidiano tedesco «Passauer Neue Presse». Le «violenze» di cui parla il fratello del Papa, anche in relazione alla scuola e al convitto dove i ragazzi vivevano, sono sempre e soltanto punizioni corporali, perché di abusi sessuali, spiega, «non si è mai parlato» e lui non ne venne mai a conoscenza.

Georg Ratzinger spiega di aver dato schiaffi ai cantori indisciplinati, quando era depresso perché «non raggiungevamo i risultati» voluti, e di essersene sempre pentito. Per questo si è sentito «sollevato» quando nel 1980 le punizioni corporali sono state proibite per legge. Ratzinger però non ha mai sentito parlare di abusi sessuali, e ha detto di provare pena per le vittime, «la cui integrità fisica e spirituale è stata ferita». Conferma, invece, di essere stato a conoscenza dei duri metodi punitivi di Johann M., direttore della scuola primaria di Ettarzhausen, dalla quale venivano reclutati i giovani cantori del suo coro, che distribuiva «violenti ceffoni» e che lo faceva «anche per motivi molto futili». A informare Ratzinger di questi comportamenti erano stati i suoi stessi allievi durante le tournée. «Ma i loro racconti» ha spiegato il fratello del Pontefice «non sono stati da me percepiti in modo tale da ritenere di dover fare qualcosa.» In ogni caso, ha precisato, anche se fosse intervenuto, non avrebbe potuto fare molto, dato che la scuola di Ettarzhausen era «un'istituzione indipendente». Ma «se avessi saputo di quale tipo di eccessive violenze si trattava, avrei detto qualcosa. Chiedo perdono alle vittime».

Emergono nel frattempo nuove testimonianze, raccolte da «Der Spiegel» e un ex allievo del coro, Thomas Mayer, racconta che una volta il direttore dei Domspatzen avrebbe perso la pazienza lanciando una sedia contro i coristi durante le prove.

Il 9 marzo interviene padre Federico Lombardi, affermando in un editoriale per Radio Vaticana che le istituzioni ecclesiastiche coinvolte nello scandalo «hanno affrontato il manifestarsi del problema con tempestività e con decisione». Lombardi ammette che «gli errori compiuti nelle istituzioni e da responsabili ecclesiali sono particolarmente riprovevoli, data la responsabilità educativa e morale della Chiesa», ma ribadisce che «la questione è molto più ampia, e il concentrare le accuse solo sulla Chiesa porta a falsare la prospettiva. Solo per fare un esempio, i dati recentemente forniti dalle autorità competenti in Austria dicono che in uno stesso periodo di tempo i casi accertati in istituzioni riconducibili alla Chiesa sono stati 17, mentre ve ne sono stati altri 510 in altri ambienti. È bene preoccuparsi anche di questi».

Dopo Georg Ratzinger, tocca al fratello. Il 12 marzo, in concomitanza con l'arrivo del presidente dei vescovi tedeschi in Vaticano per discutere dello scandalo pedofilia con il Papa, è la «Süddeutsche Zeitung» a pubblicare una nuova rivelazione: nel 1980 il cardinale Joseph Ratzinger, all'epoca arcivescovo di Monaco, avrebbe accolto e in qualche modo protetto un prete pedofilo nella sua diocesi. Il caso raccontato dal giornale tedesco fa il giro del mondo e viene presentato come la "prova" delle responsabilità dell'attuale Pontefice. La vicenda è stata in realtà meticolosamente ricostruita dalla Curia di Monaco sulla base delle carte d'archivio: Benedetto XVI risulta estraneo, perché l'impiego in attività pastorali del sacerdote in questione era avvenuto contravvenendo alla sua decisione. Inoltre, dal gennaio 1980 all'agosto 1982, cioè nel periodo in cui Ratzinger rimase arcivescovo (la nomina a prefetto della Congregazione per la dottrina della fede avvenne nel novembre 1981, il cardinale si trasferì a Roma nel febbraio successivo) a carico del religioso pedofilo non erano stati stati segnalati casi di molestia né denunciati casi di abusi.

Era stato l'allora vicario generale, Gerhard Gruber, ad autorizzare quel sacerdote a prestare servizio in parrocchia, mentre l'arcivescovo aveva soltanto acconsentito ad accoglierlo e a ospitarlo a Monaco perché potesse sottoporsi a psicoterapia.

Il comunicato della diocesi parla dell'abate «H», senza rivelarne il nome, che diventerà pubblico nelle ore successive: si tratta di Peter Hullermann, che venne a Monaco dalla diocesi di Essen. La Curia ammette che «doveva essere noto che si sottoponeva a terapia per aver avuto rapporti sessuali con dei ragazzi». L'arcivescovo Ratzinger decise di offrirgli ospitalità in una casa parrocchiale. «Ma, diversamente da questa decisione» si legge nella ricostruzione pubblicata sul sito della diocesi di Monaco «don "H" fu incaricato dal vicario generale di aiutare anche l'attività pastorale della parrocchia senza alcuna limitazione. Dal gennaio 1980 al 31 agosto 1982 non vi sono state lamentele o accuse contro di lui». Dunque, anche se per iniziativa del vicario Gruber e contrariamente a quanto stabilito da Ratzinger, al sacerdote vengono assegnati incarichi pastorali, durante quei primi tre anni nulla contro di lui viene segnalato.

Nel settembre 1982, quando l'attuale Papa ha già da mesi lasciato la Germania, Hullermann viene trasferito nella parrocchia di Grafing, dove rimane fino all'inizio del 1985. Accusato di molestie sessuali su un minore, mentre viene aperta su di lui un'indagine di polizia, l'abate è esonerato dai suoi compiti. Il Tribunale di Ebersberg nel giugno 1986 lo condanna a diciotto mesi di carcere e alla pena pecuniaria di quattromila marchi, nonché a sottoporsi a psicoterapia e controlli nei successivi cinque anni.

Dal novembre 1986 all'ottobre 1987 la Curia di Monaco lo destina a fare il cappellano di una casa per anziani, quindi successivamente, fino al maggio 2008 lo nomina viceparroco di Garching-Alz. «Questo nuovo incarico pastorale» si legge ancora nel comunicato della diocesi «era dovuto al fatto che la pena inflittagli dall'autorità giudiziaria era stata mite e lui si era sottoposto a terapia.»

«I ripetuti incarichi pastorali di don "H" nelle parrocchie» ha dichiarato monsignor Gruber, il vicario della diocesi in quegli anni «sono stati un mio grave errore. Me ne assumo la piena responsabilità, sono profondamente dispiaciuto che a causa di questa decisione siano derivati abusi contro i giovani. Mi scuso con tutti coloro ai quali ho recato danno.»

Nelle settimane successive il caso sarà riaperto dai giornali tedeschi e dallo stesso «New York Times», mettendo in dubbio l'estraneità del cardinale Ratzinger nella decisione di riassegnare Hullermann ad attività pastorali, ma senza che vengano prodotte prove o testimonianze in grado di smentire le parole di monsignor Gruber e la sua diretta assunzione di responsabilità. Anche se molti insistono sul fatto che la responsabilità ultima per queste decisioni, in una diocesi, ricade sul vescovo.

L'aumentare della tensione mediatica trova il Vaticano impreparato. Sia nel caso delle accuse al fratello del Papa, sia nel caso di Monaco, che chiama in causa direttamente Joseph Ratzinger, le chiarificazioni e le ricostruzioni delle rispettive diocesi, non vengono tradotte.

«Per due settimane» osserva Guido Horst, direttore della rivista «Vatican Magazin» e corrispondente della «Tagespost» «i comunicati delle diocesi di Ratisbona e Monaco, dove venivano spiegati nei dettagli i casi presentati dalla stampa, sono rimasti disponibili soltanto in lingua tedesca. Così non sono mancati fraintendimenti e ricostruzioni inesatte. Non si è capito subito, in Vaticano, che sarebbe stato utile tradurre tempestivamente questi comunicati anche in altre lingue, pur non trattandosi di documenti della Santa Sede. Non si è considerato l'effetto devastante nell'opinione pubblica che ha avuto l'accostamento del nome del fratello del Papa prima, e del Papa stesso poi, a queste vicende. Molta gente non legge lunghi articoli o dettagliate ricostruzioni, si limita a leggere i titoli dei siti internet o quelli che vede scorrere nei telegiornali. A partire dal 20 marzo, con la pubblicazione della Lettera di Benedetto XVI ai cattolici irlandesi, la situazione è mutata: la Sala Stampa vaticana ha realizzato un apposito spazio web, sul sito della Santa Sede, dove sono state rese disponibili varie traduzioni di documenti relativi ai casi in discussione. Purtroppo» conclude il giornalista «anche se data male, la prima notizia resta. In Italia, ad esempio, non mi risulta che sia stato rettificato il fatto che il vescovo di Augusta, Walter Mixa, non ha abusato di alcun minore, come invece era stato scritto. Ha altre responsabilità, e le sue dimissioni sono state accettate. Ma non ha violentato alcun bambino o ragazzo.»

Sui casi tedeschi, e più in generale sugli attacchi a Ratzinger, riflette Massimo Introvigne, sociologo, fondatore del Centro Studi sulle Nuove Religioni (Cesnur), autore del libro *Preti pedofili* (Edizioni San Paolo, 2010): «La discussione attuale sui preti pedofili rappresenta un esempio tipico di "panico morale". Il concetto è nato negli anni Settanta per spiegare come alcuni problemi siano oggetto di una "ipercostruzione sociale". Più precisamente, i panici morali sono stati definiti come problemi socialmente costruiti, caratterizzati da un'amplificazione sistematica dei dati reali, sia nella rappresentazione mediatica, sia nella discussione politica. Intendiamoci: i panici morali hanno ai loro inizi condizioni obiettive e pericoli reali. Non inventano l'esistenza di un problema, ma ne esagerano le dimensioni statistiche. In una serie di pregevoli studi (a partire da *Pedophiles and Priests. Anatomy of a Contemporary Crisis*, Oxford University Press, Oxford-New York 1996) Philip Jenkins – che tra l'altro non è cattolico – ha mostrato come la questione dei preti pedofili sia forse l'esempio più tipico di un panico morale. Sono presenti infatti i due elementi caratteristici: un dato reale di partenza e un'esagerazione di questo dato a opera di ambigui "imprenditori morali".

Le polemiche scoppiate nel marzo 2010» continua Introvigne «mostrano una caratteristica tipica dei panici morali: vengono presentati come "nuovi" dei fatti risalenti a molti anni or sono, in alcuni casi a oltre trent'anni fa, in parte già noti. Il fatto che – con una certa insistenza su quanto tocca l'area geografica bavarese, da cui viene il Papa, e il periodo in cui il cardinale Ratzinger ha retto la Congregazione per la dottrina della fede – siano presentati sulle prime pagine dei giornali avvenimenti degli anni Ottanta o addirittura Settanta come se fossero avvenuti ieri, e che ne nascano furibonde polemiche, con un attacco concentrico che ogni giorno annuncia in stile urlato nuove "scoperte", mostra bene come il panico morale sia promosso da "imprenditori morali" in modo organizzato e sistematico. Il caso di Monaco che – come hanno titolato alcuni giornali – "coinvolge il Papa" è a suo modo da manuale.»

Il 13 marzo, in risposta al caso Hullermann ma più in generale alle polemiche causate dallo scandalo pedofilia nella

Chiesa, il quotidiano cattolico italiano «Avvenire» pubblica un'importante intervista al promotore di Giustizia della Congregazione per la dottrina della fede, il maltese Charles J. Scicluna, il "pubblico ministero" dell'ex Sant'Uffizio che guida la squadra di "cacciatori di pedofili" istituita Oltretevere. La Santa Sede fa propria l'intervista, firmata dal vaticanista Gianni Cardinale, la traduce in varie lingue e la distribuisce allegata al bollettino della Sala Stampa vaticana. Negli anni precedenti, la Congregazione aveva sempre chiesto al capo della task-force antipedofilia di non fare pubbliche dichiarazioni. Ora però la situazione è cambiata.

Scicluna presenta dei dati statistici, spiegando che dei tremila casi segnalati alla Congregazione per la dottrina della fede dal 2001 al 2010, solo per una minoranza del 10% si tratta di casi di «vera e propria pedofilia, cioè determinati da una attrazione sessuale per bambini impuberi». C'è poi un 60% di casi di efebofilia, «cioè dovuti ad attrazione sessuale per adolescenti dello stesso sesso», e un 30% di rapporti eterosessuali con ragazze minorenni. «I casi di preti accusati di pedofilia vera e propria sono quindi circa trecento in nove anni» ha spiegato Scicluna. «Si tratta sempre di troppi casi – per carità! – ma bisogna riconoscere che il fenomeno non è così esteso come si vorrebbe far credere.»

Il promotore di Giustizia dell'ex Sant'Uffizio spiega inoltre che

> «un processo vero e proprio, penale o amministrativo, si è svolto nel 20% dei casi e normalmente è stato celebrato nelle diocesi di provenienza – sempre sotto la nostra supervisione – e solo rarissimamente qui a Roma. Facciamo così anche per una maggiore speditezza dell'iter. Nel 60% dei casi poi, soprattutto a motivo dell'età avanzata degli accusati, non c'è stato processo, ma, nei loro confronti, sono stati emanati dei provvedimenti amministrativi e disciplinari, come l'obbligo a non celebrare messa coi fedeli, a non confessare, a condurre una vita ritirata e di preghiera. È bene ribadire che in questi casi, tra i quali ce ne sono alcuni particolarmente eclatanti di cui si sono occupati i media,

> non si tratta di assoluzioni. Certo non c'è stata una condanna formale, ma se si è obbligati al silenzio e alla preghiera qualche motivo ci sarà...»

E per quanto riguarda l'accusa ricorrente fatta alle gerarchie ecclesiastiche, quella di non denunciare anche alle autorità civili i reati di pedofilia di cui vengono a conoscenza, Scicluna risponde:

> «In alcuni paesi di cultura giuridica anglosassone, ma anche in Francia, i vescovi, se vengono a conoscenza di reati commessi dai propri sacerdoti al di fuori del sigillo sacramentale della confessione, sono obbligati a denunciarli all'autorità giudiziaria. Si tratta di un dovere gravoso perché questi vescovi sono costretti a compiere un gesto paragonabile a quello compiuto da un genitore che denuncia un proprio figlio. Cionostante, la nostra indicazione in questi casi è di rispettare la legge».

Mentre nei casi in cui i vescovi non hanno questo obbligo per legge,

> «noi non imponiamo ai vescovi di denunciare i propri sacerdoti, ma li incoraggiamo a rivolgersi alle vittime per invitarle a denunciare quei sacerdoti di cui sono state vittime. Inoltre li invitiamo a dare tutta l'assistenza spirituale, ma non solo spirituale, a queste vittime. In un recente caso riguardante un sacerdote condannato da un tribunale civile italiano, è stata proprio questa Congregazione a suggerire ai denunciatori, che si erano rivolti a noi per un processo canonico, di adire anche alle autorità civili nell'interesse delle vittime e per evitare altri reati».

Il Vaticano fa propria l'intervista a Scicluna perché ritiene che sintetizzi in modo efficace qual è la posizione della Santa Sede riguardo agli scandali, e attesti che da un decennio almeno si è compresa la gravità del problema e lo si affronta in modo adeguato. Mentre appare più debole, nel momento di massima tensione, l'insistenza sulla divisione tra pedofilia ed efebofilia, che richiamano un intervento tenuto dall'arcivescovo Silvano Tomasi, osservatore permanente alle Nazioni Unite di Ginevra, il quale, in risposta a un attacco dell'Unione Umanista Internazionale contro la

Chiesa per lo scandalo pedofilia, nel settembre 2009 aveva detto che «l'80-90% dei preti coinvolti aveva una attrazione omosessuale per ragazzi dagli 11 ai 17 anni». Mentre si comprende più facilmente la distinzione nel caso di ragazzi di diciassette anni, è oggettivamente più difficile capirla, per un genitore, nel caso di undicenni o dodicenni. Sarà improprio definirli casi di pedofilia, ma di certo rimangono abusi gravissimi su minori, destinati a segnare per sempre le loro vite.

Nei giorni in cui sui media mondiali lo scandalo pedofilia nella Chiesa conquista ogni giorno le prime pagine, viene finalmente pubblicata la lettera del Papa ai cattolici d'Irlanda. Il documento, reso noto il 20 marzo 2010, resta indirizzato alla realtà irlandese, ma è ovviamente letto sul piano più generale, e rappresenta una risposta forte di Benedetto XVI. Tutto il contesto della lettera trasuda contrizione. Benedetto XVI mostra di comprendere e di abbracciare la sofferenza delle vittime, arrivando a descrivere l'orrore per la sensazione di chi è stato abusato nei collegi e non poteva fuggire, con parole che paiono quasi evocare certe atmosfere del film *Magdalene*, dedicato proprio a questo tema.

> «Non posso che condividere lo sgomento e il senso di tradimento che molti di voi hanno sperimentato al venire a conoscenza di questi atti peccaminosi e criminali e del modo in cui le autorità della Chiesa in Irlanda li hanno affrontati»

scrive Ratzinger, che chiede ai preti responsabili degli abusi di assumersi le loro responsabilità «davanti a Dio» e «davanti ai tribunali», non risparmiando critiche severe ai vescovi che hanno sottovalutato o coperto i colpevoli.

Il Papa analizza il contesto nel quale il fenomeno si è verificato: la secolarizzazione della società, il venir meno di «pratiche sacramentali e devozionali», come ad esempio la confessione e la preghiera quotidiana; la tendenza anche da parte di preti e religiosi «di adottare modi di pensiero e di giudizio secolari», senza sufficiente riferimento al Vangelo, come pure un fraintendimento del «programma di rinnovamento» conciliare. Ancora, Benedetto XVI denuncia la tendenza «ad evitare approcci penali» di fronte a «situazioni canoniche irregolari». In questo contesto, dunque, s'inseriscono gli abusi, che hanno contribuito «in misura tutt'altro che piccola all'indebolimento della fede e alla perdita del rispetto per la Chiesa».

Tra i fattori che hanno contribuito al problema ci sono l'inadeguatezza della formazione dei preti e anche «una preoccupazione fuori luogo per il buon nome della Chiesa e per evitare gli scandali», preoccupazione che non ha fatto applicare a dovere le pene previste dal *Codice di diritto canonico*.

Benedetto XVI ricorda di aver più volte incontrato in questi cinque anni le vittime degli abusi e di aver pregato con loro: il portavoce vaticano, padre Federico Lombardi, ha citato gli incontri di Washington e Sydney, e un terzo, avvenuto a Roma nell'aprile del 2009, con le vittime di abusi perpetrati dal clero in Canada ai danni di ragazzi appartenenti alla comunità indigena. Un mese dopo se ne sarebbe aggiunto un quarto, particolarmente significativo, durante il viaggio a Malta. «Avete sofferto tremendamente e io ne sono veramente dispiaciuto», si legge nel testo italiano della lettera, anche se l'originale inglese, «*I'm truly sorry*», è più forte, e indica dolore. «So che nulla può cancellare il male che avete sopportato. È stata tradita la vostra fiducia, e la vostra dignità è stata violata.» «Avete sperimentato» aggiunge «che, quando eravate sufficientemente coraggiosi per parlare di quanto vi era accaduto, nessuno vi ascoltava.» E «quelli di voi» che hanno subìto abusi «nei convitti» devono «aver percepito che non vi era modo di fuggire dalle vostre sofferenze».

Parole durissime sono infine riservate ai preti colpevoli degli abusi, che hanno recato un grave danno alle vittime e disonorato il sacerdozio: «Avete tradito la fiducia riposta in voi da giovani innocenti e dai loro genitori. Dovete rispondere di ciò davanti a Dio onnipotente, come pure davanti a tribunali debitamente costituiti». Il Papa li esorta ad assumersi la responsabilità di quanto commesso riconoscendo le loro colpe: «Sottomettetevi alle esigenze della giustizia, ma non disperate della misericordia di Dio». Benedetto XVI riconosce infine le responsabilità dei vescovi e le loro «mancanze di governo» che hanno minato la loro «credibilità»:

> «Non si può negare che avete mancato, a volte gravemente, nell'applicare le norme del diritto canonico codificate da lungo tempo circa i crimini di abusi di ragazzi. Seri errori furono commessi nel trattare le accuse».

Il Papa li invita «a mettere pienamente in atto le norme del diritto canonico» e a continuare «a cooperare con le autorità civili nell'ambito di loro competenza». Chiede «un'azione decisa» attuata «con piena onestà e trasparenza» e suggerisce ai vescovi di stare vicini e di ascoltare i loro preti.

La discesa in campo del Pontefice con la lettera del 20 marzo sembra segnare una battuta d'arresto nelle polemiche. Ma è una tregua apparente. Mancano infatti meno di cinque giorni dall'esplodere di un nuovo (in realtà vecchio) caso. E questa volta l'accusa contro papa Ratzinger arriva da Oltreoceano.

8

Scandalo pedofilia. I casi americani e la guerra ai media

Tra il 25 marzo e il 9 aprile 2010 il Vaticano è scosso da due vicende che si riferiscono a fatti accaduti nel passato ma che hanno conseguenze nel presente. Si tratta di accuse rivolte a Benedetto XVI, e riguardano gli anni in cui era prefetto della Congregazione per la dottrina della fede. Lo si accusa di aver ritardato troppo nell'intervenire contro due preti, pedofili "seriali". Con lui è chiamato in causa anche il segretario di Stato vaticano, Tarcisio Bertone, che dal 1995 al 2002 era stato segretario dell'ex Sant'Uffizio e dunque era, già allora, il principale collaboratore di Ratzinger.

Il 25 marzo è il «New York Times» (Nyt) a raccontare l'inquietante caso di padre Lawrence Murphy. Mentre il 9 aprile è l'«Associated Press» (Ap) a riportare alla luce il «caso Stephen Kiesle»: due preti pedofili macchiatisi di abusi gravissimi, nei confronti dei quali le gerarchie ecclesiastiche non soltanto non agirono, sostengono il Nyt e l'Ap, con un'adeguata trasparenza e prontezza di riflessi, ma anzi, occultarono e insabbiarono, finché poterono.

Entrambe le accuse nascono da fatti veri e documentati, anche se non tutto di quanto i due importanti media statunitensi raccontano viene inquadrato nel giusto contesto. Gli articoli provenienti da Oltreoceano provocheranno singole e non concertate risposte da parte di alcuni collaboratori del Papa, i quali sosterranno la tesi di una campagna mediatica architettata contro Benedetto XVI. Reazione non del tutto immotivata, che finirà però per aggravare la già difficile situazione.

È il 25 marzo quando il famoso quotidiano statunitense Nyt, diretto da Bill Keller, scuote la Santa Sede sferrando un attacco diretto al Papa. Viene pubblicato in grande evidenza un pezzo firmato da Laurie Goodstein, intitolato *Vatican declined to defrock U.S. priest who abused boys* (Il Vaticano si è rifiutato di sconsacrare un prete che aveva abusato di bambini) . Nell'articolo si legge che «alti funzionari del Vaticano, incluso Benedetto XVI, non obbligarono a rinunciare alla tonaca un prete che molestò circa 200 ragazzi sordi» nonostante diversi vescovi americani li avessero ammoniti sulle conseguenze negative per la Chiesa di tale vicenda. Il Nyt ricostruisce quanto avvenuto sulla base delle lettere inviate dai vescovi del Wisconsin all'allora cardinale Joseph Ratzinger. Le lettere, e tanti altri documenti, sono consultabili sul sito web del giornale newyorkese. Il prete in questione è padre Lawrence Murphy che dal 1950 al 1974 aveva lavorato come cappellano in una scuola per bambini sordi della diocesi di Milwaukee, la «Saint John's School», e, secondo i racconti delle vittime, «abbassava a loro i pantaloni e li toccava nel suo ufficio, nella sua macchina, nella casa di campagna della madre durante le gite scolastiche e nei dormitori la notte». Nel 1974 monsignor William Cousins, arcivescovo di Milwaukee, lo aveva rimosso dalla scuola, trasferendolo discretamente nella diocesi di Superior, dove per altri ventiquattro anni sarebbe vissuto sostanzialmente ritirato.

Nel 1996 l'arcivescovo di Milwaukee è Rembert Weakland. È lui a scrivere a Ratzinger due lettere per segnalargli le vicende di pedofilia riguardanti padre Murphy. In quel momento la Congregazione per la dottrina della fede non è competente per tutti i casi di abusi sui minori (lo diventerà solo dopo il 2001, a seguito del giro di vite voluto da papa Wojtyla e da Ratzinger), ma la denuncia presentata dall'arcivescovo riguarda un *crimen sollicitationis* di stretta competenza dell'ex Sant'Uffizio, quanto di più grave possa esistere nella Chiesa cattolica, vale a dire la sollecitazione del penitente a compiere atti sessuali in occasione della confessione.

Otto mesi dopo, il segretario della dottrina della fede, Tarcisio Bertone, chiede ai vescovi del Wisconsin di istruire un processo canonico che avrebbe dovuto portare alla riduzione allo stato laicale di padre Murphy. Scrive il Nyt:

> «Quel processo venne fermato dopo che Murphy scrisse personalmente al cardinale Ratzinger affermando che si era pentito, era in cattiva salute e il caso esulava dai limiti degli statuti della Chiesa che ha ottenuto i testi delle lettere dagli avvocati di cinque vittime che hanno fatto causa all'arcidiocesi di Milwaukee».

E ancora:

> «Murphy non subì mai alcuna azione disciplinare, venne trasferito nel 1974 nel nord Wisconsin e visse altri ventiquattro anni lavorando liberamente in scuole e parrocchie fino alla morte nel 1998, quando venne sepolto con la tonaca addosso».

Tra i documenti che il Nyt allega all'articolo, c'è anche il riassunto di un incontro avvenuto il 30 maggio 1998 in Vaticano. Sono presenti monsignor Weakland assieme al suo ausiliare, Richard Skilba, e il vescovo di Superior, Raphael Fliss. Partecipano alcuni prelati della Congregazione per la dottrina della fede e, ovviamente, l'arcivescovo Bertone. È un incontro importante. Il Nyt lo presenta come l'ultimo tentativo dei presuli americani di convincere la Curia romana della necessità di una soluzione forte contro Murphy. È Weakland a prendere la parola e a spiegare che il sacerdote pedofilo non ha dimostrato «alcun segno di rimorso e sembra non rendersi conto della gravità di ciò che ha fatto». E a ricordare che «la comunità dei non udenti mantiene grande indignazione e rifiuta ogni soluzione pastorale». Bertone, riporta il quotidiano newyorkese, invoca i trentacinque anni trascorsi dai fatti e spiega i problemi comportati dall'eventuale processo canonico. In particolare cita

> «la difficoltà che hanno i sordomuti a fornire prove e testimonianze senza aggravare i fatti, tenendo conto dei limiti inerenti alla loro menomazione e alla distanza dei fatti nel tempo».

Motivazione discutibile, che viene letta dalla maggior parte dei media come un'offesa verso gli stessi handicappati. O, comunque, come una giustificazione insufficiente. Chi ha seguito il reportage di Corrado Formigli mandato in onda la sera del 20 maggio 2010 nel corso della trasmissione Rai *Annozero*, condotta da Michele Santoro, ha potuto rendersi conto della drammaticità dei racconti delle vittime di padre Murphy. Anche se bisogna considerare che, in quel colloquio a porte chiuse tenutosi presso il palazzo dell'ex Sant'Uffizio, Bertone stava ponendo delle domande sull'attendibilità dei testimoni e delle accuse, prima di decidere sul da farsi.

La linea che Bertone avrebbe poi chiesto di seguire, al termine di quel summit romano, sarebbe stata questa: restrizione territoriale della celebrazione eucaristica e ammonimento per indurre il sacerdote a mostrarsi pentito. Altrimenti padre Murphy «si esporrebbe a misure più rigorose, non esclusa la dimissione dallo stato clericale».

L'accusa del Nyt è comunque pesantissima. Per il giornale americano, l'atteggiamento di Bertone sarebbe la dimostrazione che il Vaticano per anni ha scelto di limitare al massimo la punizione dei responsabili di pedofilia. Complice, o meglio responsabile di questo atteggiamento, sarebbe stato lo stesso cardinale Ratzinger, diretto superiore di Bertone. Il giorno successivo alla pubblicazione dell'articolo, i quotidiani di tutto il mondo vanno in edicola con titoli che provocano sensazione: *L'accusa del New York Times: «Ratzinger coprì prete pedofilo»*; *Attacco del New York Times: «Ratzinger sapeva»*; *Murphy, il predatore e l'impunità del Vaticano*. Sono i commenti di alcuni editorialisti a colpire per la loro veemenza: oltre a Maureen Dowd che sul

Nyt scrive una serie di articoli molto critici contro il Papa, arrivando persino a chiedere le dimissioni di Benedetto XVI e auspicando che al suo posto venga eletta una «Mama», è il giornalista e scrittore Christopher Hitchens che su «Slate» pubblica una furiosa requisitoria contro Ratzinger. Fino a individuare, nella sua ascesa al soglio pontificio, la mano del demonio. E per avvalorare la sua tesi cita l'esorcista padre Gabriele Amorth che in un recente libro-intervista con Marco Tosatti (*Memorie di un esorcista*, 2010) aveva dichiarato: «Il Diavolo è all'opera entro il Vaticano». Scrive Hitchens:

> «La Chiesa cattolica romana è guidata da un mediocre burocrate bavarese a cui un tempo fu assegnato il compito di occultare la più atroce delle iniquità, e la cui inettitudine in quel compito ci mostra un uomo personalmente e professionalmente responsabile per aver consentito un'ondata di lercio crimine. Ratzinger può essere banale, ma tutta la sua carriera ha il fetore del male – un male persistente e sistematico che va al di là della possibilità di essere sradicato con gli esorcismi».

Un attacco senza precedenti, sia per i contenuti che per i toni.

La replica da parte di alcuni esponenti del Vaticano non si fa attendere. E le parole sono forti. «Nessuna copertura», «ignobile attacco» scrive il 26 marzo «Il Corriere della Sera» raccogliendo alcune reazioni "a caldo" della Santa Sede. Il direttore della Sala Stampa vaticana, e il quotidiano cattolico italiano «Avvenire», pur rivolgendo critiche al giornale newyorkese, si muovono all'unisono per contestualizzare il caso nella giusta luce. Mentre viene messo in pagina su «L'Osservatore Romano» un commento non firmato, nel quale, attaccando il Nyt, viene accreditata l'idea di una campagna mediatica orchestrata contro il Papa e i suoi collaboratori.

Il primo a parlare è padre Federico Lombardi. Dice che quello di Murphy è «un tragico caso» che «ha riguardato vittime particolarmente vulnerabili che hanno sofferto terribilmente a causa delle sue azioni». Lombardi spiega che «contrariamente ad alcune affermazioni circolate sulla stampa, né il *Crimen sollicitationis* [il documento vaticano aggiornato nel 1962 che stabiliva la procedura da seguire secondo il diritto canonico nelle cause di *sollicitatio ad turpa*, cioè quando un prete veniva accusato di usare il sacramento della confessione per fare avances sessuali, N.d.A.] né il *Codice di diritto canonico* hanno mai vietato la denuncia degli abusi sui bambini alle forze dell'ordine». Dice ancora Lombardi: «Alla fine degli anni Novanta, dopo più di due decenni dalla denuncia degli abusi alle autorità diocesane e alla polizia, per la prima volta alla Congregazione per la dottrina della fede è stata posta la domanda su come trattare canonicamente il caso Murphy. La Congregazione venne informata della questione poiché implicava l'adescamento nel confessionale».

Parole importanti, per comprendere che, prima degli anni Novanta, Ratzinger e il Vaticano non erano stati informati. E ancora: «Alla luce del fatto che padre Murphy era anziano e in precarie condizioni di salute, che viveva in isolamento e che per oltre vent'anni non erano stati denunciati altri abusi, la Congregazione per la Dottrina della fede suggerisce che l'arcivescovo di Milwaukee prendesse in considerazione di affrontare la situazione limitando, per esempio, il ministero pubblico di padre Murphy ed esigendo che padre Murphy si assumesse la piena responsabilità della gravità delle sue azioni».

Più articolata, e dai toni più accesi, è la difesa messa in campo da «L'Osservatore Romano». Una difesa che, se nega l'esistenza di un complotto dietro le accuse, avalla invece l'idea dell'attacco orchestrato dai media. Il commento, attribuibile al direttore Gian Maria Vian, viene messo in pagina il 26 marzo, appena ventiquattr'ore dopo l'uscita del Nyt. Il titolo è esplicito: *A proposito di un articolo del «New York*

Times». *Nessun insabbiamento.* «L'Osservatore» spiega che Benedetto XVI ha sempre fatto luce sugli abusi con «trasparenza, fermezza e severità». È «un modo di operare evidentemente temuto da chi non vuole che si affermi la verità e da chi preferirebbe poter strumentalizzare, senza alcun fondamento nei fatti, episodi orribili e vicende dolorose risalenti in alcuni casi a decine di anni fa».

Secondo «L'Osservatore» non c'è stato «alcun insabbiamento». «E ci viene confermato dalla documentazione che si accompagna all'articolo in questione, nella quale figura anche la lettera che padre Murphy scrisse nel 1998 all'allora cardinale Ratzinger chiedendo che il procedimento canonico venisse interrotto a causa del suo grave stato di salute.»

Ed ecco poi l'attacco, diretto e generalizzato, ai media:

> «Ma la tendenza prevalente nei media è di trascurare i fatti e di forzare le interpretazioni al fine di diffondere un'immagine della Chiesa cattolica quasi fosse l'unica responsabile degli abusi sessuali, immagine che non corrisponde alla realtà. E che è invece funzionale all'evidente e ignobile intento di arrivare a colpire, a ogni costo, Benedetto XVI e i suoi più stretti collaboratori».

«L'Osservatore», dunque, dice che la ricostruzione fatta dal Nyt è tendenziosa, volta a screditare intenzionalmente la figura del Papa e del cardinale Bertone. E soprattutto attacca i media colpevoli di stravolgere la realtà. In effetti, i documenti del Nyt, se riletti nella giusta chiave, non ci presentano un Ratzinger desideroso d'insabbiare. Ma ciò che colpisce nel commento del giornale vaticano è l'attacco ai mezzi di comunicazione, che volutamente stravolgerebbero i fatti per presentare un'immagine della Chiesa distorta. Si nega il complotto, ma si accredita l'esistenza di una campagna mediatica. Orchestrata da chi e perché?

A distanza di mesi da quel 26 marzo, chiediamo al direttore de «L'Osservatore Romano», Gian Maria Vian, come è nata l'idea di quel commento e se oggi lo riscriverebbe. Ci risponde: «L'articolo intitolato *Nessun insabbiamento* è un commento del giornale, scritto subito dopo quello del "New York Times" dedicato al grave e vergognoso caso del sacerdote Lawrence C. Murphy. Non è ovviamente un comunicato ufficiale ma ha comunque l'autorevolezza del quotidiano della Santa Sede. È stata la prima uscita molto dura nei confronti del Nyt. Ed è stata una reazione del tutto giustificata perché la stessa documentazione prodotta dal Nyt dimostra che il giornale americano ha stravolto i fatti. Oggi, comunque, trascorse alcune settimane da quegli episodi, lo rifarei. Nell'articolo non si accenna a complotti, e anzi personalmente ho sempre negato la teoria del complotto. Ma nello stesso tempo ho fatto notare l'esistenza di un'evidente e insistita campagna mediatica contro Benedetto XVI e più in generale contro la Chiesa cattolica».

Come ha avuto origine l'articolo del quotidiano newyorkese sul caso Murphy? «Il "New York Times" si è occupato di questa storia» ci spiega Rachel Donadio, corrispondente da Roma del quotidiano americano «perché sembrava essere una continuazione dello scandalo degli abusi sessuali in America di circa dieci anni fa, di cui il giornale si è occupato all'epoca. Non so se in altri Paesi ci si renda conto di quanto la crisi degli abusi sia stata devastante per la Chiesa cattolica americana. Oltre a dover pagare più di due bilioni di dollari per i processi e gli accordi legali, la Chiesa americana ha perso una vasta parte della sua autorità morale. E proprio mentre i vescovi americani combattevano per ottenere norme speciali per processare i casi di abusi, la recente ondata di scandali ha fatto sì che molti cattolici americani si chiedessero proprio che cosa è cambiato nella modalità con cui la gerarchia vaticana gestisce certi casi.

Il Nyt ha iniziato a indagare e scrivere in maniera intensiva sulla questione degli abusi sessuali dopo che Benedetto XVI è divenuto uno dei più importanti protagonisti della storia. Questo dato è venuto alla luce negli articoli nella stampa tedesca all'inizio di marzo, i quali chiamavano in questione non solo il comportamento del fratello di papa Benedetto XVI, Georg Ratzinger, ma anche il comportamento del futuro Papa stesso come arcivescovo di Monaco nel 1980, quando si trovò ad affrontare il caso di un prete pedofilo che era stato spostato nella sua diocesi per curarsi.

Dalla Baviera i miei colleghi Nicholas Kulish e Katrin Bennhold» spiega ancora la corrispondente del «New York Times», «hanno scritto di come la diocesi di Monaco avesse gestito il trasferimento del prete pedofilo nel 1980. Hanno rintracciato il dottore che aveva consigliato alla diocesi di Monaco di non rimettere in servizio il prete pedofilo. E hanno scritto un profilo dell'uomo che ha portato avanti il caso degli abusi. Ma la storia ha avuto una svolta dopo che Laurie Goodstein, giornalista che si occupa di temi religiosi da lungo tempo al Nyt e di base a New York, si è imbattuta nel caso di padre Murphy, che chiamava in causa il comportamento del futuro Papa nella gestione dell'abuso negli anni in cui era prefetto per la Congregazione per la dottrina della fede. Come ha scritto nell'articolo, Laurie ha ricevuto una serie di documenti da Jeff Anderson, avvocato delle vittime, sul quale il Nyt ha poi scritto un profilo per spiegare il suo ruolo piuttosto unico e polarizzante nei casi di abusi americani.

I documenti del caso Murphy» continua Donadio «tutti pubblicati nell'edizione online del "New York Times", hanno offerto una rara istantanea della corrispondenza tra la Congregazione per la dottrina della fede e una diocesi per tentare di punire un prete che aveva per decenni abusato sistematicamente di bambini sordi. La storia mostra che, sotto il futuro Papa e il cardinale Tarcisio Bertone, la Congregazione per la dottrina della fede non aveva agito per ridurre allo stato laicale padre Murphy prima della sua morte, anche se egli aveva confessato abusi sistematici per diversi decenni.

Una volta che la storia è apparsa sulla prima pagina del Nyt giovedì 26 marzo» conclude la giornalista «si è scatenato l'inferno. Molte persone in Vaticano hanno accusato il giornale di aver mosso una straordinaria accusa al Papa e alla Chiesa, mentre molti americani, e soprattutto i cattolici americani, si sono sentiti oltraggiati per il modo in cui il Vaticano è sembrato gestire i casi di abusi.»

Nelle ore immediatamente successive alla pubblicazione dell'articolo da parte del Nyt è il quotidiano dei vescovi italiani, «Avvenire», a fornire una meticolosa ricostruzione del caso, prima sul web e poi sul giornale cartaceo, con un pezzo a firma di Riccardo Cascioli. Nell'articolo si parla di una «lettura tendenziosa dei fatti» da parte del Nyt, spiegando che mentre la Congregazione per la dottrina della fede aveva seguito passo dopo passo la vicenda, «le autorità civili», invece, «avevano archiviato il caso». Per «Avvenire» l'intera documentazione pubblicata dal Nyt smentisce la versione che lo stesso quotidiano newyorkese ha fornito: «I documenti dicono che gli unici a preoccuparsi del male compiuto da padre Murphy sono stati i vertici della diocesi americana e la Congregazione per la Dottrina della fede, mentre le autorità civili avevano archiviato il caso».

Come sono andati davvero i fatti? Com'è stato trattato dalle autorità vaticane il prete pedofilo Lawrence Murphy? Tutto comincia il 15 maggio 1974 quando un ex studente della Saint John's School per i sordi presenta una denuncia sugli abusi compiuti su di lui e su altri ragazzi da Murphy tra il 1964 e il 1970. Dopo un'indagine, il giudice incaricato archivia il caso. L'arcivescovo Cousins non apre un procedimento canonico, non intende dar seguito alle accuse e allontana subito Murphy, con un permesso temporaneo per motivi sanitari (fino al novembre 1974) che però diviene definitivo. Una lettera dalla diocesi di Superior nel 1980 spiega che Murphy vive nel Wisconsin, a casa della madre, continuando comunque a esercitare il ministero sacerdotale aiutando il parroco locale.

Scrive ancora «Avvenire»: «Nel frattempo le denunce presso la diocesi di Milwaukee si moltiplicano. Murphy viene sottoposto a quattro lunghi interrogatori dai responsabili dell'arcidiocesi assistiti da psicologi esperti di pedofilia. Ne emerge un quadro clinico di "pedofilo tipico". L'arcidiocesi di Milwaukee prosegue nelle sue indagini cercando di appurare la realtà e l'ampiezza dei fatti, e il 17 luglio 1996 il vescovo Weakland scrive all'allora prefetto della Dottrina della fede, Ratzinger, chiedendo lumi sul caso. Weakland fa riferimento alla denuncia del 1974 e spiega che solo recentemente è venuto a conoscenza del fatto che certi crimini sessuali sono avvenuti durante il sacramento della confessione, così che ha incaricato ufficialmente un prete della diocesi, padre James Connell, di condurre un'indagine approfondita (il decreto è del dicembre 1995)».

Weakland si rivolge alla Congregazione per avere un chiarimento sulla giurisdizione in questo caso di "crimine di sollecitazione". Dai successivi documenti non sembrerebbe che la lettera sia mai arrivata sul tavolo di Ratzinger. In mancanza di una risposta, l'arcidiocesi va avanti per la sua strada e nel dicembre 1996 informa Murphy che il 22 novembre è stato aperto un procedimento penale ecclesiastico a suo carico con un tribunale creato ad hoc. La richiesta dell'accusa è la «destituzione di padre Murphy dallo stato clericale». Alla fine del 1997 il processo passa per competenza alla diocesi di Superior, dove vive il prete pedofilo, ma il presidente del tribunale rimane lo stesso di Milwaukee, padre Thomas Brundage. Dai documenti presentati dal Nyt si evince chiaramente l'intenzione delle autorità ecclesiastiche di Milwaukee e Superior di procedere nel modo più spedito possibile per arrivare a un atto di giustizia e di riparazione per le vittime degli abusi.

Nel frattempo, però, padre Murphy scrive una lettera a Ratzinger – il 12 gennaio 1998 – chiedendo l'annullamento del processo a suo carico perché, secondo le norme in vigore, esisteva un termine di trenta giorni per avviare l'azione penale dal momento in cui è presentata l'accusa. Murphy afferma tra l'altro che – oltre ad essere pentito – è gravemente malato e vive ritirato da ventiquattro anni. Chiede di non essere ridotto allo stato laicale. Il 6 aprile 1998 Bertone scrive a monsignor Fliss, vescovo di Superior, spiegando che in realtà non esiste un termine per l'azione penale, come invocato da Murphy, per cui il processo può continuare anche se – aggiunge – è giusto tenere conto dell'articolo 1341 del *Codice di diritto canonico* secondo cui una sanzione penale deve essere comminata solo dopo aver constatato che non sia «possibile ottenere sufficientemente la riparazione dello scandalo, il ristabilimento della giustizia, l'emendamento del reo» con altri mezzi.

Il vescovo Fliss risponde il 13 maggio affermando che c'è la necessità di un processo a Murphy, vista la gravità dello scandalo. Si arriva quindi al 30 maggio, quando in Vaticano c'è un incontro tra Bertone, il sottosegretario della dottrina della fede, padre Gianfranco Girotti, e i presuli americani coinvolti. Dalla minuta dell'incontro, resa disponibile sul web dal Nyt, si evince che nella Congregazione ci sono dei dubbi circa la fattibilità e l'opportunità del processo canonico. Bertone riassume le due linee fondamentali da tenere: una restrizione territoriale per il ministero sacerdotale (in pratica padre Murphy deve restare a Superior) e un'azione decisa per ottenere il pentimento del sacerdote, inclusa la minaccia di «dimissione dallo stato clericale». Il vescovo di Milwaukee scrive ancora il 19 agosto a Bertone per metterlo al corrente delle misure prese, e informarlo del fatto che la sua diocesi continuerà a farsi carico delle spese per sostenere le terapie alle vittime degli abusi sessuali. Due giorni dopo quella lettera, il 21 agosto, Murphy muore, chiudendo definitivamente il caso.

Ma se «Avvenire» aveva ricostruito puntualmente la successione degli eventi, diversa è la reazione di due alte personalità ecclesiastiche: il cardinale William Joseph Levada, prefetto della Congregazione per la dottrina della fede, e monsignor Timothy Dolan, arcivescovo di New York.

Levada, in una nota pubblicata sul sito del «Catholic San Francisco» (*www.catholic-sf.org*) – il giornale della diocesi di cui era arcivescovo prima di essere chiamato da papa Ratzinger alla guida dell'ex Sant'Uffizio – accusa il Nyt di «mancanza di qualsiasi ragionevole standard di giustizia» e chiede al quotidiano di «riconsiderare il suo attacco contro Benedetto XVI e di dare al mondo una visione più bilanciata di un leader su cui può e dovrebbe contare». Il porporato americano fa le pulci al giornale newyorkese e prende di mira direttamente l'autrice dell'inchiesta, Laurie Goodstein, cercando di demolirne le tesi a partire dal fatto che nello stesso articolo la giornalista sarebbe caduta in contraddizione. «Ha dimenticato» scrive Levada «o i suoi revisori non hanno letto, ciò che ha scritto al paragrafo nove sul fatto che Murphy ottenne "un lasciapassare" dalla polizia e dai procuratori? In base al suo racconto, sembra chiaro che le autorità penali erano state informate, molto probabilmente dalle vittime e dalle loro famiglie.

Il resoconto della Goodstein» scrive ancora il cardinale «rimbalza avanti e indietro come se non fossero passati circa vent'anni tra i racconti degli anni Sessanta e Settanta all'arcidiocesi di Milwaukee e alla polizia locale e la richiesta di aiuto dell'arcivescovo Weakland al Vaticano nel 1996. Perché?»

Il cardinal Levada insiste nella difesa di Benedetto XVI verso cui, scrive,

> «abbiamo un grande debito di gratitudine per aver introdotto le procedure che hanno aiutato la Chiesa ad agire di fronte allo scandalo degli abusi sessuali sui minori da parte di sacerdoti. Questi sforzi sono iniziati quando il Papa era Prefetto della Dottrina della Fede e sono continuati dopo che è stato eletto Pontefice».

Monsignor Dolan attacca anch'egli il Nyt facendo un paragone molto scivoloso. L'arcivescovo, che già aveva una *querelle* aperta col quotidiano perché, mesi prima, non gli aveva pubblicato alcuni commenti e lui aveva denunciato «il forte sentimento anticattolico» della testata, lamenta ora «i due pesi e due misure» usati dal Nyt nel trattare il caso degli abusi su minori nella comunità di ebrei ortodossi di Brooklyn e quelli in istituti cattolici. Il giornale avrebbe avuto la mano leggera: «Evitando di diffondere i nomi dei molestatori, concedendo il fatto che i reati fossero in prescrizione, non chiedendo un'indagine indipendente, la totale trasparenza e la pubblicazione di tutta la documentazione sul caso». Dolan non «se la sente di criticare i nostri vicini ebrei ortodossi vista la terribile esperienza della Chiesa cattolica», ma critica «la rabbia selettiva» del «New YorkTimes».

A questo punto un dato appare chiaro. Il Nyt, nel riportare i fatti, ha dato maggior peso alla versione dell'arcivescovo Weakland, facendo passare in secondo piano l'azione della Congregazione per la dottrina della fede. Nell'articolo, ad addossare la colpa alle autorità vaticane è proprio l'ex arcivescovo di Milwuakee. L'operazione non è senza conseguenze anche perché Weakland è un prelato a dir poco controverso. Sandro Magister, il 25 marzo, sul blog *Settimocielo.it* scrive un articolo intitolato: *Da che pulpito. Weakland si fa vivo con Ratzinger.* Afferma Magister:

> «Per la cronaca, Weakland non è più arcivescovo di Milwaukee dal 2002, quando fu "dimissionato" dopo che un ex studente di teologia l'aveva accusato di violenza carnale, rompendo il segreto che lo stesso Weakland gli aveva imposto in cambio di 450 mila dollari detratti dalle casse dell'arcidiocesi. Quando nel 2002 lo scandalo venne alla luce, però, la stampa "liberal" non lapidò affatto Weakland. Anzi, lo trattò con molto riguardo, come conveniva a un celebrato campione della Chiesa progressista quale egli era. Ma non è finita. Nel 2009 Weakland ha pubblicato un libro di memorie, dal titolo: *A Pilgrim in a Pilgrim Church. Memoirs of an Archbishop.* Sono più di 400 pagine di autoapologia. Nelle quali l'avversario e il colpevole ultimo, anche degli sbandamenti dell'autore, è additato in Ratzinger. Sulla copertina del libro, Weakland aggiunge al proprio nome la sigla Osb. Egli è stato infatti anche abate presidente della confederazione dei

monaci benedettini di tutto il mondo. La riverente prefazione porta la firma di Margaret O'Brien Steinfels, esponente di spicco dell'ala "liberal" del cattolicesimo americano. Ora Weakland è ricomparso sul Nyt. Di nuovo contro il suo arcinemico».

C'è di più. Un'accusa di superficialità viene infatti mossa contro il Nyt da padre Thomas Brundage, vicario giudiziale dell'arcidiocesi di Milwaukee dal 1995 al 2003 e dunque presidente del collegio giudicante che aveva avviato il processo contro Murphy.

Il 30 marzo 2010, Radio Vaticana diffonde la sua versione pubblicata precedentemente sul «Catholic Anchor di Anchorage» (Alaska). Brundage dice che la versione del Nyt è «assolutamente imprecisa e sciatta», «fondandosi sulle menzogne di Weakland, il grande accusatore, una persona fatta passare per testimone credibile, costretto a lasciare la guida dell'arcidiocesi di Milwaukee dopo il coinvolgimento in una storia omosessuale con un ex studente di teologia».

Weakland, spiega Brundage, mente quando afferma che dal Vaticano era partito l'ordine di sospendere il procedimento contro Murphy. Il sacerdote accusa inoltre il Nyt di non averlo mai cercato, nonostante lui sia uno dei principali esperti del caso che ha seguito come presidente del collegio giudicante. Spiega Radio Vaticana: «Il quotidiano ha pensato bene di citarlo da fonti internet totalmente inaffidabili, facendogli dire cose che non ha mai detto. Imprecisa, inaccurata e basata su menzogne: ecco come è stata costruita la campagna del Nyt contro il Papa».

Sulla scia di Brundage interviene anche l'attuale arcivescovo di Milwaukee, Jerome Listecki, per sottolineare che nella vicenda Murphy gli errori sono stati fatti non in Vaticano, ma a Milwaukee, e da parte della Chiesa locale e delle autorità civili. Brundage, ribadendo che nessun giornalista del Nyt si è mai messo in contatto con lui, osserva che, se l'avessero fatto, «avrebbero dovuto riconoscere che Ratzinger è stato veramente un leader forte ed efficace sulla questione».

A leggere tra le righe dell'articolo del Nyt altre considerazioni possono essere fatte. La prima riguarda ancora i documenti che il quotidiano newyorkese ha reso disponibili sul web. La seconda riguarda gli avvocati che hanno fornito quelle carte.

Quanto ai documenti l'attenzione deve essere posta attentamente al resoconto dell'incontro che il 30 maggio 1998 i superiori della Congregazione per la dottrina della fede hanno con Weakland, il suo ausiliare Skilba e il vescovo di Superior Fliss. L'incontro svela quale linea Bertone, a nome di Ratzinger, decide di prendere, una volta conosciuti i fatti. Scrive in proposito il quotidiano «Il Foglio», il 6 aprile: «A prima vista tutto è corretto. Sul sito Web del giornale vengono riportate sia la versione originale del resoconto dell'incontro del '98, quella italiana, sia una traduzione in inglese. Ma si omette di dire una cosa: la versione inglese è una traduzione dall'italiano grossolana e scorretta fatta con "Yahoo translator", una traduzione che il giudice vicario della diocesi di Milwaukee, Thomas Brundage, aveva inviato al suo superiore, il vescovo Fliss, per aiutarlo nella comprensione dell'italiano. Per Brundage era scontato che Fliss ne prendesse visione senza dimenticarsi della versione corretta: "È una traduzione molto ruvida", scrive Brundage a Fliss, "perché il computer non può distinguere alcuni termini del diritto canonico". Mai Brundage avrebbe potuto immaginare che, più di dieci anni dopo, il Nyt, volutamente o semplicemente per superficialità, scrivesse un articolo nel quale gran parte dell'impianto accusatorio si basa esclusivamente sulla versione inglese. Qui il traduttore automatico di Yahoo cambia il senso delle parole e mostra Bertone molto remissivo con Murphy. Tanto che si può dire, se la fonte è soltanto questa versione inglese, che Ratzinger e il suo vice tentarono nel '98 di insabbiare il caso. Ma lo stesso ragionamento non lo si può fare se viene svolto un lavoro corretto di visione delle fonti, ovvero se ci si basa sul testo ufficiale scritto dalla Dottrina della fede in italiano. È qui, nella versione italiana, che vengono dette alcune cose importanti. Viene detto che durante l'incontro con Bertone, Weakland "s'impegna a cercare di ottenere da Murphy – da lui paragonato a un bambino 'difficile' –, una dichiarazione di pentimento". Si dice che padre Murphy è stato esaminato da tre psicologi che lo ritengono "un pedofilo tipico" e che, pertanto, "si crede vittima". Si spiega che o padre Murphy "dà segni chiari di pentimento", oppure il processo canonico andrà fino in fondo e arriverà alle dimissioni del sacerdote dallo stato clericale. È nella versione inglese assunta come base dal Nyt, invece, che non solo alcuni passaggi vengono omessi, ma si dice spesso tutt'altro. Cosa? Che Weakland s'impegna ad avere da Murphy non una dichiarazione di pentimento ma semplicemente una dichiarazione d'"impedimento dell'esercizio del ministero". Non si dice che tre psicologi hanno giudicato padre Murphy un "pedofilo tipico" e che la cosa viene presa per buona dalla Dottrina della fede. E non si dice che, senza pentimento, a padre Murphy verrà comminato il massimo della pena prevista dal diritto canonico: le dimissioni dallo stato clericale».

Quanto agli avvocati occorre ricordare chi siano. Si tratta dello studio newyorkese Anderson & Associates. È questo studio a consegnare al Nyt i documenti di una causa intentata contro la diocesi di Milwaukee per conto di una delle vittime degli abusi commessi fra il 1950 e il 1974 da padre Murphy. Questi documenti comprendono sia le testimonianze di Murphy nelle quali attesta di aver molestato minimo venticinque o più volte a testa circa diciannove ragazzi fra i sedici e i ventidue anni, e un bambino di undici anni; sia il carteggio tra l'arcidiocesi e la Congregazione per la dottrina della fede in merito alla possibilità di avviare un processo canonico a carico del Murphy. Nel 1974 c'era stata una prima inchiesta da parte della magistratura statunitense ma non aveva dato esiti. In un documento della diocesi di Milwaukee si stima che almeno duecento studenti sordomuti della scuola nella quale Murphy lavorava erano stati da lui abusati. Così Weakland decide di scrivere in Vaticano.

Ma dove vogliono arrivare oggi gli avvocati? Difficile rispondere anche se un progetto emerge piuttosto chiaramente: nel novembre 2009 la Corte Suprema ha deciso di chiedere chiarimenti al Solicitor General degli Stati Uniti in merito al caso «John V. Doe vs. Holy See». John Doe è un nome di fantasia usato per coprire la vera identità della vittima. Doe è difeso dall'avvocato Anderson e ha chiesto di poter intentare una causa alla Santa Sede, basandosi su una legge dell'Oregon secondo la quale la responsabilità delle azioni di un "dipendente" può ricadere sul suo datore di lavoro. Nell'ipotesi giuridica vi è l'idea che il sacerdote che aveva abusato del signor John Doe (un altro prete, non padre Murphy) possa essere considerato un dipendente del Vaticano, ed essendo la Santa Sede organizzata gerarchicamente, la responsabilità ultima sarebbe da ascrivere al suo capo. La Anderson & Associates sembra avere quindi uno scopo preciso, anche nella vicenda Murphy: fare in modo che a risarcire le vittime sia direttamente il Vaticano. In sostanza, come scrive Francesco Colafemmina sul suo blog *Fides et Forma*,

> «si è presa la storia di Murphy perché si vuol provare con essa che sebbene il crimine del "sacerdote/mostro" deceduto nel 1998 sia passato in prescrizione, non è passato in prescrizione il reato di "complotto" da ascrivere alla Santa Sede e agli organi di essa competenti. Si vuole altresì dimostrare che la mancata denuncia pubblica da parte delle autorità vaticane competenti dei reati commessi dal Murphy costituisce una prova dell'azione di copertura costantemente esercitata dal Vaticano alias datore di lavoro dei vari preti pedofili».

Dopo qualche giorno la bufera che investe il Vaticano a seguito del «caso Murphy» non accenna a diminuire. E il 9 aprile confusione e sgomento aumentano perché dagli

Stati Uniti è l'«Associated Press» (Ap) a lanciare nuove accuse. L'agenzia di stampa americana afferma di avere in mano la prova che Benedetto XVI, quando era prefetto della Congregazione per la dottrina della fede, aveva coperto un prete pedofilo californiano, Stephen Kiesle, di Oakland. A supporto dell'accusa, l'Ap presenta una lettera scritta in latino e datata 6 novembre 1985 in cui l'allora cardinale Ratzinger esprime preoccupazione per la riduzione allo stato laicale di un sacerdote californiano accusato di abusi sessuali su minori. Rispondendo alle sollecitazioni del vescovo di Oakland, Stephen Cummins, il cardinale prende tempo e così facendo avrebbe occultato la triste vicenda per «il bene universale della Chiesa». In quelle parole, secondo la ricostruzione dell'Ap, c'è la prova che anche Ratzinger avesse a suo tempo tentato di nascondere e di sottrarre alla giustizia un sacerdote pedofilo.

Il caso fa ancora una volta il giro del mondo. Ma qualcosa non torna. Il settimanale «Tempi» ricostruisce nei particolari quanto accaduto riportando, a circa venti giorni dall'uscita dell'agenzia americana, una circostanziata difesa di Ratzinger messa in campo dall'attuale vescovo di Oakland, Salvatore Joseph Cordileone. Scrive «Tempi»: «Cordileone pubblica sul giornale della diocesi, "The Catholic Voice", una puntuale e dettagliata ricostruzione di quanto fosse accaduto in quegli anni e di come si fosse comportato Ratzinger. Le conclusioni, utilizzando le stesse prove dell'Ap e ricostruendo il contesto storico in cui si svolsero i fatti, sono diametralmente opposte rispetto a quelle presentate dell'agenzia di stampa americana. "Verso la fine degli anni Settanta – racconta Cordileone – Stephen Kiesle, un sacerdote della diocesi, fu accusato di molestie sessuali su minori. L'allora vescovo, monsignor Cummins, subito lo rimosse dal suo incarico allontanandolo dai bambini e facendolo seguire da uno psichiatra e da un avvocato. Va chiarito che, fino al 2001, era compito delle singole diocesi occuparsi dei preti accusati di tali reati. E così fece il vescovo Cummins, cui competeva l'indagine canonica per portare il sacerdote alle dimissioni dallo stato clericale. Ratzinger, quindi, non sarebbe potuto intervenire su questo aspetto, perché, ripeto, solo nel 2001 la competenza su tali decisioni è passata dalle diocesi alla Congregazione per la dottrina della fede da lui presieduta". Come si spiega la lettera del 1985? "La lettera fu inviata da Cummins perché il mio predecessore chiese alla Santa Sede come avrebbe dovuto regolarsi rispetto alla richiesta dello stesso Kiesle di essere ridotto allo stato laicale. È un 'favore', una dispensa, che Kiesle chiedeva al Papa, l'unico che nella Chiesa aveva l'autorità per accordarglielo". Cordileone non lo dice espressamente, ma è facile intuire la strategia di Kiesle: avesse ottenuto il "favore" dal Vaticano, si sarebbe con maggior agio sottratto alle indagini della sua diocesi e sarebbe stato seguito dalle sole autorità civili, le quali, checché se ne pensi, hanno tempi più lunghi e metodi meno efficaci per appurare la verità di quelle ecclesiastiche. Prosegue Cordileone: "La risposta di Ratzinger si inserisce in questo contesto. Chi si intenda di diritto canonico ritroverà, leggendo la lettera, molti passaggi formali, consueti per quel tempo rispetto a richieste di questo tipo. Quasi che quella fosse una risposta di routine. Quel che voglio dire è che l'allora prefetto Ratzinger rispondeva in questa maniera a tutti quei tipi di domande. Anche se, va sottolineato, alcune espressioni non suonano né formali né distaccate. Tanto è vero che si raccomanda 'massima cura paterna' per 'le vittime e per i bambini' che Kiesle 'mai più avrebbe dovuto poter avvicinare'". I media mondiali hanno voluto leggere in alcune espressioni della missiva le prove che l'attuale Papa intendesse coprire don Kiesle. In particolare quando scrisse che occorreva considerare "il bene della Chiesa universale" e il "danno che concedere la dispensa può provocare nella comunità dei credenti in Cristo, in particolare vista la giovane età del sacerdote". Cordileone spiega che, "all'epoca, Kiesle aveva 38 anni. Per una prassi che vale come regola la Congregazione non accettava domande di dispensa da parte di sacerdoti che non avessero compiuto quarant'anni". Questa regola era stata introdotta perché, in quegli anni, molti giovani preti avevano avanzato richieste in tal senso, per le più disparate ragioni, non ultima quella di lasciare il sacerdozio per potersi sposare (lo stesso don Kiesle aveva avanzato la sua richiesta adducendo questa motivazione). La Chiesa, quindi, aveva adottato una sorta di moratoria e si era detta pronta ad accogliere le domande solo dopo i quarant'anni, per dar modo ai sacerdoti di compiere un percorso che li portasse a riscoprire il valore della propria vocazione. "Questo" prosegue Cordileone "spiega le parole di Ratzinger. Le sue raccomandazioni a Cummins non vanno lette pensando che lo invitasse a occultare il caso, ma nel senso che la dispensa non poteva essere data per non creare un precedente. Ratzinger, dunque, per quel che gli competeva, si comportò in maniera assolutamente corretta".

La diocesi di Oakland aveva continuato nelle sue indagini contro Kiesle, escludendolo da attività pastorali. Nel frattempo, siamo nel 1987, Kiesle aveva compiuto quarant'anni e, racconta Cordileone, "il giorno del suo compleanno la Congregazione per la dottrina della fede concesse la dispensa". Kiesle si sposò, finì in prigione, si macchiò nuovamente di altri reati su minori.»

Cordileone rivela anche di avere una sua teoria sulle vicende di questi mesi. Sostiene che esiste «una sproporzione tra le nostre forze e quelle di chi ci attacca». Secondo lui l'obiettivo dei sempre più frequenti attacchi al Pontefice è «di ordine economico. Come dice senza nascondersi l'avvocato di alcune presunte vittime, Jeff Anderson, quel che si vuole fare è portare il Santo Padre in tribunale per poi costringere il Vaticano a risarcire le vittime. Poi c'è un livello più profondo che riguarda il tentativo di dimostrare, attraverso la squalifica della moralità cristiana, che il cristianesimo non è più pertinente con il mondo moderno». Un mondo che considera «l'attacco alla Chiesa l'ultimo pregiudizio ancora giustificabile».

Al di là dei possibili e presunti complotti, il «caso Kiesle», così come l'Ap l'ha ricostruito, sembra mostrare maggiori crepe del «caso Murphy». Pochi giorni dopo l'uscita dell'Ap, in Italia è il professor Marco Valerio Fabbri, docente di Sacra scrittura alla Pontifica Università della Santa Croce, a intervenire per dire che «il caso sollevato dalla Ap contiene un fraintendimento dei termini in latino». «La mia tesi» dice «è che la traduzione che Ap ha fatto della lettera latina di Ratzinger contiene un errore molto grave. O non sanno il latino, o fanno finta di non saperlo. La lettera di Ratzinger parla di "dispensatio", non di espulsione dallo stato clericale. Siamo nel 1985. Il nuovo Codice di Diritto canonico, che è del 1983, è in vigore da due anni. Fra le pene più gravi che possono essere irrogate a un sacerdote vi è l'espulsione (latino "dimissio") dallo stato clericale. Secondo il Codice del 1983, canone 290, un chierico può essere espulso dallo stato clericale o da una sentenza di un tribunale ecclesiastico, o da un rescritto della Santa Sede. Fra le cause di espulsione, il Codice menziona espressamente gli abusi sessuali su minori (canone 1395). Ora, secondo il Codice del 1983, l'espulsione dallo stato clericale comporta per il reo la perdita di tutti i diritti e doveri connessi con lo stato clericale e di qualsiasi potestà collegata (canone 292), con l'eccezione espressa della dispensa dal dovere del celibato (canone 291). Questo che cosa vuol dire? Che all'ex chierico non è consentito sposarsi in Chiesa. Se un chierico vuol essere dispensato dal dovere del celibato, deve chiedere dispensa alla Santa Sede (ancora canone 291). Nessun altro può concederla. La dispensa non è una pena: è una concessione. In latino, è una "relaxatio disciplinae ad casum": un allentamento della disciplina, concesso in un caso concreto, per andare incontro a un individuo. Perché la dispensa dal celibato non è concessa automaticamente? Semplice: perché altrimenti, chi vuole essere dispensato dal voto solenne, se si vede negata la dispensa, potrebbe commettere un delitto castigato con l'espulsione, con lo scopo di ottenerla. Sarebbe il colmo: premiare un criminale concedendogli quello che vuole. Ora, la lettera di Ratzinger dice che la Santa Sede non concede dispensa.

Ratzinger ha risposto che, per il bene comune della Chiesa, non era il caso di andare incontro al reo. Ha rifiutato di allentare la disciplina! Questo è il contrario di quello che ha scritto Ap, e che ha ripetuto la stampa mondiale. Nel caso della Ap, si potrebbe pensare che abbiano agito per ignoranza del latino. Anche allora, è grave che fingano di conoscerlo. Ma in Italia? Sorge il sospetto della mala fede. Il processo per espulsione dallo stato clericale è andato avanti autonomamente, e, provate le accuse, è finito come doveva finire: con l'espulsione. La diocesi ha chiesto alla Santa Sede di dispensarlo dal celibato, e Ratzinger ha risposto di no. Il cardinal Ratzinger è stato severo con il criminale, non lasso.»

Il cardinale Camillo Ruini, già Vicario di Roma e presidente dei vescovi italiani, intervistato dal quotidiano italiano «la Repubblica», afferma:

> «Ci sono i peccati oggettivamente gravissimi, di alcuni sacerdoti e c'è una volontà pervicace di mettere sul banco degli accusati la Chiesa intera e specialmente il Papa: una cosa profondamente ingiusta e infondata, perché è esattamente il contrario di ciò che si vuole far apparire. La sua lettera pastorale ai cattolici d'Irlanda è solo l'ultimo attestato del suo impegno e della sua fermezza contro la sporcizia nella Chiesa».

Il «New York Times», l'«Associated Press» e la maggior parte dei media registrano le risposte del Vaticano alle loro accuse con insoddisfazione. In effetti, gli interventi di due tra le personalità ecclesiastiche più ascoltate negli Stati Uniti, il cardinale William Joseph Levada e l'arcivescovo Timothy Dolan, invece di contribuire a una migliore chiarificazione dei fatti, finiscono per alzare il livello dello scontro. Anche la nota pubblicata il 26 marzo su «L'Osservatore Romano» non sembra aiutare.

Tanto è vero che i media, Nyt in testa, cercano di alzare ulteriormente il tiro. Il quotidiano newyorkese, in particolare, risponde a Levada aprendo il fronte su un altro caso di pedofilia nel quale è in qualche modo coinvolto proprio lo stesso cardinale. L'articolo su Levada ha un titolo inequivoco: *Un cardinale con un curriculum controverso sui casi di abuso*.

La prima vicenda avviene nel 1985 e riguarda il fatto che Levada aveva incontrato per incarico della Conferenza episcopale americana tre studiosi cattolici, autori di un dettagliato documento sugli abusi sui minori nella Chiesa e si era riproposto di usarlo come base di partenza per affrontare il problema. Salvo poi comunicare la decisione dei vescovi di non farne nulla.

Il Nyt non si ferma qui. E racconta di quando Levada rimise un prete pedofilo al suo posto, difendendo la sua decisione durante una deposizione davanti ai giudici nel 2006, quando era arcivescovo di San Francisco. L'episodio si riferisce al periodo tra il 1986 e il 1995, quando Levada era ancora a Portland, nell'Oregon, e riguarda padre Joseph Baccellieri.

Gerard O'Connell, vaticanista dell'inglese «The Universe», dell'asiatica «Uca News», dell'americano «Our Sunday Visitor», osserva: «La decisione del direttore Gian Maria Vian, di attaccare i media su "L'Osservatore Romano" il giorno stesso in cui è esploso il caso Murphy, credo sia stata un'idea discutibile, che personalmente non ho affatto condiviso e che si è dimostrata un vero *boomerang*. Con quel commento si è alimentato il fuoco delle polemiche e si sono provocati una serie di nuovi interventi negativi nei media. Anche la reazione del cardinale Levada contro il "New York Times", a mio avviso, non è stata molto saggia. Ed è stata anch'essa controproducente: ha provocato una serie di inchieste giornalistiche sul periodo in cui era vescovo a Portland e poi a San Francisco e sul modo in cui, in quegli anni, ha trattato il problema degli abusi. Invece di rispondere attaccando i media, la reazione migliore, a mio giudizio, è quella più sobria, che entra nello specifico delle accuse, chiarisce i fatti e le circostanze, aiuta a leggere nella prospettiva corretta i documenti, come ha cercato di fare, negli ultimi casi, padre Lombardi».

9

La «settimana nera»

Il titolo può sembrare forte e fors'anche inopportuno. Richiama infatti i sette giorni di lavori conciliari del novembre 1964, durante i quali saranno apportate da papa Paolo VI significative modifiche agli schemi in discussione e verrà presentata la famosa Nota esplicativa previa alla costituzione *Lumen gentium*, con la quale il Pontefice garantiva la corretta interpretazione del testo del Concilio ribadendo che la collegialità era da intendersi sempre *cum et sub Petro* (con Pietro e sotto la sua autorità). Eppure c'è stata una «settimana nera», anche nella vicenda dello scandalo pedofilia. Una settimana che ha registrato l'incredibile e sfortunata sequenza di casi mediatici che aprono nuovi fronti con il mondo ebraico e con il mondo omosessuale. Casi scaturiti non da nuovi documenti, dall'emergere di nuove storie di abusi o da rivelazioni sull'incapacità dei vescovi di gestire lo scandalo pedofilia, quanto piuttosto dalle dichiarazioni poco prudenti dei collaboratori del Papa.

Dopo i tre tentativi di chiamare direttamente in causa Benedetto XVI – con Hullermann, Murphy e Kiesle – le polemiche in quei giorni sembrano diminuire. C'è attesa per quanto il Papa dirà durante la Settimana santa, in molti scommettono che Ratzinger parlerà nuovamente dello scandalo nell'omelia della messa crismale, il Giovedì santo, celebrata con i sacerdoti della diocesi di Roma. Il Pontefice, però, ha già parlato, dieci giorni prima, con la lettera agli irlandesi. Le prediche del periodo pasquale sono state da lui accuratamente preparate con anticipo, durante gli esercizi spirituali predicati alla Curia romana, e Benedetto XVI preferisce meditare sugli eventi che sono alla base della fede cristiana, dei quali si fa memoria in quei giorni. Del resto, il documento per l'Irlanda, spiegava già in modo esauriente la svolta nella gestione dello scandalo: vicinanza e comprensione per le vittime, assoluta severità nei confronti dei colpevoli, critica per i vescovi che non hanno governato né esercitato la loro paternità, riforma dei seminari, collaborazione con la giustizia civile, necessità di purificazione e penitenza.

Il 2 aprile è Venerdì santo, la Chiesa rivive la Passione di Gesù. Com'è tradizione, alle 17, in San Pietro, il Papa presiede la liturgia della celebrazione della Passione. L'omelia, in questo giorno, è sempre tenuta dal predicatore della Casa pontificia, il cappuccino Raniero Cantalamessa.

Il Venerdì santo è una giornata particolarmente sensibile per gli ebrei, che ricordano l'accusa di "deicidio" rivolta dai cristiani al loro popolo lungo i secoli. Per coloro che celebreranno il rito secondo l'antico messale liberalizzato dal motu proprio *Summorum Pontificum*, verrà usata per la seconda volta l'«ottava supplica», la preghiera per gli israeliti, nella nuova formulazione redatta dallo stesso Benedetto XVI, che ha voluto cancellare accenti antigiudaici della vecchia formulazione, ma che non ha comunque accontentato il mondo ebraico. Il giorno precedente, Giovedì santo, le agenzie di stampa avevano rilanciato le parole del rabbino di Roma, Riccardo Di Segni, che nella newsletter della comunità aveva scritto: «Domani, nel giorno più funesto della storia del rapporto cristiano-ebraico, qualcuno pregherà per la nostra conversione e affinché i nostri cuori finalmente vedano la luce. Lo farà nella lingua, ormai morta, di quell'impero che distrusse due volte Gerusalemme». Parole amare.

Durante l'omelia del Venerdì santo, dedicata in buona parte alla violenza contro le donne, soprattutto all'interno delle mura domestiche, padre Cantalamessa sfiora anche il tema dello scandalo pedofilia e delle polemiche contro la Chiesa e contro il Papa. E dice:

> «Per una rara coincidenza, quest'anno la nostra Pasqua cade nelle stessa settimana della Pasqua ebraica che ne è l'antenata e la matrice dentro cui si è formata. Questo ci spinge a rivolgere un pensiero ai fratelli ebrei. Essi sanno per esperienza cosa significa essere vittime della violenza collettiva e anche per questo sono pronti a riconoscerne i sintomi ricorrenti. Ho ricevuto in questi giorni la lettera di un amico ebreo e, con il suo permesso, ne condivido qui una parte. Dice: "Sto seguendo con disgusto l'attacco violento e concentrico contro la Chiesa, il Papa e tutti i fedeli da parte del mondo intero. L'uso dello stereotipo, il passaggio dalla responsabilità e colpa personale a quella collettiva mi ricordano gli aspetti più vergognosi dell'antisemitismo. Desidero pertanto esprimere a lei personalmente, al Papa e a tutta la Chiesa la mia solidarietà di ebreo del dialogo e di tutti coloro che nel mondo ebraico (e sono molti) condividono questi sentimenti di fratellanza. La nostra Pasqua e la vostra hanno indubbi elementi di alterità, ma vivono ambedue nella speranza messianica che sicuramente ci ricongiungerà nell'amore del Padre comune. Auguro perciò a lei e a tutti i cattolici Buona Pasqua"».

Il predicatore della Casa pontificia cita dunque la lettera di un amico ebreo. Cantalamessa non ne rivelerà mai il nome, pur avendo inizialmente dichiarato che era stato autorizzato a farlo dallo stesso autore della missiva, e qualcuno ha persino ipotizzato che la lettera in realtà non esista: il frate avrebbe trasformato in un messaggio scritto a lui indirizzato, pareri e scambi di vedute con amici del mondo ebraico. Il punto però non è questo. Già nelle ore successive, il passaggio che paragona agli «aspetti più vergognosi dell'antisemitismo» le accuse generalizzate e indiscriminate alla Chiesa e al Papa per lo scandalo della pedofilia viene rilanciato in tutto il mondo. Prima ancora che l'omelia venga pronunciata, proprio quel passaggio è evidenziato sulla prima pagina de «L'Osservatore Romano».

Non era difficile immaginare come quelle parole sarebbero state sintetizzate e trasmesse, e quali sarebbero state le reazioni. Che puntuali arrivano, poche ore dopo.

Il Consiglio centrale degli ebrei in Germania giudica un «insulto» le parole di Cantalamessa: «È irriguardoso ed è un insulto sia per le vittime degli abusi sessuali che per quelle dell'Olocausto» spiega il segretario generale, Stephan Kramer. «Il Vaticano sta ricadendo nei soliti metodi che ha usato per decenni per sopprimere e nascondere ogni questione compromettente. È stata una decisione presa ad alto livello per relativizzare l'antisemitismo e l'Olocausto.» Molto duro anche il commento del rabbino Di Segni, che intervistato da «La Stampa» definisce quello del predicatore del Papa «un paragone improprio e una caduta di gusto», offensivo «soprattutto nei confronti delle vittime degli abusi così come nei confronti delle vittime della Shoah». L'accostamento «fuori luogo», continua il rabbino, è stato reso ancora più improprio dal fatto di essere stato pronunciato «non in un giorno qualunque, ma il Venerdì santo, cioè nel giorno più funesto della storia del rapporto tra cristiani ed ebrei».

David Clohessy, del gruppo «Survivors Network of those Abused by Priests», un'associazione americana di vittime di abusi sessuali da parte del clero, commenta: «Spezza il cuore vedere un altro esponente vaticano di alto rango fare delle osservazioni così insensibili. Le persone che nascondono in modo deliberato e prolungato i crimini sessuali contro i bambini non sono assolutamente delle vittime. Paragonare la richiesta di un pubblico esame di tali azioni con gli atti orribili di violenza commessi contro gli ebrei non potrebbe essere più sbagliato».

Mentre si moltiplicano in tutto il mondo le prese di posizione fortemente polemiche verso l'omelia, sabato 3 aprile il direttore della Sala Stampa vaticana Federico Lombardi tenta di spegnere le fiamme con questa dichiarazione, che di fatto riconosce l'inopportunità delle parole pronunciate dal predicatore pontificio:

> «Avvicinare gli attacchi al Papa per lo scandalo pedofilia all'antisemitismo non è la linea seguita dalla Santa Sede. Padre Canta-

lamessa ha solo voluto rendere nota la solidarietà al Pontefice espressa da un ebreo, alla luce della particolare esperienza di dolore subita dal suo popolo. Ma è stata una citazione che poteva dare adito a malintesi».

Il giorno dopo, intervistato da Gian Guido Vecchi su «Il Corriere della Sera», corre ai ripari lo stesso predicatore: «Se, contro ogni mia intenzione, ho urtato la sensibilità degli ebrei e delle vittime della pedofilia, ne sono sinceramente rammaricato e ne chiedo scusa, riaffermando la mia solidarietà con gli uni e con gli altri». Cantalamessa ricorda di aver dedicato un'intera omelia del Venerdì santo, nel 1998, alle radici storiche dell'antisemitismo cristiano. E precisa che «il Papa non solo non ha ispirato, ma, come tutti gli altri, ha ascoltato per la prima volta le mie parole durante la liturgia in San Pietro. Mai qualcuno del Vaticano ha preteso di leggere in anticipo il testo delle mie prediche, cosa che ritengo un grande atto di fiducia in me e nei media».

«Non penso affatto» conclude «che si possano paragonare antisemitismo e attacchi alla Chiesa di questi giorni e credo che neppure l'amico ebreo intendesse farlo. Egli non si riferisce all'antisemitismo della Shoah: intendeva – e mi pare che lo dica chiaramente – "l'uso dello stereotipo e il facile passaggio dalla colpa individuale a quella collettiva", cioè l'antisemitismo come fatto di cultura, più che come effettiva persecuzione. Ma questo – che cioè si sia in presenza di un diffuso "anticristianesimo" nella nostra società occidentale – non mi sembra che egli sia il solo e il primo a pensarlo.»

In difesa di Cantalamessa e della corretta interpretazione delle sue parole, scrivono la storica Lucetta Scaraffia, editorialista di punta de «L'Osservatore Romano» (ma l'articolo in questione è pubblicato sul quotidiano «Il Riformista»), e R.A. Segre, storico giornalista italo-israeliano che scrive su «Il Giornale».

Che cosa è accaduto? Perché nessuno si è reso conto delle possibili strumentalizzazioni di quella citazione? Perché si è lasciato che si riaprisse un fronte polemico con il mondo ebraico, che fino a quel momento si era astenuto da commenti sul caso pedofilia? Bruno Bartoloni, collaboratore de «Il Corriere della Sera» e di «Paris Match», per quarantacinque anni vaticanista dell'agenzia «France Presse», presente in Sala Stampa vaticana quella mattina, spiega: «Sono stato io a chiamare padre Cantalamessa, per chiedergli in anticipo il testo dell'omelia. Lo stesso aveva fatto la collega dell'agenzia "Ansa". Il predicatore della Casa pontificia inizialmente si è detto perplesso, perché riteneva che l'anno precedente ad alcuni passaggi del sermone fosse stata data un'interpretazione un po' forzata da parte dei media. Alla fine, noi giornalisti non abbiamo ricevuto il testo direttamente da lui. Verso le ore 13, è stato il vicedirettore della Sala Stampa vaticana, padre Ciro Benedettini, a portarcelo. Ed era, lo ricordo bene, già stato tradotto in inglese e spagnolo, segno che non si trattava di una stesura avvenuta all'ultimo minuto. Poche ore dopo, proprio quella citazione della lettera dell'amico ebreo era evidenziata sulla prima pagina de "L'Osservatore Romano". Mi chiedo, nessuno di coloro che hanno letto in anticipo quel testo ha compreso la portata di quella frase e di quel paragone con l'antisemitismo? Evidentemente non si sono resi conto delle reazioni che poteva scatenare...».

Lo scrittore Vittorio Messori scriverà in proposito: «Altri, troppo numerosi infortuni mediatici hanno coinvolto in questi anni la Gerarchia. Le cause? Innanzitutto, forse, l'eccesso di parole dette e scritte; poi la minor qualità della "macchina" ecclesiale chiamata al controllo dei testi; infine una certa ingenuità degli uomini di Chiesa».

La dichiarazione di padre Lombardi e l'intervista di Cantalamessa sembrano riportare il sereno. Ma la tregua sarà breve, anzi brevissima.

Il 5 aprile, domenica di Pasqua, a Roma piove a dirotto. L'atmosfera meteorologica umida e cupa contrasta con i segni di gioia che ricordano la resurrezione, sul sagrato della basilica di San Pietro inondato di fiori. All'inizio della messa celebrata da Benedetto XVI, accade qualcosa di inedito. Il cardinale Angelo Sodano, già segretario di Stato, ora decano del collegio cardinalizio, si avvicina al microfono per leggere un indirizzo di saluto al Papa, che di fatto rappresenterà l'unico riferimento agli attacchi e alle polemiche per lo scandalo pedofilia.

Sodano esprime a Ratzinger la vicinanza di tutti i cattolici.

> «La liturgia della Chiesa ci invita a una santa letizia anche se scende la pioggia su questa storica piazza il sole risplende sui nostri cuori, ci stringiamo a lei roccia indefettibile della Santa Chiesa di Cristo.»

L'accenno alla «roccia» è evangelico: se Cristo stesso è la «pietra scartata dai costruttori divenuta testata d'angolo», Pietro, il principe degli apostoli, è la «pietra» sulla quale Gesù edifica la sua Chiesa.

> «Le siamo profondamente grati per la sua fortezza d'animo e per il coraggio apostolico. Noi ammiriamo il suo grande amore che con cuore di padre fa proprie le speranze di tutta l'umanità di oggi, in modo speciale dei poveri e dei sofferenti.
> Oggi per mezzo mio tutta la Chiesa desidera dirle in coro, buona Pasqua amato Santo Padre, la Chiesa è con lei, con lei sono i cardinali suoi collaboratori della Curia romana, con lei i vescovi che guidano le tremila circoscrizioni ecclesiastiche e quei quattrocentomila sacerdoti che servono generosamente il popolo di Dio nelle parrocchie, nelle scuole, negli ospedali come pure nelle missioni.»

Sodano non entra direttamente nel merito delle polemiche, ma sottolinea il grande bene che tanti preti dediti alla loro missione compiono quotidianamente a ogni latitudine della terra.

«È con lei il popolo di Dio» aggiunge il cardinale «che non si lascia impressionare dal chiacchiericcio.» L'uso del termine «chiacchiericcio» per definire gli attacchi di questi giorni non è casuale: esattamente una settimana prima, nell'omelia della messa della domenica delle Palme, Benedetto XVI aveva detto che da Dio viene il «coraggio che non si lascia intimidire dal chiacchiericcio delle opinioni dominanti». Il riferimento papale era certamente più ampio, e il testo preparato con largo anticipo, ma era stato comunque letto e collegato, nelle sintesi giornalistiche, proprio alle polemiche sulla pedofilia. Il cardinale decano è come se avvalorasse, con le sue parole, questa interpretazione mediatica. L'uso della parola «chiacchiericcio» in riferimento agli scandali della pedofilia sarà in seguito contestato al porporato.

Il cardinale conclude:

> «Come lei ci ha insegnato Giovedì santo citando San Pietro, Gesù insultato non rispose con insulti e ci soccorre nelle prove: nel mondo, ci disse, avrete delle tribolazioni ma abbiate coraggio, io ho vinto il mondo».

Quindi l'augurio finale: «Buona Pasqua Padre Santo, la Chiesa è con te, dolce Cristo in terra». Al termine del suo breve intervento Sodano si toglie la berretta rossa e si avvicina al trono papale, per abbracciare Ratzinger, che mostra di apprezzare il breve saluto.

Come nasce l'idea del messaggio di solidarietà? Lo storico Alberto Melloni, sul «Corriere della Sera» del 9 maggio 2010, dando conto delle critiche rivolte dal cardinale arcivescovo di Vienna Christoph Schönborn a Sodano (delle quali tratteremo diffusamente nel prossimo capitolo), scrive: «Von Schönborn sa che Benedetto XVI aveva chiesto a Sodano per Pasqua un indirizzo di saluto, pronunciato in Piazza San Pietro...». Lasciando così intendere che la richiesta del messaggio di solidarietà sia partita dallo stesso Pontefice. Padre Lombardi, il 10, maggio – fatto piuttosto raro – fa pubblicare una nota a sua firma sul quotidiano milanese, precisando:

> «Per amore della verità, Benedetto XVI non aveva chiesto asso-

lutamente nulla. L'indirizzo del cardinale Sodano è stato un'iniziativa del collegio cardinalizio, almeno in quanto presente a Roma, rappresentato dal suo decano. Il Papa ne era stato informato pochissimo tempo prima, anche perché – presiedendo la celebrazione – doveva naturalmente sapere che cosa sarebbe avvenuto... Ritengo mio dovere mettere in chiaro che Benedetto XVI, anche nei tempi difficili, non mendica e non organizza manifestazioni di difesa e sostegno per puntellare la sua serenità spirituale nella fede e la sua autorità. Aggiungerei che, se c'è una persona a mia conoscenza che – come giustamente auspica Melloni in fine articolo – vive le attuali vicende della Chiesa con la consapevolezza dei loro significati, senza preoccupazioni di perdita di potere, ma in spirito evangelico di purificazione, di penitenza e di rinnovamento profondo, è proprio Benedetto XVI».

Le parole del portavoce vaticano sono certamente ispirate dai vertici della Segreteria di Stato, e qualcuno arriva a leggervi persino una presa di distanza da Sodano. Era dunque stata sua, soltanto sua, la decisione di rivolgere un saluto solidale al Papa sotto attacco?

«Vuole sapere la verità?» chiede un alto prelato che ha vissuto molto da vicino le vicende di quei giorni. «La verità è che, in un certo senso, sia Melloni che Lombardi hanno ragione. Non è stato Benedetto XVI a richiedere l'intervento ed è vero che non ne sapeva nulla. Ma qualcuno molto vicino al Papa, nei primi giorni della Settimana santa ha telefonato al cardinale decano suggerendogli l'idea del messaggio. Lui ha accettato subito, ha preparato il testo e l'ha letto la domenica di Pasqua. L'iniziativa è stata fatta propria dal cardinale decano, ma non è partita da lui. Gli è stata suggerita da qualcuno molto vicino al Pontefice. E dunque, Sodano poteva pensare che in qualche modo Benedetto XVI approvasse. In realtà, il Papa è stato avvisato soltanto poco prima della cerimonia.»

La stampa internazionale sottolinea il fatto che il Pontefice non è intervenuto nuovamente sugli scandali durante le cerimonie pasquali. Ma in un primo momento non critica le parole di solidarietà espresse da Sodano. A provocare nuove polemiche con il mondo ebraico è, invece, l'intervista che il decano del collegio cardinalizio rilascia a «L'Osservatore Romano» e che viene pubblicata martedì 6 aprile. Si tratta di un testo breve. Anche questa volta, l'iniziativa non parte dal cardinale, che risponde a una precisa richiesta della direzione del quotidiano vaticano.

Nel presentare le motivazioni del suo inusuale saluto al Pontefice, il giorno di Pasqua, l'ex segretario di Stato sembra da una parte accreditare la pista del complotto, dicendo che «Dietro gli ingiusti attacchi al Papa ci sono visioni della famiglia e della vita contrarie al Vangelo»; dall'altra propone un parallelo tra Ratzinger e altri tre predecessori oggetto di critiche. Tra questi c'è Pio XII.

Secondo Sodano, dunque, Benedetto XVI sarebbe oggetto di attacchi e di accuse a motivo delle sue prese di posizione in favore della famiglia fondata sul matrimonio tra un uomo e una donna, ai suoi discorsi contro l'aborto, alla sua opposizione ai metodi anticoncezionali artificiali.

> «Ora contro la Chiesa viene brandita l'accusa della pedofilia. Prima ci sono state le battaglie del modernismo contro Pio X, poi l'offensiva contro Pio XII per il suo comportamento durante l'ultimo conflitto mondiale e infine quella contro Paolo VI per l'*Humanae vitae*.»

Il cardinale decano presenta dunque le critiche, le polemiche, gli attacchi diretti contro Benedetto XVI per lo scandalo della pedofilia del clero come la riedizione di "battaglie" già vissute in passato dai suoi predecessori. Colpisce soprattutto il paragone con l'offensiva contro papa Pacelli, che in realtà non subì attacchi durante la vita, ma soltanto a partire dalla metà degli anni Sessanta è stato oggetto di critiche pesanti per il suo atteggiamento prudente nei pronunciamenti pubblici durante la Shoah. Proprio Benedetto XVI, lo abbiamo già ricordato, nel dicembre 2009, aveva promulgato le virtù eroiche del predecessore, la cui figura è fortemente criticata dal mondo ebraico. Forse il paragone che presenta più similitudini è quello con Paolo VI, che al momento della pubblicazione dell'enciclica, nella quale si sanciva l'illiceità degli anticoncezionali, venne sottoposto a un fuoco di fila di attacchi e critiche feroci fuori ma anche dentro la Chiesa.

Continua Sodano:

> «È ormai un contrasto culturale, il Papa incarna verità morali che non sono accettate e così le mancanze e gli errori di sacerdoti sono usate come armi contro la Chiesa».

Le parole del decano del collegio cardinalizio confermano che ai vertici della Santa Sede si ritiene che in quanto sta accadendo vi sia un «contrasto culturale», e dunque gli scandali degli abusi sui minori, che pure purtroppo esistono, rappresentino in realtà un pretesto per cercare di delegittimare il Pontefice e il suo magistero.

Il paragone proposto da Sodano nell'intervista al quotidiano vaticano non passa inosservato. Renzo Gattegna, presidente dell'Unione delle comunità ebraiche italiane (Ucei), afferma: «Alcuni interventi e alcuni paragoni inappropriati e inopportuni, che preoccupano ancor più in quanto provenienti da autorevoli esponenti della Chiesa cattolica, rischiano di creare pericolosi e fuorvianti paralleli storici.

Alle comunità ebraiche, e non solo italiane, sta a cuore» continua Gattegna che «il complesso dialogo con il mondo cattolico» continui sul piano culturale, religioso e politico, e si sviluppi «in un clima di collaborazione e di confronto costruttivo che certe dichiarazioni possono solo rendere più difficile».

Al cardinale Sodano replica anche Amos Luzzatto, ex presidente dell'Ucei, precisando che «su Pio XII non c'è nessuna aggressione», da parte ebraica. Semmai, si tratta di «una critica storica e culturale e come tale va compresa».

Un'altra autorevole esponente del mondo ebraico italiano, Tullia Zevi, si spinge ancora più in là, attribuendo al celibato sacerdotale i casi di pedofilia tra il clero: «Colgo con difficoltà la fondatezza di certi paralleli. Prima padre Cantalamessa e ora il cardinal Sodano: resto perplessa, non li trovo così calzanti. Anzi, più dannosi che inutili. [...] Sono storie diverse, figure, piani diversi. E ci sono anche ragioni» aggiunge «molto diverse dietro quello che sta accadendo oggi.» Secondo Zevi, «la pedofilia è una conseguenza della castità forzata. Quando mai lo capirà la Chiesa? Perché Papa Benedetto XVI non s'aggiorna sulla sessualità? Il celibato è una cosa contro natura».

Due giorni dopo, è il settimanale britannico «Economist» a criticare la strategia di difesa vaticana, sostenendo che parlare di «complotto», di «cospirazione» e di «chiacchiericcio» danneggia, anziché aiutare, l'immagine della Santa Sede. Il riferimento è all'omelia di padre Cantalamessa e ai paragoni del cardinale Sodano. Anche se, a dire il vero, nessuno Oltretevere ha sostenuto apertamente la tesi del complotto o della cospirazione.

«Il tentativo del Vaticano di cercare motivi reconditi è in sintonia con la cultura politica italiana, con il suo amore per la dietrologia», scrive l'«Economist».

> «Inoltre la tendenza di quelli accusati nei vari scandali è di adottare il ruolo delle vittime. Il primo ministro italiano, Silvio Berlusconi, ha con successo usato entrambe le tattiche... Nonostante le origine tedesche dell'attuale Papa, molti aspetti del Vaticano ancora riflettono il paese in cui si trova. Questo può spiegare l'incapacità delle sue alte gerarchie di comprendere l'irritazione, o persino la disapprovazione, che certe dichiarazioni suscitano»

ad esempio nel mondo ebraico.

Lunedì 12 aprile, la Santa Sede mette *online*, nello spazio web dedicato al problema degli abusi sui minori, le direttive interne in uso alla Congregazione per la dottrina della fede, che attestano come negli ultimi anni, a partire dal 2003, il Vaticano abbia accentuato rigore e tempestività nell'intervenire per affrontare questi casi. Una risposta efficace e concreta. L'effetto della pubblicazione viene però vanificato nel giro di poche ore dall'aprirsi di una nuova, pesante polemica internazionale.

Già da una settimana, dal lunedì dell'Angelo, il segretario di Stato Tarcisio Bertone si trova in Cile, per un lungo viaggio in agenda già prima del terremoto che ha sconvolto il paese sudamericano, e che ora assume anche il significato di una manifestazione di solidarietà con quanti sono stati colpiti dal sisma. Il 12 aprile, nel Seminario pontificio di Santiago del Cile, Bertone tiene una conferenza stampa. Per effetto del fuso orario, le parole del principale collaboratore di Benedetto XVI arrivano in Europa a sera inoltrata e finiscono per rimanere nel circuito mediatico internazionale per due giorni.

L'audio originale della conferenza stampa, alla quale assiste anche il cardinale arcivescovo di Santiago, è disponibile sul sito *www.iglesia.cl*.

Bertone, che parla alternando italiano e spagnolo, risponde a tutte le domande che gli vengono poste. Spiega che il fenomeno della pedofilia riguarda «tutte le categorie di persone e percentualmente in misura minore i sacerdoti. Anche se il comportamento dei sacerdoti in questo campo è negativo, molto grave e scandaloso». Il cardinale spiega di non voler «mettere il silenziatore» alla stampa, ma si augura che «questa campagna finisca». E critica il «New York Times» affermando che non «informa più sul mondo» limitandosi ad attaccare «solo la Chiesa cattolica».

Il segretario di Stato ribadisce l'atteggiamento vaticano nel caso Murphy, ricordando che il colpevole era ormai molto ammalato, in fin di vita. La conferenza finisce, dopo quella che doveva essere l'ultima domanda. Bertone sta per alzarsi, quando una giornalista cilena chiede di poter porre ancora una questione. E chiede qualcosa riguardo al celibato sacerdotale, che più di qualcuno, mostrando di non conoscere a fondo le statistiche, ha messo in relazione con gli abusi sui minori.

La risposta del cardinale, che si esprime in spagnolo, è sintetica: «Molti psicologi e molti psichiatri hanno dimostrato che non c'è relazione tra celibato e pedofilia. Ma molti altri hanno dimostrato – mi è stato detto recentemente – che c'è una relazione tra omosessualità e pedofilia. Questa è la verità. Lo dicono i documenti degli psicologi, questo è il problema».

Dal contesto della domanda, si comprende come Bertone intendesse riferirsi ai soli sacerdoti, ánche se l'estrema sintesi della risposta poteva offrire il destro a indebite generalizzazioni. La notizia fa subito il giro del mondo e provoca l'immediata e irata reazione delle comunità gay.

Il Movimento cileno per le minoranze sessuali (Movikh) critica le parole del cardinale: «Bertone mente in modo palese e inumano quando sostiene che ci sono studi che dimostrato l'esistenza di relazioni tra l'omosessualità e la pedofilia». In Italia, il leader storico di Arcigay Aurelio Mancuso dice che «come sempre i cardinali stravolgono la realtà». Mentre Franco Grillini, esponente del partito Italia dei valori e leader di Gaynet, definisce «gravissime» le affermazioni del «primo ministro» vaticano. E la deputata italiana del Pd, Paola Concia, esprime «indignazione: è davvero sconfortante che ancora oggi eminenti rappresentanti della Chiesa cattolica si lascino andare ad analisi così grossolane». Ancora più dura la reazione di Gaylib, l'associazione omosessuale italiana vicina al centrodestra: «Il Vaticano dovrebbe chiedere perdono al mondo e alla storia presso l'assemblea generale dell'Onu».

L'imbarazzo Oltretevere è evidente. «L'Osservatore Romano» non riporta le parole del segretario di Stato, né le polemiche conseguenti.

Il 14 aprile tocca ancora una volta al portavoce vaticano correggere il tiro. Dichiara padre Lombardi in una nota scritta, evidentemente concordata con la Segreteria di Stato:

> «Le autorità ecclesiastiche non ritengono di loro competenza fare affermazioni generali di carattere specificamente psicologico o

medico, per le quali rimandano naturalmente agli studi degli specialisti e alle ricerche in corso sulla materia».

E aggiunge:

«Per quanto di competenza delle autorità ecclesiastiche, nel campo delle cause di abusi su minori da parte di sacerdoti affrontate negli anni recenti dalla Congregazione per la dottrina della fede, risulta semplicemente il dato statistico riferito nella intervista di Mons. Scicluna, in cui si parlava di un 10% di casi di pedofilia in senso stretto, e di un 90% di casi da definire piuttosto di efebofilia (cioè nei confronti di adolescenti), dei quali circa il 60% riferito a individui dello stesso sesso e il 30% di carattere eterosessuale. Ci si riferisce qui evidentemente alla problematica degli abusi da parte di sacerdoti e non nella popolazione in generale».

Intanto, però, il nuovo "incendio" provoca reazioni anche in ambito diplomatico, com'era accaduto nel 2009 per le parole del Pontefice sul preservativo.

Il portavoce del ministero degli Esteri francese, Bernard Valero, definisce un «amalgama inaccettabile» la correlazione tra pedofilia e omosessualità, citata dal porporato. Vale la pena anche di ricordare, di fronte alle dichiarazioni di Parigi, che il segretario generale aggiunto del ministero è Jean-Loup Kuhn-Delforge, attivista gay, proposto a suo tempo dal governo francese quale ambasciatore presso la Santa Sede ma che nel 2008 non ottenne il gradimento vaticano.

Gli studi ai quali Bertone aveva genericamente fatto riferimento durante la conferenza stampa sono stati compiuti negli Usa, come ricorda l'agenzia «Zenit». Qui nel 2004 è stato pubblicato un rapporto sulla pedofilia tra il clero redatto dal John Jay College of Criminal Justice della City University di New York. Analizzando le denunce di abusi sessuali presentate contro chierici tra il 1950 e il 2002 nelle varie diocesi degli Stati Uniti, il rapporto constatava che la stragrande maggioranza delle vittime, l'81%, era costituita da maschi. Lo studio del John Jay affermava inoltre che la pedofilia, un'attrazione per ragazzi in età prepuberale diagnosticata come malattia psichiatrica, rappresentava soltanto una piccola parte del problema degli abusi sessuali. Le vittime erano infatti per la maggior parte adolescenti che avevano superato la pubertà. Queste conclusioni sono sostenute anche da altri autorevoli studiosi americani, come pure da Massimo Introvigne, direttore del Centro studi sulle nuove religioni.

Il cardinale non aveva dunque l'intenzione di proporre un generico accostamento tra pedofilia e omosessualità, bensì riferirsi alle statistiche riguardanti i sacerdoti. Nei giorni successivi, più di un commentatore cattolico, farà anche notare l'«ipocrisia» di una certa cultura omosessuale e libertaria, che ha spesso invitato a «tenere bene a mente la vitale, originaria e prorompente sessualità infantile, in modo da non imbrigliarla nelle coercizioni della norma, che genera inevitabilmente repressione». E si ricorderà anche la nascita, qualche anno prima, di un partito dichiaratamente pedofilo in Olanda.

La «settimana nera», durante la quale per leggerezza, in un momento in cui la Chiesa era sotto attacco per lo scandalo pedofilia, si sono aperti nuovi fronti polemici con il mondo ebraico e con il mondo omosessuale, finalmente si conclude.

C'è però un epilogo che, seppure supera l'arco temporale degli otto giorni, vi si collega benissimo.

Il sito cattolico progressista francese *Golias* collegato con l'omonima rivista, pubblica la riproduzione di una lettera che l'8 settembre 2001 il cardinale colombiano Darío Castrillón Hoyos, all'epoca prefetto della Congregazione del clero, aveva inviato al vescovo francese Pierre Pican. Il prelato, alla guida della diocesi di Bayeux e Lisieux, era stato appena condannato a tre mesi di carcere con la condizionale per non aver denunciato alle autorità civili un suo sacerdote pedofilo seriale, René Bissey, condannato nell'ottobre del 2000 per abusi sessuali su minori compiuti negli anni precedenti. Monsignor Pican si era trincerato dietro il «segreto professionale» (non di confessione), che però non può essere invocato nella legislazione francese in casi come questi riguardanti abusi su minori.

Castrillón aveva scritto una prima volta al vescovo, nel 2000, per sostenerlo, ed era tornato ad appoggiarlo a condanna avvenuta, congratulandosi con lui:

> «Ha agito bene, mi rallegro di avere un confratello nell'episcopato che, agli occhi della storia e di tutti gli altri vescovi del mondo, avrà preferito la prigione piuttosto che denunciare un prete della sua diocesi... Questa Congregazione, per incoraggiare i fratelli nell'episcopato in una materia così delicata, trasmetterà copia di questa missiva a tutti i fratelli vescovi».

La sera del 15 aprile, padre Lombardi, chiamato ormai quasi quotidianamente a spegnere gli incendi, anche quelli auto-prodotti, per la prima volta condanna apertamente l'atteggiamento di un noto porporato della curia vaticana.

Dichiara infatti il direttore della Sala Stampa della Santa Sede:

> «Questo documento è una riprova di quanto fosse opportuna l'unificazione della trattazione dei casi di abusi sessuali di minori da parte di membri del clero sotto la competenza della Congregazione della dottrina della fede, per garantirne una conduzione rigorosa e coerente, come avvenne infatti con i documenti approvati dal Papa nel 2001».

Lombardi, che come abbiamo visto in un precedente capitolo, aveva già polemizzato con Castrillón in merito alla revoca della scomunica al vescovo lefebvriano Williamson, sostiene dunque che l'atteggiamento del porporato appartiene al passato e che le nuove norme stabilite da papa Wojtyla nel 2001 hanno inaugurato una nuova stagione. La dichiarazione del portavoce vaticano rappresenta un punto di svolta. Per la prima volta, infatti, si difende ufficialmente la Santa Sede prendendo le distanze da un «ministro» della Curia romana dell'era wojtyliana.

Quello stesso giorno viene diffuso anche il testo di un'intervista che lo stesso Castrillón ha concesso alla Cnn.

«Come prefetto della Congregazione del clero» spiega «ho avuto incontri con scienziati che spiegavano che non esiste la pedofilia ma persone che commettono atti di pedofilia, non esiste la pedofilia come malattia. E così quando una persona commette un errore, che molte volte è stato un errore minimo, e questa persona viene accusata e confessa il suo delitto, il vescovo la punisce secondo quanto può fare per il diritto, la sospende o la manda in un'altra parrocchia. Questo è punirla, non è lasciarla impunita, non è copertura, questo è rispettare la legge, come fa la società civile, come fanno medici e avvocati, che non perdono per sempre il diritto di esercitare. [...]

La Chiesa punisce la pedofilia come un gravissimo delitto» spiega ancora il porporato alla Cnn «ma la punisce in accordo con la legge, il che vuol dire che il vescovo non può punire la persona accusata senza il processo al quale ha diritto il delinquente.»

Dopo aver appreso della dichiarazione di Lombardi che lo riguarda, Castrillón non ci sta a fare il capro espiatorio, quasi che l'atteggiamento manifestato nella lettera di congratulazioni al vescovo Pican fosse un suo errore, frutto di un atteggiamento personale, di una decisione isolata. Sabato 17 aprile, il giorno dell'arrivo di Benedetto XVI a Malta per un viaggio di due giorni durante il quale il Pontefice incontrerà alcune vittime degli abusi, una notizia rimbalza dalla Spagna. Castrillón è a Murcia per una conferenza e qui, di fronte a un *parterre* di vescovi e cardinali, rivela che la lettera a Pican era stata autorizzata dallo stesso Giovanni Paolo II e per questo era stata inviata per conoscenza anche ai presidenti della conferenze episcopali e pubblicata sul sito internet della Congregazione del clero. A riportare per primo la notizia è il sito web del quotidiano spagnolo «La Verdad».

«Dopo aver consultato il Papa e avergli mostrato la lettera, la inviai al vescovo, congratulandomi con lui per essere stato un modello di padre che non consegna i suoi figli» alla giustizia, spiega il cardinale. Papa Giovanni Paolo II «mi autorizzò ad inviare la lettera a tutti i vescovi del mondo e a metterla su internet».

Ma c'è di più. Un monsignore oggi a riposo, negli anni scorsi stretto collaboratore dei responsabili della Segreteria di Stato wojtyliana, ci confida delle circostanze che permettono di inquadrare in una luce diversa l'episodio e aiutano a comprendere come quella di Castrillón non fosse affatto una posizione isolata, solitaria, ma rappresentasse invece, in quel momento, la *mens* del Pontefice e di tutta la Santa Sede nell'affrontare il problema. Il prelato ci rivela l'esistenza di una lettera del cardinale Sodano che si congratulava con lo stesso porporato colombiano. «Ho collaborato alla stesura della lettera che il cardinale segretario di Stato Angelo Sodano ha inviato al cardinale Castrillón, allora prefetto della Congregazione del clero, a sostegno della sua iniziativa di manifestare solidarietà al vescovo francese che non aveva denunciato all'autorità civile il prete autore degli abusi. Credo sia stata scritta all'inizio del marzo 2000, perché ricordo che in quel momento ci stavamo occupando anche della beatificazione dei sacerdoti brasiliani André de Soveral e Ambrósio Francisco Ferro e dei loro 28 compagni laici, che avvenne nella prima settimana di marzo. Non posso ripetere le parole usate dal cardinale segretario di Stato nella lettera, ma credo avesse definito l'iniziativa di Castrillón "opportuna" o "appropriata". Sodano condivideva la preoccupazione che si venisse a creare una giurisprudenza contraria alla Chiesa.»

In effetti tra la fine degli anni Novanta e l'inizio del nuovo millennio si svolge un serrato dibattito tra la Santa Sede e i vescovi statunitensi. Negli Usa, e nel mondo anglosassone in genere, si stava infatti diffondendo l'idea che l'autorità civile dovesse avere accesso agli archivi diocesani per vagliare le accuse riguardanti i preti pedofili. Era accaduto in un caso che i nomi dei preti raggiunti da accuse o da denunce erano stati messi sul web. In Vaticano si teme che questa prassi prenda piede anche nel mondo latino e viene così costituito un gruppo di lavoro per studiare il caso. Si svolgono delle riunioni interdicasteriali, alle quali partecipano anche i cardinali Castrillón, Re e Ratzinger, come pure l'allora segretario dell'ex Sant'Uffizio Bertone. Qual è la linea comune che emerge? Quali sono le direttive?

Lo si può comprendere senza consultare documenti riservati, basta leggere il testo di un'articolata e puntuale intervista all'allora segretario della Congregazione per la dottrina della fede, l'arcivescovo Tarcisio Bertone, rilasciata al mensile «30Giorni» nel febbraio 2002, vale a dire nel periodo in cui si stavano definendo le nuove norme di azione nei confronti dei preti pedofili, dopo che l'ex Sant'Uffizio aveva avocato a sé tutti i casi. Nell'intervista, firmata dal vaticanista Gianni Cardinale, ogni parola è pesata, ed è evidente che l'autorevolezza dell'interlocutore lascia intendere che proprio questa sia la posizione della Santa Sede sull'argomento.

Domanda il giornalista:

> «A queste nuove norme, soprattutto da parte laica, è stata fatta una obiezione. Perché un vescovo che viene a conoscenza del comportamento di un proprio sacerdote, delittuoso per la Chiesa ma anche per l'autorità civile, non ne deve informare la magistratura civile?».

Risponde l'arcivescovo Bertone:

> «Le Norme di cui stiamo parlando si trovano all'interno di un ordinamento giuridico proprio, che ha un'autonomia garantita, e non solo nei Paesi concordatari. Non escludo che in particolari casi ci possa essere una forma di collaborazione, qualche scambio di informazioni, tra autorità ecclesiastiche e magistratura. Ma, a mio parere, non ha fondamento la pretesa che un vescovo, ad esempio, sia obbligato a rivolgersi alla magistratura civile per denunciare il sacerdote che gli ha confidato di aver commesso il delitto di pedofilia. Naturalmente la società civile ha l'obbligo di difendere i propri cittadini. Ma deve rispettare anche il "segreto professionale" dei sacerdoti, come si rispetta il segreto

professionale di ogni categoria, rispetto che non può essere ridotto al sigillo confessionale, che è inviolabile».

Insiste l'intervistatore:

> «Eppure si può pensare che tutto ciò che viene detto al di fuori della confessione non rientri nel "segreto professionale" di un sacerdote...».

Risponde ancora l'allora segretario dell'ex Sant'Uffizio, oggi «primo ministro» di papa Benedetto:

> «È ovvio che si tratta di due livelli differenti. Ma la questione è stata ben spiegata dal cardinale Ersilio Tonini durante una trasmissione televisiva: se un fedele, un uomo o una donna, non ha più nemmeno la possibilità di confidarsi liberamente, al di fuori della confessione, con un sacerdote per avere dei consigli perché ha paura che questo sacerdote lo possa denunciare; se un sacerdote non può fare lo stesso con il suo vescovo perché ha paura anche lui di essere denunciato... allora vuol dire che non c'è più libertà di coscienza».

Come si vede, il richiamo al "segreto professionale" e al fatto che non si possa obbligare un vescovo a denunciare un proprio sacerdote, possono essere considerati un riferimento indiretto alla ben nota vicenda che aveva coinvolto il vescovo Pican.

Com'è comprensibile, oggi, di fronte al riemergere dei casi di pedofilia, le norme vengono sottoposte a ulteriori revisioni. La linea della "tolleranza zero" predisposta dalla Conferenza episcopale degli Stati Uniti dopo lo scandalo degli anni scorsi, sta facendo scuola. Le indicazioni in vigore dal 2003 per combattere la pedofilia, recentemente rese note dalla Santa Sede, prevedono oggi che vada «sempre dato seguito alle disposizioni della legge civile per quanto riguarda il deferimento di crimini alle autorità preposte». Quello che ha coinvolto il vescovo di Bayeux e Lisieux è infatti un caso esemplare in questo senso, dato che il presule si è rifiutato di denunciare il prete pedofilo, anche se non si trattava di segreto di confessione, ma di un "segreto professionale" non tutelato per questi casi dalla legislazione francese.

Padre Lombardi ha preso prontamente le distanze dal cardinale Castrillón, eppure proprio sul tema specifico della denuncia dei preti responsabili di abusi all'autorità civile, vale a dire l'argomento della lettera di solidarietà indirizzata al vescovo Pican, non sembra proprio che il porporato colombiano fosse così isolato, come dimostrano l'approvazione di Giovanni Paolo II, le congratulazioni di Sodano e l'intervista di Bertone.

Come già era accaduto per il cardinal Levada, anche l'esposizione mediatica di Castrillón provoca nuove inchieste giornalistiche e così il 22 aprile Jason Berry, sul «National Catholic Reporter», pubblica documenti che attestano il ruolo avuto dall'allora prefetto del clero nel 1997, in una vicenda legata al processo canonico contro padre Robert Trupia, prete della diocesi di Tucson che aveva abusato di molti ragazzi e che sarebbe stato ridotto allo stato laicale nel 2004. Con una lettera, Castrillón invitava l'allora vescovo di Tucson, Manuel Moreno, a trasferire padre Trupia permettendogli di lavorare fuori diocesi, nonostante le gravi accuse che lo riguardavano.

Anche in questa occasione, viene citato tra le fonti di informazione il padre domenicano Thomas Doyle, che già aveva partecipato alla conferenza stampa dedicata dall'avvocato Anderson al caso Murphy, il 25 marzo 2010, a New York. Esperto di diritto canonico, dal 1981 al 1986 ha lavorato nella rappresentanza pontificia a Washington, appartenente all'ala progressista, da anni impegnato in favore delle vittime di abusi, il frate americano è oggi anche impegnato a dimostrare una responsabilità vaticana nello scandalo.

10

Cardinali contro cardinali. I casi Maciel e Gröer

La lettera del cardinale Darío Castrillón Hoyos al vescovo Pican, la presa di distanze di padre Lombardi e la successiva difesa del porporato colombiano che ha chiamato in causa direttamente Giovanni Paolo II, hanno mostrato quale fosse l'atteggiamento prevalente nella Curia romana nell'ultimo decennio del pontificato wojtyliano.

Ma è un'altra vicenda, dai contorni non ancora del tutto chiariti, a riemergere nelle settimane pasquali. Una storia di abusi sessuali, di doppiezza di vita, di considerevoli giri di denaro, di coperture altolocate. La storia di padre Marcial Maciel Degollado, classe 1920, messicano, fondatore nel 1941 dei Legionari di Cristo, scomparso nel gennaio 2008. La sua congregazione, di impronta conservatrice, ha rappresentato una delle punte di diamante della nuova evangelizzazione lanciata da papa Wojtyla e conta seicentocinquanta preti, duemilacinquecento studenti di teologia, mille laici consacrati, trentamila membri attivi in venti nazioni, decine di scuole e università di alto livello, due delle quali a Roma, una di diritto pontificio inaugurata nel 2002, la Regina Apostolorum, e un'altra riconosciuta dal governo italiano, l'Università Europea di Roma.

Il 23 febbraio 1997, sul quotidiano del Connecticut «The Hartford Courant», comparvero pubblicamente le prime accuse contro il potente padre Maciel. Otto dei suoi ex seminaristi lo accusavano di ripetuti abusi sessuali, avvenuti nella casa romana per la formazione dei futuri preti Legionari, negli anni Cinquanta. Uno di loro racconta che Maciel si faceva toccare le parti intime spiegando ai ragazzi di aver avuto, per questo, «un permesso speciale di Pio XII». Nel momento in cui le accuse diventano pubbliche, negli Stati Uniti non era ancora scoppiato lo scandalo degli abusi sessuali che avrebbe portato alle dimissioni del cardinale di Boston Bernard Law e avrebbe fatto sì che la Santa Sede rendesse più rigide le sue procedure anti-pedofilia, con i documenti del 2001.

Quegli ex seminaristi divenuti accusatori del fondatore, non sono persone qualunque. Si tratta infatti di avvocati, professori universitari, ingegneri. Alcuni di loro avevano ricoperto incarichi di rilievo nella congregazione dei Legionari di Cristo. Félix Alarcón aveva "esportato", nel 1965, la Legione negli Usa. Un altro accusatore, Juan Vaca, aveva ricoperto l'incarico di presidente dei Legionari negli Stati Uniti per cinque anni, dal 1971 al 1976. Proprio lui aveva per due volte cercato di denunciare Maciel: lo aveva accusato di aver abusato di lui quando era ragazzo, scrivendo delle lettere riservate a Giovanni Paolo II, nel 1978 e poi ancora nel 1989. In entrambi i casi non aveva ricevuto alcuna risposta, anche se con tutta probabilità quelle missive non avevano mai raggiunto la scrivania del Pontefice. Anche per questo motivo, lui e gli altri sette ex confratelli avevano deciso nel 1997 di rivolgersi alla stampa e di presentare, l'anno successivo, una formale denuncia alla Santa Sede.

Già due volte, dunque, Oltretevere erano arrivate lettere che accusavano Marcial Maciel. Senza che venissero prese in considerazione. Dopo la denuncia pubblica, a mezzo stampa, gli accusatori del fondatore dei Legionari procedono dunque per le vie canoniche. Arturo Jurado, José Barba Martin e Juan Vaca, tre degli otto accusatori di padre Maciel, consegnano il 17 ottobre 1998 una richiesta di processo canonico nelle mani dell'allora sottosegretario della Congregazione per la dottrina della fede, padre Gianfranco Girotti.

Nell'intestazione del fascicolo si legge:

«Absolutionis complicis. Arturo Jurado et alii – Rev. Marcial Maciel Degollado».

Vale a dire: l'indicazione del delitto, il nome del primo dei denuncianti e quello dell'accusato. Il delitto, l'assoluzione in confessione del complice, è uno dei più terribili per la Chiesa, al punto da non cadere mai in prescrizione.

Anche se mancano ancora tre anni all'entrata in vigore delle nuove norme che porteranno tutti i casi di abusi contro minori commessi dal clero sotto l'egida dell'ex Sant'Uffizio, in questo caso, trattandosi di assoluzione del complice, la Congregazione guidata dal cardinale Joseph Ratzinger è già competente. L'inchiesta su padre Maciel, però, non decolla, nessuno contatta i testimoni chiedendo loro conto di ciò che dicono. Non si cercano riscontri alle loro parole, per verificare se si tratti di racconti fondati oppure di calunnie volte a screditare il benemerito fondatore di una delle realtà sulle quali conta Giovanni Paolo II per la nuova evangelizzazione, una «Legione», appunto, di sacerdoti disciplinati, che vestono l'abito e non si lasciano incantare dalle sirene del mondo moderno. Nessuno Oltretevere sembra credere ai loro racconti.

Chiamato in causa pubblicamente a mezzo stampa, Maciel si difende negando in blocco le accuse. Si presenta come vittima di una campagna diffamatoria.

Come prova della sua innocenza, ricorda che assieme ai primi otto denuncianti ce n'era all'inizio un nono, Miguel Diaz Rivera, ex Legionario oggi professore a Oaxaca, che però aveva ritrattato raccontando di essere stato indotto dagli altri a dire il falso. Anche altri tre ex Legionari, Armando Arias Sanchez, Valente Velázquez e Jorge Luis González Limón, sarebbero pronti a testimoniare d'aver ricevuto pressioni a sostenere accuse non vere.

I collaboratori di Maciel ricordano inoltre l'esito di una precedente indagine della Santa Sede contro di lui, dalla quale era uscito assolto. Venne condotta nel 1956. Maciel venne accusato di diciotto gravi reati canonici, tra i quali anche l'uso di stupefacenti. Il Sant'Uffizio lo aveva esautorato da ogni carica e lo aveva allontanato da Roma. I suoi Legionari erano stati interrogati a uno a uno. Tra questi c'erano anche coloro che quarantadue anni dopo avrebbero denunciato Maciel per abusi sessuali compiuti su di loro in quegli stessi anni Cinquanta, ma che durante quella vecchia inchiesta non dissero nulla sui presunti abusi dei quali erano stati vittime.

La prima indagine dura fino al febbraio del 1959 e si conclude con l'assoluzione e la reintegrazione dell'accusato.

Con l'elezione di papa Wojtyla, i Legionari di Cristo avevano trovato un amico e un sostenitore. Giovanni Paolo II vede le opere dei Legionari e incoraggia Maciel. Nel corso del pontificato wojtyliano, soprattutto nell'ultimo decennio, diventano sempre più forti e stretti anche i legami di Maciel con alcuni autorevoli esponenti della Curia romana. Sostenitori dei Legionari sono il segretario di Stato Angelo Sodano, che si adopera per far ottenere alla congregazione il terreno dove deve sorgere il grande ateneo Regina Apostolorum, il cardinale spagnolo Eduardo Martinez Somalo, il segretario particolare del Papa, Stanislaw Dziwisz.

Le singole lettere di denuncia indirizzate lungo gli anni al Pontefice non ottengono alcunché e non c'è prova alcuna che abbiano mai neanche raggiunto il tavolo di Wojtyla. La richiesta formale di processo canonico presentata dagli accusatori nel 1998 giace per sei anni senza che apparentemente nulla si muova. Perché? È questa la grande domanda, destinata a rimanere per il momento senza risposta, anche se un vescovo messicano, nel corso di una visita ad limina avvenuta qualche anno dopo, avrebbe chiesto a Ratzinger qualche notizia del processo, e il futuro Papa gli avrebbe fatto capire che non aveva potuto fare nulla. Qualcuno l'aveva fermato?

Nel novembre 2004 l'anziano fondatore dei Legionari di Cristo festeggia sessant'anni di sacerdozio e a Roma si alternano celebrazioni con la partecipazione di vescovi e cardinali. L'anno precedente, nell'aprile 2003, a Madrid, era stato pubblicato il libro-intervista con Maciel scritto da Jesus Colina e intitolato *La mia vita è Cristo*. Il volume intende rispondere alle accuse degli ex Legionari e ai dubbi che serpeggiano soprattutto nell'episcopato messicano. Si parla di «fraintendimenti» e in ben nove pagine, di «calunnie». La vita del fondatore è ricostruita agiograficamente. L'edizione italiana esce un anno dopo, ed è accompagnata dalla prefazione del cardinale Tarcisio Bertone, neo-arcivescovo di Genova dopo aver lasciato la Congregazione per la dottrina della fede.

> «Le risposte che padre Maciel dà durante l'intervista sono profonde e semplici e hanno la franchezza di chi vive la sua missione nel mondo e nella Chiesa con lo sguardo e con il cuore fissi in Cristo Gesù»

scrive Bertone.

Il 25 novembre 2004, nella Basilica di Santa Maria Maggiore, cinquantanove diaconi Legionari di Cristo vengono ordinati sacerdoti dal prefetto della Congregazione per i religiosi, Franc Rodé, che nell'omelia dice: «Desideriamo oggi unirci a padre Marcial Maciel che [...] celebra sessant'anni della sua ordinazione sacerdotale. Mentre si avvicinava il momento della sua ordinazione, il 26 novembre 1944, il suo spirito cercava di unirsi profondamente a Cristo, perché sapeva che il sacerdozio richiede la piena identificazione con Lui, chiede di accompagnare Cristo e subire con Lui il Calvario [...] Grazie, Padre Maciel, per i suoi sessant'anni di fedeltà sacerdotale e per questi giovani che oggi si preparano a seguire le sue orme al servizio di Cristo sacerdote».

Il 26 novembre, nella basilica di San Paolo fuori le Mura, padre Maciel concelebra con circa cinquecento sacerdoti Legionari, alla presenza del cardinale segretario di Stato Angelo Sodano, del cardinale Norberto Rivera Carrera, primate del Messico e di altri otto cardinali. Si nota l'assenza del cardinale Ratzinger e del suo nuovo vice alla Congregazione per la dottrina della fede, l'arcivescovo Angelo Amato, che da poco più di un anno ha preso il posto di Bertone. Al termine della cerimonia, il sostituto della Segreteria di Stato, Leonardo Sandri, legge un messaggio di Giovanni Paolo II, nel quale si afferma che i sessant'anni di sacerdozio di Maciel «sono stati segnati da una significativa fecondità spirituale e missionaria».

I festeggiamenti culminano nell'udienza concessa il 30 novembre dal Papa a Maciel e a migliaia di Legionari nell'aula Paolo VI.

È Luis Garza, vicario generale della congregazione, a rivolgere il saluto al Pontefice, esaltando padre Maciel, che è presente, con queste parole:

> «Nel contemplare la lunga vita sacerdotale del nostro fondatore, scopriamo che alle origini della sua vocazione, dalla quale scaturisce quella di ognuno dei Legionari di Cristo e dei membri del Regnum Christi, vi è l'esperienza dell'amore di Dio che diventa tangibile e reale nei misteri della nostra redenzione. Scopriamo, inoltre, che il cammino sacerdotale del padre Maciel è stato animato da quattro "grandi amori". L'amore personale a Gesù Cristo, l'amore alla Santissima Vergine Maria, l'amore alla Chiesa e al Papa, l'amore, infine, alle anime, per le quali ha donato tutta la sua vita e per la cui salvezza ha fondato, per volontà di Dio, la Legione di Cristo e il Movimento Regnum Christi».

La salute di Giovanni Paolo II è già gravemente compromessa a causa dell'inesorabile avanzare del Parkinson e dell'operazione mal riuscita all'anca. Wojtyla non cammina più, fa un'enorme fatica a esprimersi, e il ruolo del segretario particolare Stanislaw Dziwisz si è accresciuto enormemente, provocando tensioni con la Segreteria di Stato. È Dziwisz che interpreta e trasmette gli ordini papali.

Quel giorno Giovanni Paolo II abbraccia pubblicamente padre Maciel congratulandosi per i suoi sessant'anni di sacerdozio. E legge a fatica il primo paragrafo del suo discorso, lasciando poi continuare nella lettura monsignor Paolo De Nicolò, reggente della Casa pontificia. Il Papa afferma:

> «Carissimi Fratelli e Sorelle! Sono lieto di incontrarmi con tutti voi, nel clima di gioia e di riconoscenza al Signore per il sessantesimo anniversario di Ordinazione Sacerdotale di Padre Marcial Maciel Degollado, Fondatore e Superiore Generale della vostra giovane e benemerita Famiglia religiosa.
> Va innanzitutto al caro Padre Maciel il mio affettuoso saluto, che volentieri accompagno con i più cordiali auspici per un ministero sacerdotale colmo dei doni dello Spirito Santo. Saluto poi i Superiori dell'Istituto, in particolare il Vicario Generale che ringrazio per le parole che mi ha rivolto a nome di tutti. Saluto, inoltre, voi, cari Sacerdoti e Seminaristi Legionari di Cristo, cari Membri del Movimento Regnum Christi, e quanti avete preso parte alle celebrazioni giubilari di questi giorni. La felice ricorrenza che vi vede tutti raccolti attorno al Fondatore, mentre invita a far memoria dei doni che egli ha ricevuto dal Signore in questi sessant'anni di ministero sacerdotale, costituisce al tempo stesso l'occasione per ribadire gli impegni che come Legionari di Cristo voi avete assunto al servizio del Vangelo».

Al termine, padre Maciel s'inginocchia davanti al Pontefice, che lo saluta con affetto. Quelle immagini fanno il giro del mondo. E rendono evidente che le pubbliche accuse del 1997, trasformatesi in una denuncia formale l'anno successivo, non sono tenute in alcun conto Oltretevere.

Ma c'è di più. Sul discorso con il quale Giovanni Paolo II ha elogiato Maciel in occasione del sessantesimo di sacerdozio, nei sacri palazzi si gioca un sottile duello. Per esplicita richiesta dell'appartamento papale, cioè di monsignor Dziwisz, il discorso preparato doveva essere molto elogiativo e sulla base di queste precise indicazioni era stato inizialmente redatto. Il sostituto alla Segreteria di Stato, Leonardo Sandri, l'aveva però fatto notevolmente ridurre, sfrondando proprio le parti più elogiative nei confronti di Maciel. Un atto di prudenza, dato che, come vedremo, proprio in quei giorni la Congregazione per la dottrina della fede decideva di rispolverare il faldone con le accuse di sei anni prima, e di procedere con l'inchiesta formale per accertare le eventuali responsabilità del fondatore dei Legionari. L'ultima scelta sul testo, però, spetta all'appartamento papale, che ordina di ripristinare nel discorso "prudente" alcuni degli elogi della prima versione.

Intanto però in un altro palazzo vaticano, quello del Sant'Uffizio, l'allora cardinale prefetto Ratzinger aveva appena ordinato al suo promotore di giustizia, il maltese Charles Scicluna, di riprendere i processi in lista d'attesa sulla base delle nuove norme entrate in vigore. Così appena due giorni dopo l'udienza concessa da Wojtyla a Maciel, il 2 dicembre, l'avvocato della Santa Sede per il Foro canonico, Martha Wegan, austriaca e residente a Roma, chiede per iscritto ad Arturo Jurado, José Barba Martin e Juan Vaca, se intendevano confermare la loro richiesta di processo canonico consegnata in Vaticano sei anni prima.

I tre, com'era prevedibile, rispondono di sì. E l'avvocato Wegan informa monsignor Scicluna, che apre finalmente l'inchiesta preliminare.

Le condizioni del Pontefice, a gennaio, precipitano. Giovanni Paolo II viene ricoverato per due volte al Policlinico Gemelli. La seconda volta gli viene praticata la tracheotomia. È ormai evidente a tutti che sta per concludere la sua esistenza terrena. Il 25 marzo 2005, Venerdì santo, nelle meditazioni per la Via Crucis che si svolge al Colosseo, il cardinale Ratzinger, incaricato dal Papa di preparare i commenti alle stazioni, afferma:

> «Quanta sporcizia c'è nella Chiesa proprio tra coloro che nel sacerdozio dovrebbero appartenere completamente a Cristo».

Parole che lette con il senno di poi, dopo l'elezione dello stesso Ratzinger, fanno presagire la volontà di un'energica operazione di pulizia.

Proprio in quei giorni monsignor Scicluna parte per l'America, a verificare le accuse contro Maciel. Il 2 aprile, giorno della morte di papa Wojtyla, a New York, interroga Vaca, uno degli otto della denuncia canonica, ma anche un altro ex Legionario importante, Paul Lennon, che convalida le accuse del primo aggiungendo episodi che si riferiscono ad anni più recenti. Il 4 aprile è a Città del Messico, dove prosegue gli interrogatori fino al 10 aprile. Il promotore di giustizia intervista più volte, per molte ore, i due titolari formali della denuncia canonica, Jurado e Barba Martin. Interroga anche i rimanenti degli otto primi accusatori, tranne uno, Fernando Pérez Olvera, che però gli inoltra una memoria scritta. Ma scova anche numerosi altri testimoni, del Messico, degli Stati Uniti, dell'Irlanda, della Spagna, alcuni dei quali rimasti nella congregazione dei Legionari fino a pochi anni prima. Tutti confermano le accuse e ne aggiungono di nuove anche contro altri dirigenti della Legione.

Accanto a Scicluna c'è un prelato vaticano che fa da notaio, mettendo per iscritto ogni testimonianza e facendola rileggere, controllare e infine firmare dall'interrogato. A metà dell'aprile 2005 i due monsignori rientrano a Roma. Mancano tre giorni all'elezione del nuovo Papa, Benedetto XVI. L'inchiesta si è avviata mentre ancora viveva Giovanni Paolo II, ma è Ratzinger a non voler fare sconti alla potente congregazione.

Maciel dimostra però di avere molti amici che contano Oltretevere.

Venerdì 20 maggio 2005, poche ore dopo la diffusione delle prime indiscrezioni riguardanti il viaggio americano di Scicluna e la riapertura dell'inchiesta, i Legionari di Cristo rendono noto un comunicato che così esordisce:

> «La Santa Sede ha recentemente informato la Congregazione dei Legionari di Cristo che in questo momento non c'è un processo

canonico in corso riguardante il fondatore, padre Marcial Maciel Lc, né che sarà iniziato».

Lo stesso giorno il «Catholic News Service», l'agenzia della Conferenza episcopale Usa, scrive:

«Il Vaticano ha confermato che non ha in programma alcun processo canonico contro il fondatore dei Legionari di Cristo».

Precisando che all'origine di questa importante dichiarazione c'è il vicedirettore della Sala Stampa vaticana, padre Ciro Benedettini.

Il 22 anche Ian Fischer, sul «New York Times», informa di aver interpellato padre Benedettini e di aver avuto da lui l'assicurazione che non ci sono processi in corso né sono previsti in futuro. Il giorno dopo, il sito web *ReGAIN*, ideato e gestito da ex Legionari, riporta dichiarazioni rilasciate sempre da Benedettini. Il vicedirettore della Sala Stampa vaticana spiega che il comunicato dei Legionari non è un comunicaro della Santa Sede. «Mi hanno interpellato, come voi state interpellando me» afferma il vice di Navarro-Valls «e mi hanno chiesto se c'è qualche comunicato riguardante l'inchiesta o una possibile inchiesta su padre Maciel. Io ho risposto che la Sala Stampa non ha ricevuto alcun comunicato sul fatto che vi sia un'inchiesta in corso o che sia prevista. Una questione che non riguarda la Sala Stampa ma direttamente monsignor Scicluna.»

È il vaticanista americano del «National Catholic Reporter», John Allen, a scoprire che all'origine delle precedenti dichiarazioni di padre Benedettini c'era un fax del 20 maggio, senza firma alcuna, ma con il timbro della Segreteria di Stato, nel quale si leggeva:

«Non vi è nessun procedimento canonico in corso né è previsto per il futuro nei confronti di p. Maciel».

Chi l'ha preparato e perché?

Un anno dopo, arrivano le prime conclusioni dell'indagine che sono una doccia fredda per la Legione. La Sala

Stampa vaticana, il 19 maggio 2006 pubblica questo comunicato:

> «A partire dal 1998, la Congregazione per la Dottrina della Fede ricevette accuse, già in parte rese pubbliche, contro il Rev.do Marcial Maciel Degollado, fondatore della Congregazione dei Legionari di Cristo, per delitti riservati all'esclusiva competenza del Dicastero. Nel 2002, il Rev.do Maciel pubblicò una dichiarazione per negare le accuse e per esprimere il suo dispiacere per l'offesa recatagli da alcuni ex Legionari di Cristo. Nel 2005, per motivi di età avanzata, il Rev.do Maciel si ritirò dall'ufficio di Superiore Generale della Congregazione dei Legionari di Cristo.
>
> Tutti questi elementi sono stati oggetto di maturo esame da parte della Congregazione per la Dottrina della Fede, e, a norma del motu proprio "Sacramentorum sanctitatis tutela" promulgato il 30 aprile 2001 dal Servo di Dio Giovanni Paolo II, l'allora Prefetto della Congregazione per la Dottrina della Fede, Sua Eminenza il Cardinale Joseph Ratzinger, ha autorizzato una investigazione delle accuse. Nel frattempo avvenne la morte di Papa Giovanni Paolo II e l'elezione del Cardinale Ratzinger a nuovo Pontefice.
>
> Dopo aver sottomesso le risultanze dell'investigazione ad attento studio, la Congregazione per la Dottrina della Fede, sotto la guida del nuovo Prefetto, Sua Eminenza il Cardinale William Levada, ha deciso – tenendo conto sia dell'età avanzata del Rev.do Maciel che della sua salute cagionevole – di rinunciare ad un processo canonico e di invitare il Padre ad una vita riservata di preghiera e di penitenza, rinunciando ad ogni ministero pubblico. Il Santo Padre ha approvato queste decisioni.
>
> Indipendentemente dalla persona del Fondatore si riconosce con gratitudine il benemerito apostolato dei Legionari di Cristo e dell'Associazione Regnum Christi».

Il comunicato è esplicito ma al tempo stesso blando. Secondo alcune testimonianze, sarebbero stati il segretario di Stato Angelo Sodano e il portavoce Joaquín Navarro-Valls a intervenire per redigere la nota nel modo più diplomatico possibile. Il Vaticano mostra dunque di essere convinto della fondatezza delle accuse e invita Maciel a vivere ritirato, rinunciando a qualsiasi apparizione pubblica. È pure interessante notare che nella nota vaticana viene offerta anche una sorta di giustificazione per il ritardo di sei anni nell'apertura dell'inchiesta, ricordando che nel 2002 lo stesso Maciel aveva firmato una dichiarazione per respingere le accuse. Ed evidentemente era stato creduto. Si ricorda pure che un nuovo impulso a questi processi, con strumenti più adeguati e agili per condurli a termine, è arrivato soltanto dopo la pubblicazione del motu proprio del 2001.

Quello stesso giorno, i Legionari di Cristo rispondono con un altro comunicato, spiegando che:

> «Di fronte alle accuse rivolte contro di lui, (Maciel) ha affermato la sua innocenza e seguendo l'esempio di Gesù Cristo ha scelto sempre di non difendersi in nessun modo».

E che

> «Egli, con lo spirito di obbedienza alla Chiesa che sempre lo ha caratterizzato, ha accettato questo comunicato con fede, con totale serenità e con tranquillità di coscienza, sapendo che si tratta di una nuova croce che Dio, il Padre della Misericordia, ha permesso che soffra e dalla quale otterrà molte grazie per la Legione di Cristo e per il Movimento Regnum Christi».

Il 30 gennaio 2008, Marcial Maciel muore a ottantasette anni.

La notizia viene diffusa dalla congregazione con queste parole:

> «I Legionari di Cristo e i membri del Movimento Regnum Christi comunicano con dolore la perdita del loro amato fondatore, che fu strumento di Dio nel dare inizio a quest'opera al servizio della Chiesa e della società.
> Nei suoi 87 anni di vita padre Maciel ha dedicato le sue energie al compimento dell'opera che Dio gli ha affidato per collaborare alla missione evangelizzatrice della Chiesa, in modo che uomini e donne di tutte le condizioni sociali potessero conoscere, vivere e diffondere l'amore di Cristo e la buona novella del suo Vangelo».

Un ritratto più che positivo. Non una parola sulla punizione che era stata inflitta dalla Santa Sede. Non un accenno prudente alle tante accuse che si erano andate addensando sul capo di Maciel.

Ma è proprio in occasione della morte che nuovi aspetti della doppia vita di Maciel vengono a galla. Si scopre che il fondatore dei Legionari non soltanto aveva abusato di seminaristi, ma si era anche costruito due famiglie parallele, in Spagna e in Messico, con altrettante compagne dalle quali aveva avuto dei figli, abusando in due casi anche di loro. Questi figli erano stati portati da Maciel in udienza da Giovanni Paolo II. Si scopre che praticamente ogni fine settimana il fondatore della Legione indossava abiti civili, chiedeva all'economo circa diecimila dollari, e si assentava per due o tre giorni, senza dire dove andasse. Il sacerdote trascorreva il weekend con le sue famiglie segrete. In molti si chiedono come sia potuto accadere che i collaboratori più stretti non si fossero mai accorti di nulla.

Papa Ratzinger deciderà di promuovere una visita apostolica alla Legione e di «commissariare» la congregazione fondata da Maciel.

Nel maggio 2010, le conclusioni della visita apostolica confermano la colpevolezza di Maciel, come risulta dal comunicato della Santa Sede:

> «La Visita Apostolica ha potuto appurare che la condotta di P. Marcial Maciel Degollado ha causato serie conseguenze nella vita e nella struttura della Legione, tali da richiedere un cammino di profonda revisione.
> I gravissimi e obiettivamente immorali comportamenti di P. Maciel, confermati da testimonianze incontrovertibili, si configurano, talora, in veri delitti e manifestano una vita priva di scrupoli e di autentico sentimento religioso. Di tale vita era all'oscuro gran parte dei Legionari, soprattutto a motivo del sistema di relazioni costruito da P. Maciel, che abilmente aveva saputo crearsi alibi, ottenere fiducia, confidenza e silenzio dai circostanti e rafforzare il proprio ruolo di fondatore carismatico».

Parole durissime. Colpisce soprattutto la frase nella quale si dice che Maciel era privo di sentimento religioso. Ratzinger dunque, appena ha potuto, ha promosso l'inchiesta su Maciel e una volta eletto Papa, l'ha portata a compimento.

La triste vicenda del fondatore dei Legionari porta alla luce le coperture delle quali ha potuto godere per decenni. Il «National Catholic Reporter» le denuncia apertamente, facendo i nomi del cardinale Eduardo Martinez Somalo, ex prefetto della Congregazione per i religiosi, dell'ex segretario di papa Wojtyla Stanislaw Dziwisz, e dell'ex segretario di Stato vaticano Angelo Sodano. «America», la rivista dei gesuiti d'Oltreoceano, arriva a chiedere esplicitamente le dimissioni di Sodano dalla carica di cardinale decano. Lo stesso farà la rivista dei teo-con statunitensi, «First Things».

Il caso Maciel lascia trasparire problemi irrisolti e domande senza risposta riguardanti gli ultimi anni del pontificato di papa Wojtyla, e il ruolo del suo entourage. Problemi che naturalmente si riflettono anche sul processo di beatificazione, iniziato già nel giugno 2005 grazie a una dispensa papale, senza attendere i cinque anni previsti dalla morte. La causa si è formalmente conclusa il 19 dicembre 2009, quando Benedetto XVI ha promulgato il decreto sull'eroicità delle virtù di Giovanni Paolo II. E nei mesi successivi la Congregazione delle cause dei santi ha preso in considerazione un presunto miracolo, la guarigione dal Parkinson di una suora francese, per suggellare l'iter e portare sugli altari papa Wojtyla. Inizialmente c'era chi aveva previsto la beatificazione per il quinto anniversario della morte, nell'aprile 2010. Poi si è parlato dell'ottobre, infine si è capito che mancavano i tempi tecnici e tutto sarebbe stato rimandato al 2011.

L'apertura anticipata del processo di Wojtyla è stato uno dei primi e più significativi atti del suo successore, che l'aveva conosciuto bene essendo stato al suo fianco come prefetto dell'ex Sant'Uffizio dal 1981 al 2005, più di qualsiasi altro capo di dicastero. Anche se papa Ratzinger sancirà un giro di vite, irrigidendo le procedure per i processi di beatificazione e stabilendo indagini più rigorose per l'accertamento dei miracoli, la causa di Giovanni Paolo II ha continuato a marciare velocemente. Nonostante il lunghissimo pontificato – ventisette anni, secondo soltanto per durata nella storia della Chiesa a quello di Pio IX – e nonostante i milioni di documenti ancora da archiviare (neanche le carte private che monsignor Dziwisz, al contrario di quanto stabilito da Wojtyla nel testamento, ha conservato e portato con sé in Polonia, sono state consultate), tutto si è concluso in meno di cinque anni.

«E per qualche tempo» ci confida un prelato molto ascoltato da Benedetto XVI «c'è stata persino l'ipotesi di far saltare a papa Wojtyla il gradino della beatificazione, arrivando immediatamente alla canonizzazione. Dunque davvero "santo subito". Ratzinger non era del tutto contrario a questa proposta di Dziwisz, ma ha voluto consultare alcuni collaboratori. E alla fine ha deciso di procedere senza questo strappo alla regola.»

Uno dei problemi presi in considerazione dal postulatore e dal relatore della causa riguardava proprio l'atteggiamento di Giovanni Paolo II di fronte allo scandalo Maciel.

Il Papa polacco era per consuetudine poco portato a credere a questo tipo di accuse sull'immoralità dei sacerdoti a meno che non fossero ben provate e supportate da un'adeguata documentazione: bisogna ricordare infatti che Wojtyla aveva vissuto per molti anni sotto un regime comunista d'Oltrecortina, dove i dossier costruiti ad arte per screditare o ricattare esponenti del clero con accuse riguardanti la sfera sessuale, erano all'ordine del giorno. C'è chi si chiede però se ci sia stata, ed eventualmente quale sia stata, l'influenza dei più diretti collaboratori di Giovanni Paolo II, che erano anche in stretti rapporti con Maciel, nel convincere il Papa sull'infondatezza delle accuse a lui rivolte dagli ex Legionari. È accaduto qualcosa per far sì che le denunce non avessero alcun seguito?

Tramite l'allora prefetto della Congregazione delle cause

dei santi, il cardinale portoghese José Saraiva Martins, la postulazione della causa di beatificazione di Giovanni Paolo II ha inviato una richiesta in merito al caso Maciel al prefetto dell'ex Sant'Uffizio, il cardinale statunitense William Levada. La sua risposta è stata riprodotta nel volume riservatissimo, «sub secreto», della Positio.

La lettera (protocollo n. 147/05 - 14478) porta la data del 17 novembre 2007 e rappresenta a tutt'oggi l'unico documento nel processo di beatificazione riguardante l'esplosivo e spinosissimo caso degli abusi perpetrati dal fondatore dei Legionari di Cristo.

Per affrontare questo tema, insieme a quello più generale «della crisi morale» che «coinvolse» la Chiesa negli Usa, il postulatore e il relatore della causa chiedono dunque, attraverso il cardinale Saraiva, di vedere i documenti al riguardo.

Al primo quesito, «con riferimento al coinvolgimento personale del servo di Dio Giovanni Paolo II in questo procedimento», il porporato americano risponde:

> «Al riguardo, l'unica risposta che questa Congregazione è in grado di fornire è la seguente: risultano alcune lettere e suppliche rivolte a Giovanni Paolo II dai denuncianti. Tuttavia non risulta alcun coinvolgimento personale del Servo di Dio nel procedimento nei confronti del Rev. Padre Marcial Maciel».

Papa Wojtyla, insomma, non è stato coinvolto in alcun modo.

Il secondo quesito riguarda invece le misure per contrastare gli abusi «dopo la denuncia di alcuni casi di pedofilia e di omosessualità in alcune realtà ecclesiali con riferimento al coinvolgimento di Giovanni Paolo II nella soluzione di questi casi».

Il cardinale Levada si limita a ricordare fatti già pubblici, vale a dire la decisione di annoverare gli abusi sui minori tra i *delicta graviora*, con la promulgazione nel 2001 del motu proprio *Sacramentorum sanctitatis tutela*, e il discorso che papa Wojtyla tenne il 23 aprile 2002 ai cardinali degli Stati Uniti convenuti a Roma per discutere dello scandalo.

Poche righe, per citare discorsi pubblici già noti, e per affermare che Giovanni Paolo II non risulta coinvolto nel procedimento. Una risposta che, a detta di padre Daniel Ols e di monsignor Slawomir Oder, rispettivamente relatore e postulatore del processo, «scioglie qualsiasi dubbio sulla nitidezza dell'atteggiamento del servo di Dio» e «risponde direttamente a chi potrebbe insinuare una qualche forma di ambiguità della sua posizione».

Anche coloro che hanno mosso critiche al modo in cui è stato portato avanti il processo e con cui si sono affrontati velocemente certi problemi, non hanno mai espresso dubbi sulla santità personale di Karol Wojtyla. Resta però il nodo dell'entourage. Resta la domanda sul perché il cardinale Angelo Sodano, per quindici anni segretario di Stato del Pontefice polacco, si sia fino all'ultimo rifiutato di testimoniare in un processo il cui testimone chiave è stato monsignor Dziwisz, scegliendo di indirizzare alla postulazione una brevissima lettera. Un comportamento analogo ha tenuto il cardinale Leonardo Sandri, per cinque anni sostituto della Segreteria di Stato.

«Certo» osserva il prelato vicino a Benedetto XVI ed esperto di processi di beatificazione «bisognerebbe che qualcuno dell'entourage spiegasse ed eventualmente si assumesse qualche responsabilità, dicesse che non si è informato a dovere il Papa, che lo si è voluto proteggere viste le sue condizioni di salute...»

Un esempio illuminante sui meccanismi curiali negli ultimi anni del pontificato wojtyliano è rappresentato dalla vicenda dell'arcivescovo di Poznan, Juliusz Paetz, già prelato d'anticamera in Vaticano, e dal ruolo che vi ebbe Wanda Poltawska, amica di lunga data di Karol Wojtyla, «l'unica a poter accedere senza mediazioni all'appartamento del Papa», che usò questo privilegio per far arrivare sul tavolo di Giovanni Paolo II anche informazioni su scandali di natura sessuale. Casi che coinvolgevano prelati, sui quali, evidentemente, il Pontefice non era informato a dovere. La storia è stata ricostruita da Giacomo Galeazzi e Francesco Grignetti nel libro *Karol e Wanda* (2010).

L'amica del Pontefice svolse un ruolo fondamentale per arrivare alle dimissioni dell'alto prelato polacco. Già sei anni prima, Paetz era stato accusato da alcuni sacerdoti che avevano scritto a papa Wojtyla raccontando con dolore di essere stati oggetto di *avances* sessuali da parte dell'arcivescovo durante gli anni del seminario. Quella missiva, a quanto pare, non sarebbe mai arrivata sul tavolo del Pontefice. Per quali motivi? Era stata bloccata da qualcuno dell'entourage che intendeva proteggere Paetz o era convinto della sua innocenza? È Wanda, nell'autunno del 2001, a consegnare personalmente nelle mani di Giovanni Paolo II una comunicazione del rettore del seminario che confermava le accuse e chiedeva l'intervento del Pontefice. Wojtyla, debitamente informato, interviene. Invia un visitatore apostolico nella diocesi di Poznan, mentre da Cracovia la dottoressa Poltawska pubblicamente «tuona contro la gerarchia della Chiesa per il lungo silenzio con cui ha cercato di coprire il caso». Nel marzo del 2002 l'arcivescovo Paetz, che continuerà peraltro a professarsi innocente, viene dimissionato senza spiegazioni ufficiali.

È possibile che sia accaduto qualcosa di simile anche per il fondatore dei Legionari di Cristo? Il caso Maciel, e le amicizie influenti di cui disponeva in Vaticano, rappresentano un'eredità pesante che la Curia wojtyliana ha lasciato sulle spalle di papa Ratzinger.

Sullo scandalo che ha travolto il fondatore dei Legionari, è intervenuto anche l'ex portavoce di Giovanni Paolo II, Joaquín Navarro-Valls, che in un'intervista all'agenzia-web spagnola «Aciprensa» ha voluto assicurare che la beatificazione di Wojtyla «non è in pericolo» a causa dello scandalo, perché il Pontefice «mai bloccò o nascose» alcunché, pur riconoscendo che Benedetto XVI «il Papa saggio, si sta caricando della responsabilità di errori che tutti sappiamo non sono suoi».

Navarro spiega: «A volte in una persona le virtù sono in relazione con i difetti personali. Giovanni Paolo II era una persona di bontà straordinaria. E la bontà deve essere controllata dalla ragione perché, al contrario, si possono commettere degli errori».

Quindi, parlando di Maciel, aggiunge: «In quegli anni nel sito della congregazione, troviamo un documento autografo di Maciel in cui diceva più o meno: "So che mi si accusa di questo, di questo e di questo. Giuro davanti a Dio che è tutto falso. Non penso a difendermi, lascio tutto nelle mani di Dio. Firmato, Maciel". Questo stava nella pagina web fino al momento in cui ho dovuto comunicare all'opinione pubblica il risultato del processo canonico contro di lui. Un processo che è iniziato con Giovanni Paolo II e si è chiuso poco tempo dopo la sua morte, nel primo anno di pontificato di Benedetto XVI».

Navarro, infine, risponde alla domanda se fu il cardinale Sodano a intervenire affinché alcune informazioni "sensibili" sul caso Maciel non giungessero al Papa.

«Non ho idea,» risponde l'ex portavoce «l'unico dato reale di cui dispongo è che questo processo canonico contro Maciel cominciò sotto Giovanni Paolo II. E ricordo inoltre una riunione del Papa con tutti i cardinali americani per discutere del problema della pedofilia.»

La vera bomba, però, sarebbe deflagrata alla fine di aprile 2010 con l'attacco diretto del cardinale Schönborn all'ex segretario di Stato Sodano. Delle difficoltà incontrate dall'allora cardinale Joseph Ratzinger nel far passare una linea di maggior rigore riguardo alle accuse di abusi sui minori, l'arcivescovo di Vienna, allievo e amico del Papa, aveva parlato una prima volta il 28 marzo, incontrando alcuni giornalisti. In quella prima occasione, però, non aveva fatto nomi, limitandosi a dire che Ratzinger gli aveva rivelato di essere stato bloccato dal «partito diplomatico della Curia romana». Il riferimento diretto non è al caso Maciel, ma a un altro caso, scoppiato nello stesso periodo, quello che ha coinvolto il cardinale Hans Hermann Groër.

Il 28 aprile Schönborn incontra ancora i giornalisti. Si tratta di un incontro informale, durante il quale il porporato fornisce elementi di background, senza che le sue parole possano essere virgolettate, senza che gli si attribuiscano dichiarazioni. Questo è il patto. Ma il giorno dopo l'incontro, due giornali austriaci riportano le parole di Schönborn, che durante l'incontro ha chiamato in causa direttamente Sodano, accusandolo di aver contribuito a insabbiare, dodici anni fa, le accuse contro l'allora cardinale Hans Hermann Groër, reo di molestie sessuali su dei seminaristi risalenti a molti anni prima. E criticandolo pure per aver definito, nel saluto della mattina di Pasqua, lo scandalo degli abusi sui minori «un chiacchiericcio».

È solo il 4 maggio, quando l'agenzia cattolica austriaca «Kathpress» le rilancia, che le parole del cardinale fanno il giro del mondo. Schönborn è un allievo di Ratzinger, un suo amico, ed è anche uno dei porporati più attenti e sensibili ai mezzi di comunicazione. Più di qualcuno, ricordando questa sua ben nota vicinanza al Pontefice, arriva a ipotizzare che l'attacco al cardinale Sodano rappresenti il regolamento finale di conti tra la vecchia guardia – impersonata appunto dall'ex segretario di Stato e decano del collegio cardinalizio – e la nuova guardia, rappresentata dall'entourage papale rinnovatosi a poco a poco durante i primi cinque anni del pontificato ratzingeriano.

In realtà, Benedetto XVI non è sempre entusiasta del comportamento del suo allievo Schönborn. Ad esempio, non ha apprezzato il fatto che il cardinale si sia esposto personalmente facendo dichiarazioni sulle apparizioni mariane di Medjugorje, durante una sua visita nei giorni del Capodanno 2010. Schönborn in "visita privata", celebra messe, confessa, incontra i veggenti, tiene discorsi. E soprattutto dice che ciò che è accaduto nel piccolo paesino dell'Erzegovina «non è opera umana», di fatto avvalorando autorevolmente il giudizio sulla soprannaturalità dell'evento. Viene pesantemente attaccato dal vescovo di Mostar, Ratko Peric, che invece è ipercritico verso le apparizioni, sulle quali peraltro papa Ratzinger ha istituito una nuova commissione affidandone la presidenza al cardinale Camillo Ruini, già suo vicario per Roma.

A quanto pare, Benedetto XVI avrebbe apprezzato ancor meno le parole dell'arcivescovo di Vienna sul cardinale decano.

Ai giornalisti, il 28 aprile, Schönborn aveva fatto innanzitutto riferimento al messaggio di solidarietà nei confronti di Ratzinger, che il cardinale Sodano aveva pronunciato all'inizio della messa di Pasqua in piazza San Pietro, quando aveva detto tra l'altro al Papa: «È con lei il popolo di Dio che non si lascia impressionare dal chiacchiericcio». La parola chiacchiericcio, che pure come abbiamo già avuto modo di ricordare nel precedente capitolo riecheggiava un'analoga espressione usata dallo stesso Pontefice nell'omelia della domenica delle Palme, è suonata «offensiva per le vittime», secondo il cardinale di Vienna. Inoltre, Schönborn aveva ricordato che proprio Sodano sarebbe stato colui che «ha impedito che si facesse una commissione d'inchiesta sul caso Groër, commissione che Ratzinger voleva costituire».

Un'accusa precisa e circostanziata, che ci riporta agli eventi dell'ultimo decennio del pontificato wojtyliano, e che parla esplicitamente delle difficoltà incontrate dall'allora prefetto della Congregazione per la dottrina della fede.

Le parole di Schönborn rievocano dunque il triste caso dell'arcivescovo di Vienna Groër, un prelato conservatore nominato da papa Wojtyla al momento del pensionamento del progressista Franz König, figura chiave dell'Ostpolitik, del Concilio Vaticano II e anche del conclave dell'ottobre 1978.

Il 13 ottobre 1994 Groër compie settantacinque anni e lascia intendere che sarebbe rimasto in carica fino al compimento degli ottanta: un privilegio che Giovanni Paolo II avrebbe concesso ad alcuni membri particolarmente autorevoli del collegio cardinalizio, a capo di importanti diocesi nel mondo, come ad esempio l'americano John Joseph O'Connor, arcivescovo di New York, o il brasiliano Eugênio de Araújo Sales, arcivescovo di Rio de Janeiro.

Alcuni mesi dopo, il 27 marzo 1995 il settimanale «Profil», molto diffuso in Austria, pubblica le affermazioni di un suo ex-alunno che accusa il porporato di abusi sessuali, commessi negli anni durante i quali il futuro cardinale era educatore nel seminario minore e nel ginnasio di Hollabrunn (vale a dire tra il 1946 e il 1974), prima di divenire monaco benedettino a Göttweig. Il 6 aprile il cardinale si dimette da presidente della Conferenza episcopale, ed è sostituito dal vescovo di Graz, Johann Weber. Il 13 aprile Schönborn, fino a quel momento vescovo ausiliare di Groër, viene nominato arcivescovo-coadiutore di Vienna, con diritto di successione, e pochi mesi dopo, a metà settembre, prende pienamente possesso dell'arcidiocesi.

È questo il cosiddetto «primo caso Groër». Di fronte a queste iniziali accuse, il porporato, pur dichiarandosi innocente, non rilascia alcuna dichiarazione. Proprio nei mesi in cui scoppia il caso, in Austria viene promosso il manifesto «Noi siamo Chiesa», che ottiene nel paese circa mezzo milione di adesioni.

Groër, dopo la nomina del suo successore, si ritira prima presso l'abbazia delle monache cistercensi di Marienfeld, che lui stesso aveva fondato. Il 1° settembre 1996 l'abate di Göttweig lo nomina priore del priorato di Maria Roggendorf, dove già dal 1969 Groër aveva promosso un pellegrinaggio mariano mensile. Alla fine del 1997, anche alcuni monaci di Göttweig e di Maria Roggendorf lo accusano di molestie sessuali avvenute in passato. Scoppia così il secondo caso. Il 5 gennaio 1998 il cardinale deve rinunciare all'incarico di priore, e la Santa Sede invia a Göttweig un visitatore apostolico, l'allora abate primate. Ai primi di marzo del 1998 quattro dei cinque membri del Consiglio permanente della Conferenza episcopale austriaca (il neo-cardinale Schönborn, l'arcivescovo Eder di Salisburgo e i vescovi Weber e Kapellari, ma non il benedettino Aichern, vescovo di Linz) dichiarano pubblicamente di aver raggiunto la «certezza morale» circa la colpevolezza di Groër.

In aprile il cardinale accusato rende nota una dichiarazione, in cui chiede perdono per le sue eventuali responsabilità, senza però riconoscersi colpevole, e lascia l'Austria recandosi in un convento nella Germania orientale. Nell'ottobre 1998, dopo la visita di Giovanni Paolo II avvenuta nel giugno di quell'anno, Groër rientra in Austria e si ritira presso l'abbazia di Marienfeld, dove rimarrà fino alla morte, avvenuta nel 2003.

Questi i fatti pubblicamente conosciuti. Quando si sono verificati i contrasti tra Schönborn e il segretario di Stato Sodano, dei quali ha parlato l'attuale arcivescovo di Vienna? Possiamo ricostruire i retroscena della vicenda grazie all'aiuto di un prelato oggi ritiratosi per motivi d'età, che in quei momenti è stato molto vicino a Schönborn e che ci ha fatto pervenire una memoria scritta su quei fatti. Questa è la traduzione delle sue parole:

> «Durante la seconda ondata di accuse i vescovi austriaci – soprattutto Schönborn, Weber e Kapellari – desideravano che si arrivasse a un pronunciamento sulla colpevolezza di Groër, e che la Santa Sede confermasse la loro dichiarazione del marzo 1998, nella quale dicevano di aver raggiunto la "certezza morale" che l'anziano cardinale era colpevole. In realtà, questo pronunciamento da parte vaticana non arriverà mai e questo è uno dei motivi del malumore nei confronti della Segreteria di Stato. Ricordo ancora, perché fui presente, la conferenza stampa del vescovo Weber, il quale nel luglio 1998, al momento delle dimissioni da presidente della Conferenza episcopale austriaca, aveva dichiarato che Roma aveva tolto la competenza sul caso Groër ai vescovi austriaci».

Il nostro autorevole interlocutore, all'epoca ben introdotto nella curia viennese, continua:

> «Occorre anche ricordare che nel corso del cosiddetto "secondo caso" è avvenuta la creazione cardinalizia di Christoph Schön-

born. In quella occasione il nuovo capo dell'Ordinariato di Vienna ha cercato di impedire la partecipazione del suo predecessore al concistoro, ma senza risultato. Anzi Groër era stato ricevuto dal Papa prima della cerimonia durante la quale Schönborn avrebbe ricevuto la berretta rossa. E questo, com'è comprensibile, ha fatto molto arrabbiare il neo-cardinale. Quell'udienza gli parve un premio immeritato dato a Groër, quasi che la Santa Sede non credesse alle accuse rivolte contro di lui...».

Schönborn, durante una conferenza stampa che si svolge in quei giorni, reagisce chiedendo a Groër una confessione e una richiesta di perdono, e il 25 febbraio 1998, durante la celebrazione della prima messa da cardinale nel duomo di Santo Stefano, a Vienna, afferma che non sarebbe stata «la diplomazia» a far uscire la Chiesa dalla crisi. Due giorni dopo, sarebbe uscito il già citato comunicato dei quattro vescovi che esprimevano la certezza morale della colpevolezza di Groër.

Il comunicato, rivela il nostro interlocutore, non venne accolto bene Oltretevere:

«Dal Vaticano hanno reagito, riprovando la dichiarazione, e chiedendo ai quattro vescovi di ristabilire la comunione con il confratello Groër, anche se Schönborn continuava a ripetere di considerarlo colpevole e gli aveva intimato di non cresimare più in diocesi: una richiesta avanzata d'intesa con l'allora Sostituto della Segreteria di Stato, Giovanni Battista Re. Schönborn, Weber e l'arcivescovo di Salisburgo Eder ottengono un'udienza con Giovanni Paolo II il 7 aprile di quell'anno, martedì santo. Dopo essere usciti dall'incontro con Papa Wojtyla, vengono ricevuti dal Segretario di Stato Sodano, che usa con loro toni piuttosto forti, rimproverandoli per il comunicato contro Groër».

Il 18 maggio 1998, giorno del compleanno del Papa, si svolge un pranzo nell'appartamento pontificio. Rivela il prelato allora collaboratore dell'arcivescovo di Vienna:

«Attorno al tavolo di Giovanni Paolo II siedono i cardinali Sodano, Ratzinger, Joachim Meisner di Colonia, Schönborn e il nunzio in Austria, l'arcivescovo Donato Squicciarini. Durante quel pranzo viene presa in considerazione l'ipotesi di rilasciare una dichiarazione generica, ma non un vero e proprio giudizio di merito su Groër. Alla fine, però, non se ne fa nulla. È durante quel pranzo che avviene uno scontro tra Sodano e Schönborn. Il cardinale Ratzinger pur non condividendo in tutto e per tutto la linea dell'arcivescovo di Vienna, sta dalla sua parte».

La vicenda ha un epilogo durante la terza visita del Papa in Austria.

«Durante il pranzo previsto con i vescovi, Papa Wojtyla doveva pronunciare un discorso. Il cardinale Sodano e il nunzio Squicciarini avevano preparato per l'occasione un'aggiunta al testo, nella quale si menzionavano i tre cardinali austriaci König, Stickler e Groër, anche se ovviamente l'arcivescovo emerito di Vienna non era presente. Schönborn mi disse che aveva cercato in tutti i modi di evitare che Giovanni Paolo II citasse Groër, come invece aveva fatto il giorno precedente il vescovo Kurt Krenn, durante la messa celebrata a St. Pölten. Ma senza successo. Alla fine, il Papa aveva letto il testo preparato, compresa l'aggiunta, che però non sarà consegnato ai giornalisti né mai pubblicato.»

Conclude il prelato, all'epoca collaboratore di Schönborn:

«Sbaglierebbe però chi pensasse che il cardinale Sodano sia il responsabile dell'atteggiamento più comprensivo e morbido verso Groër. Bisogna essere onesti, e riconoscere che il Segretario di Stato poteva agire così perché interpretava il pensiero del Papa».

Le inedite parole di Schönborn – non si ricordano precedenti recenti di un attacco così diretto di un cardinale contro il decano del collegio, riguardanti non dispute teologiche ma questioni di governo ecclesiastico – vengono accolte con un certo nervosismo in Vaticano, anche tra coloro che non appartengono alla cerchia degli amici dell'ex segretario di Stato, che da buon diplomatico sceglie prudentemente il silenzio. C'è il timore che l'attacco personalizzato al porporato possa inaugurare una nuova stagione di veleni. Nei sacri palazzi si sussurra anche di una lettera che Benedetto XVI avrebbe scritto a Schönborn per manifestargli il suo disappunto.

Ma c'è anche chi interviene in favore del cardinale di

Vienna, come l'arcivescovo di Boston, Sean O'Malley che, intervistato a Fatima dal vaticanista americano John Allen, dice di condividere il giudizio negativo del confratello austriaco verso le parole usate a Pasqua da Sodano, quando riferendosi allo scandalo pedofilia aveva parlato di «chiacchiericcio», sostenendo che questo intervento ha arrecato un «danno immenso» alle vittime. Il cardinale O'Malley si è detto anche sostanzialmente d'accordo con le critiche di Schönborn a Sodano sulla gestione del caso Groër, e ha aggiunto che la Chiesa non dovrebbe sentirsi minacciata da un'analisi su come la crisi è stata gestita da uomini della Curia come Sodano durante il pontificato di Giovanni Paolo II, affermando che alcuni di loro «non hanno compreso la gravità del problema o tutte le sue implicazioni». Ma l'arcivescovo di Boston ci tiene a precisare che papa Wojtyla non va implicato:

> «Penso che sia ingiusto attribuire responsabilità a Giovanni Paolo II. Questa crisi è esplosa in tutta la sua intensità ormai alla fine del suo pontificato, quando il Papa era in pessime condizioni di salute. Se fosse stato più giovane, per esempio, avrebbe dovuto venire a Boston. Non aveva paura di affrontare un problema. Penso che sia stato in qualche modo tenuto al riparo da queste situazioni, da parte di persone che cercavano di proteggerlo».

Secondo il vaticanista Sandro Magister, «l'offensiva dei due cardinali trova in Curia il sostegno, di fatto, del successore di Sodano alla Segreteria di Stato, il cardinale Tarcisio Bertone. Bertone era segretario della Congregazione per la dottrina della fede, al fianco di Ratzinger, quando questi era "ostacolato" da Sodano e sodali. E oggi mostra di voler arrivare anche lui a una resa dei conti, contro la vecchia guardia curiale. Lo si vede dalla severità con cui Bertone sta conducendo l'operazione di "pulizia" dei Legionari di Cristo».

«Credo che la singola ragione più importante per la quale il Vaticano ha evitato di raccontare la storia di Benedetto XVI» ci dice John Allen, editorialista del «National Catholic Reporter» «sia dovuta al fatto che per difendere Ratzinger c'è bisogno di spiegare gli ostacoli contro i quali egli si batteva. Ciò significa mettere formalmente in stato d'accusa alcune figure di rilievo del pontificato di Giovanni Paolo II, e non penso che il cardinale Castrillón rappresenti l'unico esempio. Sia il cardinale Sodano che Stanislaw Dziwisz – anch'egli oggi cardinale – in alcuni casi, hanno fatto parte di quella "opposizione" che Ratzinger ha fronteggiato, forse in particolar modo nei casi Groër e Maciel.

Per tradizione» continua Allen «il Vaticano semplicemente non ha un vocabolario che gli consenta di riconoscere pubblicamente i fallimenti delle sue più alte autorità. Solitamente la via utilizzata dalla Santa Sede per rimproverare uno dei suoi è attraverso il silenzio, che dagli "insider" viene capito ma non viene capito, ovviamente, dal mondo esterno. Quell'approccio deve cambiare, e sta cambiando – basta vedere il modo in cui padre Lombardi ha pubblicamente preso le distanze da Castrillón. Per quanto riguarda Papa Wojtyla, c'è un paradosso che Benedetto XVI deve affrontare: più egli risulta efficace nel risolvere la crisi degli abusi sessuali, più le persone è probabile che si chiedano perché questi passi non fossero stati compiuti da Giovanni Paolo II. In altre parole, il progresso di Papa Ratzinger può esserci al costo però di alimentare le critiche del suo predecessore. Quanto siano giuste queste critiche, potrebbe toccare alla storia giudicare, in particolare perché la reale esplosione della crisi è avvenuta dopo che la salute di Wojtyla era in evidente declino. Ma se fare giustizia nella crisi degli abusi sessuali vuole dire guastare in qualche modo l'eredità di Giovanni Paolo II, questo è un rischio che la Chiesa deve correre. In definitiva, non c'è nessuno la cui reputazione sia più importante del bene comune della Chiesa.»

Di diverso avviso, lo storico della Chiesa Alberto Melloni, docente all'università di Modena-Reggio Emilia e direttore della Fondazione per le scienze religiose Giovanni XXIII di Bologna: «Bisogna stare attenti, a mio avviso, nel "difendere" l'attuale Pontefice presentandolo come una figura isolata, come colui che più di tutti si è battuto contro gli abusi, nonostante fosse circondato da altri confratelli cardinali che remavano contro. Innanzitutto perché se si usa questo schema, ci sarà sempre qualcuno, ora o fra qualche anno, che cercherà di dimostrare di essere più "puro" e più efficace nel combattere la pedofilia. E poi perché, così facendo, cioè separando del tutto Ratzinger dalla Curia nella quale ha vissuto per 23 anni durante il pontificato di Wojtyla, si finisce per presentare quella Curia e quel pontificato come inadeguati nell'affrontare il problema. Mi sembra una semplificazione forse buona per qualche dichiarazione a mezzo stampa, ma che rischia di avere conseguenze devastanti».

11

La costituzione per gli anglicani e il viaggio in Gran Bretagna

Le notizie cominciano a circolare all'inizio del 2009. È il quotidiano australiano «The Record» a scrivere che il Papa si sta preparando ad accogliere in seno alla Chiesa cattolica diversi vescovi, sacerdoti e fedeli appartenenti alla comunione anglicana.

L'articolo di «The Record» esce il 30 gennaio con il seguente titolo: *Traditional Anglican "to be offered personal prelature by Pope"* – «Una prelatura personale verrà offerta agli anglicani tradizionalisti dal Papa». Scrive il quotidiano:

> «Stando alle notizie di questa mattina, il Papa sta per offrire una prelatura personale alla Comunione anglicana tradizionale (Tac), un gruppo di mezzo milione di anglicani dissidenti... La Tac conta a oggi circa 400 mila membri che hanno intrapreso un passo importante nel 2007, cioè quello di cercare la piena unione e comunione sacramentale con la Chiesa cattolica, un passo che, se andasse a buon fine, rappresenterebbe il più grande sviluppo delle relazioni cattolico-anglicane a partire dalla riforma inglese sotto Enrico VIII. I membri della Tac si sono distanziati dalla Comunione anglicana di Canterbury guidata dall'arcivescovo Rowan Williams riguardo a tematiche come l'ordinazione delle donne o l'omosessualità dichiarata e praticata... Il primate della Tac, l'arcivescovo John Hepworth, che ha sede ad Adelaide, ha presentato una richiesta da lui firmata personalmente a monsignor Joseph Augustine Di Noia, il teologo ecumenico della Congregazione per la dottrina della fede, l'11 ottobre 2007, durante un incontro organizzato dal segretario della Congregazione, l'ar-

civescovo Angelo Amato. Un problema potenziale per la Santa Sede sarebbero i vescovi della Tac, molti dei quali sono sposati. Né la Chiesa cattolica romana, né quella orientale legittimano vescovi sposati... Nella Conferenza mondiale di Lambeth, tenutasi nel Regno Unito nel 2008, tre cardinali cattolici – Walter Kasper, presidente del Pontificio Consiglio per la promozione dell'unità dei cristiani, l'arcivescovo di Westminster Cormac Murphy-O'Connor e il prefetto per la Congregazione dell'evangelizzazione dei popoli, Ivan Dias – hanno trattato questo tema».

«The Record» rivela queste informazioni circa nove mesi prima che il Vaticano annunci l'effettiva decisione di riammettere in seno alla Chiesa cattolica i gruppi di anglicani che lo desiderano attraverso un'apposita Costituzione apostolica. Quelle citate nell'articolo sono le comunità più tradizionali che non sono più disposte a sopportare le scelte liberal della comunione anglicana, dall'ordinazione sacerdotale ed episcopale delle donne, alle aperture al clero dichiaratamente gay e convivente.

Le notizie riportate dal giornale sono sostanzialmente corrette, l'unico errore riguarda la forma canonica con la quale, secondo il quotidiano australiano, gli anglicani verrebbero accolti da Roma. Non si tratterà infatti di nuove prelature personali come quella istituita per l'Opus Dei, bensì di «ordinariati personali».

È il 20 ottobre 2009 quando a Roma e a Londra vengono convocate due conferenze stampa, delle quali si è avuta notizia soltanto la sera precedente. Un tempo insolitamente breve, che fa comprendere il timore di fughe di notizie, le quali avrebbero potuto creare problemi a un processo delicatissimo per i rapporti ecumenici. Nella Sala Stampa della Santa Sede ci sono il cardinale William Joseph Levada, prefetto della Congregazione per la dottrina della fede, e il sottosegretario Augustine Di Noia, oggi segretario della Congregazione per il culto divino e la disciplina dei sacramenti. A Londra ci sono invece Vincent G. Nichols, primate della Chiesa cattolica d'Inghilterra e del Galles, e Rowan Williams, primate della Chiesa anglicana. I quattro presuli tengono congiuntamente gli incontri con i giornalisti, entrambi *sui generis*. A sorpresa, infatti, annunciano l'imminente uscita d'una costituzione apostolica firmata da Benedetto XVI. Il nuovo documento sancirà le condizioni e la struttura giuridica scelta per accogliere nella Chiesa cattolica intere comunità anglicane. Ai media non viene però consegnato il testo, perché non è ancora pronto. Si annuncia soltanto che a breve uscirà la costituzione. Davvero un *unicum* nella storia delle conferenze stampa della Santa Sede, solitamente molto prudente nell'esplicitare i contenuti di documenti la cui redazione non è ancora del tutto definita. Questa volta però il Vaticano, per voce di Levada, Di Noia e Nichols, fa un'eccezione.

La novità annunciata è importante: una volta pubblicata la costituzione apostolica, le parrocchie e le diocesi anglicane che negli ultimi anni hanno bussato a Roma per essere accolte nella Chiesa cattolica – dalla Gran Bretagna, dagli Stati Uniti, dall'Australia e da altri paesi – potranno rientrare "in blocco" nella comunione con Roma, secondo le modalità che indicherà la Santa Sede. Intere parrocchie anglicane saranno accolte.

La dichiarazione che Levada legge davanti alla stampa anticipa alcuni contenuti del documento papale: i sacerdoti e i vescovi sposati, ricevuto l'ordine sacro nel rito cattolico, potranno riprendere a esercitare il sacerdozio – ma non l'episcopato – come già peraltro avviene per i sacerdoti sposati dei riti orientali, anche cattolici. Le loro comunità faranno capo a «ordinariati personali» retti da vescovi o da sacerdoti celibi, anche qui in linea con la prassi costante delle Chiese cattoliche e ortodosse. Per le celebrazioni liturgiche continuerà a valere il rituale anglicano in uso, peraltro già molto simile a quello cattolico.

Non tutto però è chiaro. E l'annuncio anticipato senza il testo ufficiale alimenta una certa confusione.

La questione più spinosa, che non viene spiegata fino in fondo nel corso della conferenza stampa, è quella dei preti sposati. Un conto infatti è ammettere in seno alla Chiesa cattolica tutti i sacerdoti anglicani, compresi quelli già attualmente sposati. Altra cosa è, in futuro, permettere che questa eccezione diventi una prassi anche per i seminaristi anglicani delle comunità convertite al cattolicesimo. Se così fosse ai futuri sacerdoti delle comunità anglicane tornate sotto Roma, dunque a dei futuri sacerdoti di rito latino a tutti gli effetti, verrebbe fatta una concessione fino a oggi riservata solo ai cattolici appartenenti ai riti orientali. Il celibato sacerdotale nella Chiesa latina è una tradizione antica, della quale gli ultimi Papi hanno ribadito il valore, non ritenendo di doverla cambiare. Non si tratta, com'è stato più volte ripetuto, di un dogma di fede, bensì di una prassi, che dunque potrebbe venire in qualsiasi momento allentata o modificata. Quando, negli anni del post-concilio, si è posto il problema, Paolo VI ha ritenuto di ribadire il valore del celibato, stabilendo di mantenerlo. E così hanno fatto i suoi successori. Fino a Benedetto XVI il quale più volte ha ricordato le ragioni profonde del celibato sacerdotale.

Il testo della dichiarazione di Levada su questo punto non è chiaro. Quanto ai preti sposati, il cardinale prefetto dell'ex Sant'Uffizio dice: «Tale modello – l'ordinariato personale – prevede la possibilità dell'ordinazione di chierici sposati già anglicani, come sacerdoti cattolici. Ragioni storiche ed ecumeniche non permettono l'ordinazione di uomini sposati a vescovi sia nella Chiesa cattolica come in quelle ortodosse. Pertanto, la Costituzione determina che l'ordinario possa essere o un sacerdote o un vescovo non coniugato. I seminaristi dell'ordinariato vengono preparati accanto ad altri seminaristi cattolici». Dunque, anche se chi guiderà i nuovi ordinariati sarà un sacerdote o un vescovo non coniugato, ciò non significa che non potranno anche in futuro essere ammessi negli stessi ordinariati sacerdoti coniugati. E i seminaristi? Levada risponde a braccio alla domanda postagli da un giornalista, spiegando che per quanto riguarda i seminaristi anglicani già sposati si deciderà «caso per caso». Scrive il 21 ottobre il «Corriere della Sera»: «Che i sacerdoti anglicani passati al cattolicesimo venissero ammessi al sacerdozio cattolico anche se sposati non è una novità. Ma qualcosa di nuovo si avrà su questo fronte con il passare del tempo, quando cioè arriveranno a essere ordinati i "seminaristi anglicani già sposati che ora passano al cattolicesimo". È stato detto che sulla loro ordinazione si deciderà "caso per caso". Ma ogni caso – c'è da scommettere – farà notizia».

Il nodo non viene sciolto fino al momento dell'effettiva pubblicazione della costituzione, il 9 novembre. La costituzione s'intitola *Anglicanorum coetibus*. La firma del Papa è del 4 novembre, memoria di san Carlo Borromeo. Molte delle notizie anticipate vengono confermate: il Papa apre la porta ai gruppi di anglicani che hanno chiesto di tornare in seno alla Chiesa cattolica ammettendo anche qualche deroga per sacerdoti e vescovi sposati, precisando però che ciò «non significa in alcun modo un cambiamento nella disciplina della Chiesa per quanto riguarda il celibato sacerdotale». La costituzione è accompagnata da una serie di note e spiegazioni in cui si ribadisce, fra l'altro, l'importanza del documento, che «apre una nuova strada per la promozione dell'unità dei cristiani» e non comprometterà in alcun modo il dialogo ecumenico con la comunione anglicana. Si ribadisce un concetto già in parte esposto il 20 ottobre: sarà il Pontefice a consentire «caso per caso» a sacerdoti sposati già anglicani di diventare preti cattolici. Resta assodato, comunque, che i sacerdoti sposati non potranno diventare vescovi, e che non potranno rientrare in piena comunione con Roma i sacerdoti ex cattolici passati alla Chiesa anglicana dopo aver contratto matrimonio. Sono esclusi, poi, tutti gli «irregolari», conviventi o divorziati.

Infine la questione più spinosa, riguardante i seminaristi coniugati che in futuro chiederanno di essere ammessi nella Chiesa cattolica. La costituzione lascia aperta la possibilità che all'interno degli ordinariati degli ex anglicani anche in futuro vengano ammesse al sacerdozio persone sposate. Dice l'*Anglicanorum coetibus*:

> «L'Ordinario, per ammettere candidati agli Ordini Sacri deve ottenere il consenso del Consiglio di governo. In considerazione della tradizione ed esperienza ecclesiale anglicana, l'Ordinario può presentare al Santo Padre la richiesta di ammissione di uomini sposati all'ordinazione presbiterale nell'Ordinariato, dopo un processo di discernimento basato su criteri oggettivi e le necessità dell'Ordinariato. Tali criteri oggettivi sono determinati dall'Ordinario, dopo aver consultato la Conferenza Episcopale locale, e debbono essere approvati dalla Santa Sede».

Il rettore della Pontificia Università Gregoriana, il gesuita Gianfranco Ghirlanda, che ha collaborato alla redazione del testo, ribadisce, presentandolo, che esiste la

> «possibilità, dopo un processo di discernimento basato su criteri oggettivi e le necessità dell'Ordinariato, di chiedere al Romano Pontefice di ammettere caso per caso all'Ordine Sacro del presbiterato anche uomini coniugati»

in deroga alla legge del celibato valida per la Chiesa cattolica latina.

Gli ordinari anglo-cattolici potranno dunque chiedere al Papa anche per il futuro la possibilità di ordinare «uomini coniugati». La deroga, seppure circoscritta solo a queste comunità, c'è. E c'è nonostante dieci giorni prima il cardinale Levada, in una dichiarazione, avesse definito la cosa come «meramente ipotetica». Certo, ogni proposta sarà sottoposta «caso per caso» al via libera vaticano. Ogni persona sposata che intende diventare prete all'interno degli ordinariati anglo-cattolici dovrà dunque avere il via libera della Santa Sede. Ma la novità rimane, al di là delle smentite: è la prima dispensa del genere ufficializzata per una comunità di rito latino dai tempi del Concilio di Trento.

Sul «Washington Post» l'ex direttore del settimanale dei gesuiti Usa «America», padre Thomas J. Reese, commentando la decisione papale elenca alcune possibili conseguenze, seppure paradossali:

> «Il Vaticano ha chiarito che i preti cattolici sposati non saranno riaccolti nel sacerdozio, ma un cattolico sposato non potrebbe passare agli anglicani, entrare in un seminario anglicano, e poi tornare alla Chiesa cattolica? Se così fosse, questa potrebbe diventare una ricca sorgente di preti per la Chiesa cattolica».

Ma può anche accadere, spiega sempre Reese,

> «che molti cattolici sposati passino agli anglicani e diventino poi preti: in questo caso nel giro di una generazione il problema della mancanza di clero sarebbe superato, ma ci sarebbero più preti nell'ordinariato anglicano che nelle diocesi tradizionali. Con la conseguenza»

sono sempre valutazioni di Reese

> «che, in breve tempo, la gente li seguirebbe e l'ordinariato anglicano sarebbe composto in maggioranza di cattolici».

Il 9 novembre 2009, a presentare il testo di *Anglicanorum coetibus* in Sala Stampa vaticana c'è soltanto padre Federico Lombardi. Il portavoce dice che la costituzione «non è un'iniziativa che abbia avuto origine dalla Santa Sede», ma «una risposta generosa da parte del Santo Padre alla legittima aspirazione» di alcuni gruppi che ne hanno fatto richiesta, per i quali, tuttavia, la Chiesa cattolica non è disposta a mutare nulla al suo proprio interno, né norme né riti.

Resta una domanda che non ha ancora trovato risposta: perché il cardinale Levada ha annunciato la pubblicazione di un documento papale così importante quando ancora non esisteva il testo definitivo? Perché il Vaticano non ha atteso la redazione finale per convocare la conferenza stampa? Forse si volevano affrettare i tempi per ovviare a qualche discussione interna. C'è chi ha scritto che in Vaticano qualcuno voleva inserire un testo nel quale il nodo dei futuri seminaristi sposati venisse risolto in senso restrittivo, stabilendo che nessuna persona sposata, in futuro, avrebbe potuto accedere al sacerdozio all'interno degli ordinariati anglo-cattolici.

Ma l'ipotesi più verosimile è che il documento papale sia stato in realtà ritardato per degli aggiustamenti e delle correzioni di tipo giuridico segnalati dalla Segreteria di Stato vaticana. Ai giornalisti che in quei giorni chiedevano chi effettivamente stesse lavorando al testo, in forma non ufficiale, il Vaticano rispondeva: «Un po' la Segreteria di Stato, un po' il Pontificio consiglio per i testi legislativi». E il risultato è stato quello che abbiamo detto: per circa tre settimane, dal 20 ottobre al 9 novembre successivo, nessuno ha saputo cosa effettivamente il Papa avesse stabilito come condizioni per riammettere alla piena comunione con Roma le comunità anglicane che lo hanno richiesto.

In questi venti giorni di sospensione, tra l'annuncio e la pubblicazione del testo, non ci sono soltanto i giornalisti a incalzare la Santa Sede con le loro domande. Ci sono anche esponenti del dissenso che hanno alzato la voce, dipingendo scenari foschi. Uno di questi è il teologo Hans Küng. Le sue parole vengono riportate in Italia dal quotidiano «la Repubblica» in un articolo che significativamente s'intitola: *Quel Papa che pesca nell'acqua di destra*. Secondo Küng l'unico scopo di Ratzinger sarebbe quello di «rimpolpare» le file cattoliche aprendo le porte della Chiesa di Roma ai gruppi più reazionari e conservatori, come dimostrerebbe la cancellazione della scomunica ai vescovi lefebvriani e ora il via libera agli anglicani tradizionalisti. Decisione, quest'ultima, definita da Küng «una tragedia» per l'ecumenismo «dopo le offese già arrecate da Benedetto XVI agli ebrei e ai musulmani, ai protestanti e ai cattolici riformisti».

Ci fa notare in proposito il vaticanista Luigi Accattoli: «L'apertura sul clero sposato di provenienza anglicana va vista nell'insieme della generosa accoglienza predisposta agli anglicani che vogliono entrare nella Chiesa cattolica, altrimenti non se ne coglie la logica che non è da restringere alla questione del celibato. Benedetto riconosce agli "ordinariati personali" che verranno costituiti la possibilità di chiedere alla Santa Sede l'autorizzazione a ordinare – se necessario – uomini sposati, la facoltà di proporre i candidati – anche "sposati" – per la nomina a "ordinario", il diritto di usare i libri liturgici della tradizione anglicana. Sono decisioni variamente criticate, sia da destra sia da sinistra. Da destra perché si teme ne risulti intaccata la legge del celibato nella Chiesa latina, da sinistra perché si interpreta il tutto come motivato dall'interesse a fare ponti d'oro alla componente tradizionalista del mondo anglicano. Mi sembrano due critiche di corta veduta: l'una ipersensibile alla questione del celibato, l'altra alla cittadinanza dei tradizionalisti nell'ecumene cattolica. A mio parere è invece possibile vedere in quelle decisioni, considerate nel loro insieme, un segno di futuro, oltre le circostanze immediate, e interpretarle come due passi in vista di un ecumenismo flessibile e di una maggiore pluralità interna all'edificio cattolico. Domani non sarà necessario che tutti usino lo stesso messale: ci sarà cittadinanza per quello di Giovanni XXIII e per quello anglicano accanto a quello "ordinario" di Paolo VI. Accanto ai preti celibi della Chiesa latina ci saranno quelli sposati della tradizione orientale e i nuovi di ascendenza anglicana».

Abbiamo visto le non poche difficoltà che si sono dovute superare per arrivare alla stesura definitiva della costituzione. Difficoltà che ci sono state anche col mondo anglicano.

Tornando all'informato articolo dell'australiano «The Record», dal quale siamo partiti, si desumono altre notizie interessanti. Tra queste un fatto che molto fa discutere a posteriori e che tuttora sta creando discussioni non soltanto all'interno della Chiesa cattolica ma anche nei rapporti tra Chiesa cattolica e anglicanesimo. «The Record» riporta infatti le dichiarazioni del primate della Tac che spiega come la trattativa del Vaticano con le comunità anglicane è aperta da ben prima del 2009. L'arcivescovo John Hepworth dice che già nel 2007 avvenne un incontro tra i superiori della Congregazione per la dottrina della fede e i leader della Tac. Un incontro riservato, al quale erano state invitate poche persone.

Si sa che successivamente sono stati consultati – a titolo personale e senza il coinvolgimento delle rispettive conferenze episcopali – tre vescovi, uno inglese, uno americano e uno australiano. Questi i loro nomi: Vincent G. Nichols, primate della Chiesa cattolica d'Inghilterra e del Galles; Donald W. Wuerl, arcivescovo di Washington; Mark Benedict Coleridge, arcivescovo di Canberra.

Si sa inoltre che la Congregazione per la dottrina della fede ha deciso di svolgere ogni incontro in forma segreta per non turbare il buon esito della trattativa stessa ed evitare fughe di notizie, ma anche perché tale riservatezza è stata richiesta fin dall'inizio proprio dalla Comunione anglicana tradizionale.

In molti si chiedono perché il Vaticano abbia deciso di arrivare a una decisione di portata epocale, come è quella di cui si discute, senza di fatto coinvolgere e consultare i vescovi cattolici australiani, inglesi e statunitensi, cioè gli episcopati dei paesi maggiormente interessati, nei quali si trovano le più consistenti comunità anglicane.

Ci dice il vaticanista Gerard O'Connell: «Ho parlato personalmente sia con l'arcivescovo di Canterbury e con alcuni dei suoi consiglieri, ma anche con diversi vescovi cattolici in Inghilterra e negli Stati Uniti e, senza eccezioni, tutti hanno espresso giudizi negativi sul processo seguito per la stesura della costituzione. Alcuni vescovi nel Regno Unito mi hanno detto che erano del tutto sconvolti, e anche arrabbiati per il modo in cui è stato gestito l'intero processo, anche se non hanno voluto sostenerlo pubblicamente. Questi pareri anglicani e cattolici mostrano giudizi simili sul modo con cui la Congregazione per la dottrina della fede ha condotto la consultazione e la redazione del documento, un modo che non ha tenuto conto delle relazioni ecumeniche. Anche un certo numero di laici cattolici in Gran Bretagna ha detto la stessa cosa. Diversi vescovi cattolici inglesi, e alcuni negli Stati Uniti, mi hanno detto che l'intero processo è stato del tutto privo di collegialità. Inoltre, hanno trovato difficile capire perché la gerarchia di Inghilterra e Galles, come pure l'arcivescovo di Canterbury, siano stati informati – non consultati – soltanto all'ultimo momento. Alcuni funzionari del Vaticano hanno cercato di spiegarmi le ragioni di questa segretezza e la mancanza di una consultazione aperta, ma devo dire non ho trovato le loro spiegazioni molto convincenti».

Il primate anglicano viene dunque avvertito soltanto alla fine del percorso, poche settimane prima dell'annuncio. E il giorno prima della conferenza stampa, cioè il 19 ottobre 2009, il cardinale Levada si reca a Londra e incontra sia i vescovi inglesi, per spiegare loro l'intenzione della Santa Sede, sia lo stesso primate anglicano «per informarlo». Segno evidente che nei mesi precedenti lo stesso Williams non era stato coinvolto in alcun modo.

C'è chi ha ricordato queste circostanze, quando il primate anglicano, il 3 aprile 2010, ha criticato in modo insolitamente duro l'atteggiamento della Chiesa irlandese di fronte agli abusi sessuali sui minori. In quel momento la Chiesa cattolica sta attraversando un momento difficile. Da due mesi è sotto il fuoco dei media per le notizie riguardanti la pedofilia. La nuova ondata di scandali, come abbiamo visto nei precedenti capitoli, ha come epicentro l'Irlanda e poi si estende in Germania e nuovamente negli Stati Uniti. Qui è sufficiente notare come, proprio alla luce del clima di quei giorni, le parole di Williams risultino particolarmente aspre.

Il primate anglicano, in un'intervista alla radio della Bbc parla della vicenda irlandese. Parla di «trauma colossale» per la Chiesa cattolica irlandese, sottolineandone la «perdita di credibilità».

Ad avallare l'ipotesi che Williams sia stato tenuto all'oscuro delle trattative per il rientro nella comunione cattolica delle comunità anglicane tradizionaliste è anche il «Times». Il 21 ottobre il quotidiano inglese scrive che la costituzione apostolica vaticana è «un grave colpo ai tentativi dell'arcivescovo di Canterbury, Rowan Williams, di salvare la Comunione anglicana». Il «Times» si dice disposto ad accettare le «ragioni pastorali genuine» che soggiacciono all'azione del Vaticano, ma insieme definisce «una sfida diretta all'integrità della tradizione anglicana» il modo in cui la vicenda è stata condotta dalle autorità vaticane. Williams, prosegue il «Times», si trova ora di fronte alla «non invidiabile prospettiva di una crescente frammentazione dell'anglicanesimo e di relazioni cattolico-anglicane gravemente impallidite». Il quotidiano afferma anche che nel percorso che ha portato alla decisione di creare degli ordinariati personali «come una sorta di cornice in cui far confluire gli anglicani scontenti della piega progressista presa negli ultimi anni dalla loro Chiesa, il Pontificio consiglio per l'Unità dei cristiani non ha avuto alcuna parte».

Non soltanto Williams, dunque, ma anche lo stesso dicastero vaticano incaricato dei rapporti con le altre comunità cristiane, non sarebbe stato pienamente coinvolto nelle trattative condotte dall'ex Sant'Uffizio. Il cardinale Walter Kasper, come lui stesso racconterà al vaticanista Gerard O'Connell, pur non partecipando alle riunioni, era però stato informato di quanto stava accadendo, e aveva consigliato alla Congregazione per la dottrina della fede di avvertire subito anche il primate anglicano Williams. A margine di una conferenza da lui tenuta alla Gregoriana, il porporato tedesco riconoscerà infatti che l'elaborazione e la pubblicazione della costituzione non erano state segnate dalla trasparenza, anche a motivo di una esplicita richiesta da parte anglicana. «Io posso parlare solo per me» dirà Kasper. «Ho insistito fin dall'inizio affinché l'arcivescovo di Canterbury fosse informato.» Questo non è accaduto, «anche perché la parte anglicana ha troppo insistito sulla riservatezza», ma anche «perché non si poteva rendere tutto pubblico troppo presto a causa dei punti sensibili in discussione». In ogni caso, concluderà Kasper, «ci sarebbe dovuta essere trasparenza, e credo che dobbiamo imparare da quanto è accaduto».

Il «Times» scrive comunque che «il modo in cui» Kasper «è stato messo da parte indica che per Papa Benedetto l'ecumenismo è secondario», mentre è più disposto a riconoscergli, invece, un grande impegno per l'unità dei cattolici, così grande da «averlo esteso persino all'accoglienza dei seguaci dell'ultraconservatore arcivescovo Marcel Lefebvre, tra i quali un vescovo che nega l'Olocausto». Ma l'annuncio del 20 ottobre, afferma il quotidiano inglese, «impedisce non solo l'unità della Chiesa, ma anche la cooperazione ecclesiale». Alcuni degli appunti contenuti nell'articolo sono ingenerosi: non va dimenticato, infatti, che Roma ha risposto a precise richieste provenienti dalle comunità anglicane, e che il dissenso interno all'anglicanesimo non è stato provocato da decisioni vaticane, bensì dalle svolte liberal stabilite dai vertici della comunione anglicana. Il Papa non poteva non rispondere a queste richieste. Leciti, invece, i dubbi sulla gestione del dossier da parte della Congregazione per la dottrina della fede, che, vista la delicatezza del caso, per evitare fughe di notizie o interferenze, ha condotto le trattative senza coinvolgere pienamente gli episcopati interessati, il dicastero «ecumenico» della Santa Sede, e i vertici della Chiesa anglicana. Anche perché questa era stata la richiesta della controparte, cioè delle comunità anglicane decise a entrate nella comunione cattolica.

In ogni caso, l'attacco di Williams sulla pedofilia è notevole e viene pronunciato nonostante già da tempo anche nelle comunità anglicane sia presente il fenomeno degli abusi. È interessante citare quanto attesta il sociologo Philip Jenkins, uno dei maggiori studiosi mondiali del problema pedofilia: il tasso di sacerdoti condannati per abusi su minori, a seconda delle aree geografiche, varia dallo 0,2% all'1,7% del totale, mentre per i ministri protestanti va dal 2% al 3%. Jenkins fa queste affermazioni basandosi su un rapporto pubblicato nel 2002 da un'agenzia protestante americana, «Christian Ministry Resources», che concludeva che «i cattolici ricevono tutta l'attenzione nei media, ma il problema è maggiore nelle Chiese protestanti» dove le accuse negli Stati Uniti erano arrivate al numero di settanta alla settimana.

In molti restano sorpresi dall'uscita di Williams del 3 aprile. Il settimanale cattolico inglese «The Tablet», ad esempio, definisce il commento del primate «molto sorprendente», osservando tuttavia che il suo giudizio «potrebbe essere condiviso da molti cattolici». Ma nella Chiesa cattolica c'è chi reagisce con severità. È l'arcivescovo di Dublino Diarmuid Martin, a osservare che «chi lavora per il rinnovamento della Chiesa» potrebbe essere «immensamente scoraggiato» dalle parole di Williams, il quale ha anche riferito che a detta di un suo «amico irlandese», sarebbe ora «molto difficile, in alcune parti del Paese, uscire in strada indossando un abito da prete».

La decisione di accogliere in blocco intere comunità anglicane tocca molte sensibilità. Non tutti nel Regno Unito, com'era prevedibile, hanno "digerito" l'apertura di Benedetto XVI. Una decisione destinata a pesare, seppure sottotraccia e quasi mai esplicitamente citata, nei mesi che precedono l'arrivo del Papa in Inghilterra, Galles e Scozia, per il viaggio previsto a metà settembre 2010, che culminerà con la beatificazione di John Henry Newman.

Il clima nel Regno Unito, nei mesi che precedono la visita, si è arroventato anche a causa degli avvocati britannici che si interrogano sullo status giuridico del Papa, e vogliono metterlo sotto accusa perché il Vaticano avrebbe coperto le violenze su minori commesse da sacerdoti cattolici. Gli avvocati vogliono stabilire se Benedetto XVI possa godere dell'immunità diplomatica accordata ai capi di stato o se possa invece essere perseguito dalla giustizia britannica in virtù della giurisdizione internazionale.

L'annuncio ufficiale della visita arriva a metà marzo 2010 e viene dato dalla regina Elisabetta attraverso un comunicato di Buckingam Palace. I dettagli vengono spiegati nel corso di una conferenza stampa congiunta del governo e delle Conferenze episcopali di Scozia, Inghilterra e Galles. Nei giorni immediatamente successivi all'annuncio, il dissenso alla visita si rende manifesto. In migliaia firmano diverse petizioni pubblicate sul sito di Downing Street in cui si chiede al governo britannico di garantire che la visita nel Regno Unito del Pontefice non sia finanziata con denaro pubblico: il viaggio di Benedetto XVI dovrebbe costare circa venti milioni di sterline. A fianco delle firme il sito di Downing Street riporta alcuni commenti rilasciati dai cittadini: «Il Papa non soltanto si oppone al diritto delle donne all'aborto ma anche al loro diritto alla contraccezione per prevenire la necessità dell'aborto», scrive ad esempio Peter Tatchell, leader delle comunità omosessuali inglesi. E ancora: «Si oppone all'uguaglianza di fronte alla legge di lesbiche, gay, bisessuali e transgender e alla loro totale protezione giuridica contro la discriminazione di omosessuali e transessuali».

Insieme alle firme escono sui giornali inglesi gli annunci più strani. Uno di questi è di Richard Dawkins, etologo, biologo, divulgatore scientifico britannico e anche ateo convinto militante. Sul «Times» scrive che sta progettando, insieme al giornalista e scrittore Cristopher Hitchens, un'iniziativa giudiziaria nei confronti di Benedetto XVI da far scattare quando il Papa arriverà per la sua visita in Gran Bretagna. Si tratta dell'inziativa pensata assieme ad alcuni avvocati del Regno Unito, specializzati in diritti umani, che vogliono accusare Ratzinger di crimini contro l'umanità per la sua presunta copertura nei confronti dei preti pedofili all'epoca in cui era prefetto della Congregazione per la dottrina della fede. Dawkins e Hitchens pensano di poter utilizzare lo stesso principio che portò all'arresto di Augusto Pinochet nel 1998, quando l'ex dittatore cileno venne in visita a Londra. L'etologo e il giornalista ritengono di poter sostenere legalmente l'accusa e riuscire così a ottenere l'arresto, nonostante Benedetto XVI sia il sovrano di uno stato estero. Affermano che l'immunità non dovrebbe valere per Ratzinger, in quanto, pur essendo un capo di stato estero, il Vaticano non è in realtà riconosciuto come tale dall'Onu.

Dice Dawkins: «Sono particolarmente affascinato dalla sfida alla legittimità del Vaticano come Stato sovrano il cui leader può invocare l'immunità diplomatica. Anche se il Papa non finirà sul banco degli imputati, e anche se il Vaticano non annullerà la visita, rimango ottimista sul fatto che riusciremo a sensibilizzare l'opinione pubblica fino al punto in cui per il governo britannico sarà molto imbarazzante la visita del Papa». È chiaro che l'arresto del Pontefice è soltanto una *boutade* buona per finire sulle pagine dei giornali. Ma la dice lunga sul clima che si respira nel Regno Unito.

Non c'è infatti soltanto l'accusa degli avvocati, non ci sono solo le firme dei cittadini contro il Papa. C'è molto di più.

Un fatto che non ha precedenti e che crea imbarazzi diplomatici accade a fine aprile. Si tratta di una gaffe clamorosa compiuta dal Foreign Office, il ministero degli Esteri britannico. Domenica 25 aprile il «Sunday Telegraph» rivela che quattro giovani funzionari del Foreign Office hanno redatto una nota dal titolo *The ideal visit would see*, «La visita ideale che vorremmo vedere», nella quale sono state indicate le attività che Benedetto XVI dovrebbe svolgere durante il soggiorno nel Regno Unito. Tra queste viene espressamente suggerita la proposta che il Papa «benedica una coppia omosessuale legata da una *civil partnership* [unione registrata molto simile al matrimonio, N.d.A.]», «inauguri una clinica abortiva», «lanci una nuova marca di preservativi dal nome "Benedict"», «faccia capriole con bambini per promuovere una vita sana», «soggiorni una notte in una casa popolare a Bradford», e altre amenità di questo tipo. Non ultimo, che chieda «scusa per la tentata invasione della Invincibile Armata» e che «si esibisca in un duetto con la Regina per beneficenza».

Queste idee sono emerse nel corso di un *brainstorming*, una riunione di lavoro tra i quattro funzionari. Idee sulle quali un imbarazzatissimo ministero degli Esteri deve intervenire, definendo la nota un «foolish document», un documento «idiota», che non rappresenta la posizione del British Foreign & Commonwealth Office né del governo britannico. Il dirigente responsabile che ha autorizzato la diffusione della nota viene sospeso dall'incarico.

Melanie Phillips, giornalista vincitrice del premio Orwell, a proposito della nota del Foreign Office parla di un vero e proprio «collasso culturale, educativo, morale che caratterizza la pubblica amministrazione sempre più popolata da giovani funzionari "callow, shallow and politically correct to a fault"», cioè incredibilmente immaturi, superficiali e politicamente correttissimi. «Tali individui» secondo la Phillips «hanno una visione del mondo per cui le minoranze devono essere sempre assiomaticamente rispettate, mentre i cristiani si possono tranquillamente trattare con sprezzante sufficienza». È sempre Melanie Phillips a evidenziare quanto appaia «impressionante vedere come coloro che si vantano di essere le menti più liberali, colte e illuminate del Paese, siano in realtà del tutto gretti e affetti da una forma perniciosa di illiberalità, oltre che da una totale assenza di rispetto per le opinioni altrui, soprattutto per quelle che fanno riferimento alle principali fedi religiose della tradizione europea».

Da Roma, intanto, c'è chi fa notare che non è stato il

Papa a voler visitare il Regno Unito ma il contrario: Benedetto XVI ha infatti risposto all'invito del governo britannico. Sulla vicenda dice la sua anche sir Ivor Roberts, ex ambasciatore britannico in Italia e curatore dell'ultima edizione del «Satow's Diplomatic Practice»: «Quello che è accaduto è molto triste e frutto di un inconcepibile comportamento puerile. È davvero deprimente ed imbarazzante pensare che la diplomazia sia scesa a livelli così infimi. Spero almeno che i responsabili riescano ancora a percepire il senso di profonda vergogna per quello che hanno combinato».

Molti altri fronti e incognite restano aperti. Benedetto XVI, con gesto inconsueto per il suo pontificato, dato che aveva stabilito di non presiedere più le beatificazioni ma soltanto le canonizzazioni, in Gran Bretagna beatificherà personalmente il cardinale John Henry Newman, il teologo cattolico convertito dall'anglicanesimo. Forse è questa beatificazione che infastidisce gli inglesi? Scrive in merito sul quotidiano «Il Secolo» Paolo D'Andrea:

> «La raffica di colpi è partita sui giornali inglesi, mirando alto, senza remore. Il bersaglio dichiarato è la beatificazione del cardinale John Henry Newman, il grande teologo cattolico convertito dall'anglicanesimo, la cui salita agli altari rappresenta il piatto forte della prossima visita di Benedetto XVI in Inghilterra, in programma a settembre. Ma in realtà si punta a innescare un'esplosione a catena: "revisionare" il profilo del beatificando – da padre ispiratore della teologia di Ratzinger a testimonial del dissenso ecclesiale liberal o addirittura a icona gay – per poi aspettare il Papa al varco e trasformare la sua trasferta inglese nelle forche caudine del pontificato ratzingeriano. A lanciare l'offensiva è stato John Cornwell. Anche stavolta, come gli era già capitato in passato, lo scrittore inglese ha selezionato con perizia da insider dei corridoi d'Oltretevere il suo detonatore. L'arma letale per la sua nuova performance è la documentazione riservata del processo con cui gli organi della Santa Sede hanno certificato che il miracolo avvenuto per intercessione di Newman è davvero un evento di ordine sovrannaturale».

Cornwell, l'autore del controverso libro dedicato a Pio XII, *Il Papa di Hitler*, del quale lui stesso, alcuni anni dopo, ha dovuto riconoscere l'incompletezza e la parzialità, ha messo dunque in dubbio l'inspiegabilità della guarigione miracolosa avvenuta per intercessione di Newmann e scelta per il processo di beatificazione. È solo l'antipasto di attacchi e critiche destinate ad accompagnare la visita papale. Monsignor Roderick Strange, già cappellano dell'Università di Oxford e rettore del Pontificio collegio Beda di Roma, durante una conferenza tenuta nel maggio 2010, ha parlato del «ruolo profetico» del cardinale Newmann, il quale, passato dall'anglicanesimo al cattolicesimo, aveva detto che la Chiesa si doveva preparare a ricevere i convertiti. La costituzione apostolica *Anglicanorum coetibus*, le sue conseguenze e le sue implicazioni saranno dunque ben presenti sullo sfondo della visita papale.

Anche se il viaggio appare indubitabilmente difficile, non è invece difficile ipotizzare che Benedetto XVI, com'è già più volte accaduto in passato, saprà con il suo atteggiamento e le sue parole far diradare molte delle nubi che si sono addensate alla vigilia della sua trasferta inglese.

12

Profezie mariane. Da Fatima a Civitavecchia

Quello delle profezie legate alle apparizioni mariane è un mondo nel quale non è sempre facile distinguere la realtà dalla fantasia, i fatti dalle dicerie, i documenti dagli apocrifi, soprattutto nell'era di internet, quando la moltiplicazione esponenziale di una stessa presunta notizia su vari siti web fa sì che si finisca per considerarla vera.

Non avremmo dunque mai pensato di dedicare un capitolo della nostra inchiesta sugli attacchi e sulle crisi che hanno contraddistinto i primi cinque anni del pontificato di Benedetto XVI a questo tema.

Lo abbiamo dovuto fare dopo che il Papa stesso, l'11 maggio 2010, sul volo che lo portava da Roma a Lisbona, nel corso dell'incontro con i giornalisti al seguito, ha voluto legare la sofferenza della Chiesa per lo scandalo della pedofilia alla profezia di Fatima, a quel Terzo segreto pubblicato già da un decennio, che però continua a essere oggetto di dibattiti e di controversie.

Il viaggio in Portogallo aveva come culmine la celebrazione a Fatima dei dieci anni dalla beatificazione di due dei tre pastorelli veggenti, che assistettero alle apparizioni avvenute nel paesino portoghese nel 1917, Francesco e Giacinta Marto. Nel maggio 2000, in pieno Giubileo, Giovanni Paolo II venne a Fatima per beatificare i due piccoli veggenti, scomparsi entrambi ancora ragazzi a causa dell'influenza spagnola, pochissimi anni dopo le apparizioni. In quella occasione, papa Wojtyla fece comunicare, al termine della messa celebrata nella spianata del santuario, il contenuto del Terzo segreto. Era stato l'allora segretario di Stato, Angelo Sodano, a sintetizzare la profezia di Fatima, parlando di un «vescovo vestito di bianco» che «cade come morto», e legando la visione all'attentato subìto da Giovanni Paolo II il 13 maggio 1981 e alla lotta della Chiesa contro i regimi atei e totalitari dell'Est. Il 26 giugno di quello stesso anno, nella Sala Stampa della Santa Sede, il cardinale Joseph Ratzinger, prefetto della Congregazione per la dottrina della fede, e il suo braccio destro Tarcisio Bertone avrebbero illustrato ai giornalisti il testo del segreto tradotto dal manoscritto originale che l'unica sopravvissuta dei veggenti, suor Lucia Dos Santos, aveva inviato a Roma alla fine degli anni Cinquanta per ordine del Vaticano.

Nella profezia, nel segreto più gelosamente custodito del Novecento, si trovava – com'è noto – la descrizione del martirio dei cristiani e dell'uccisione dello stesso Pontefice, colpito da fucilate e frecce in cima a una montagna dopo essere passato attraverso i cadaveri dei martiri. Giovanni Paolo II, che attribuiva alla materna protezione di Maria l'essere sopravvissuto all'attentato – «una mano ha sparato», disse «un'altra la deviato la pallottola» – si era riconosciuto in quel vescovo vestito di bianco. Dunque la profezia, venne allora spiegato, riguardava eventi già accaduti e si poteva considerare conclusa. Nel suo commento teologico, il cardinale Ratzinger era stato più prudente, e aveva affermato che la visione profetica poteva estendersi a tutte le sofferenze dei Papi del Novecento. In più, durante la conferenza stampa del 26 giugno 2000, aveva precisato che non esiste un'interpretazione ufficiale della Chiesa sul Terzo segreto.

Che la profezia non fosse da considerarsi già compiuta, come sarà invece più volte affermato, emerge anche da quanto quell'anno aveva scritto il vescovo Rino Fisichella, ausiliare di Roma e consultore dell'ex Sant'Uffizio, in un commento alla profezia del Terzo segreto: «Ci sia permesso pensare che non può essere considerata compiuta...». Allora le sue parole, rilanciate da «Il Giornale», avevano fatto discutere nei sacri palazzi e all'interno della stessa Congregazione per la dottrina della fede, con la quale Fisichella collabora.

Non è nostra intenzione affrontare qui la non facile controversia che negli ultimi anni ha visto gruppi fatimisti, ma anche autorevoli giornalisti come Antonio Socci, dedicare saggi e ricerche al segreto di Fatima per concludere che non tutto sarebbe stato pubblicato nel 2000, ma che esisterebbe dell'altro. Ipotesi che permetterebbe di risolvere alcune incongruenze di date e alcune ammissioni sul contenuto del segreto fatte trapelare dai protagonisti – la veggente e chi aveva letto il testo per dovere d'ufficio – prima della pubblicazione. Ipotesi seccamente e ripetutamente smentita dall'attuale segretario di Stato Tarcisio Bertone.

Prendiamo però in considerazione quanto ha detto papa Ratzinger, che ha scelto di rispondere alla domanda relativa al segreto:

> «Quale significato hanno oggi per noi le apparizioni di Fatima? E quando lei presentò il testo del Terzo segreto nella Sala Stampa Vaticana, nel giugno 2000, c'erano diversi di noi e altri colleghi di allora, Le fu chiesto se il messaggio poteva essere esteso, al di là dell'attentato a Giovanni Paolo II, anche alle altre sofferenze dei Papi. È possibile, secondo lei, inquadrare anche in quella visione le sofferenze della Chiesa di oggi, per i peccati degli abusi sessuali sui minori?».

Questa la risposta di Benedetto XVI:

> «Innanzitutto vorrei esprimere la mia gioia di andare a Fatima, di pregare davanti alla Madonna di Fatima, che per noi è un segno della presenza della fede, che proprio dai piccoli nasce una nuova forza della fede, che non si riduce ai piccoli, ma che ha un messaggio per tutto il mondo e tocca la storia proprio nel suo presente e illumina questa storia. Nel 2000, nella presentazione, avevo detto che un'apparizione, cioè un impulso soprannaturale, che non viene solo dall'immaginazione della persona, ma in

realtà dalla Vergine Maria, dal soprannaturale, che un tale impulso entra in un soggetto e si esprime nelle possibilità del soggetto. Il soggetto è determinato dalle sue condizioni storiche, personali, temperamentali, e quindi traduce il grande impulso soprannaturale nelle sue possibilità di vedere, di immaginare, di esprimere, ma in queste espressioni, formate dal soggetto, si nasconde un contenuto che va oltre, più profondo, e solo nel corso della storia possiamo vedere tutta la profondità, che era – diciamo – "vestita" in questa visione possibile alle persone concrete. Così direi, anche qui, oltre questa grande visione della sofferenza del Papa, che possiamo in prima istanza riferire a Papa Giovanni Paolo II, sono indicate realtà del futuro della Chiesa che man mano si sviluppano e si mostrano. Perciò è vero che oltre il momento indicato nella visione, si parla, si vede la necessità di una passione della Chiesa, che naturalmente si riflette nella persona del Papa, ma il Papa sta per la Chiesa e quindi sono sofferenze della Chiesa che si annunciano. Il Signore ci ha detto che la Chiesa sarebbe stata sempre sofferente, in modi diversi, fino alla fine del mondo. L'importante è che il messaggio, la risposta di Fatima, sostanzialmente non va a devozioni particolari, ma proprio alla risposta fondamentale, cioè conversione permanente, penitenza, preghiera, e le tre virtù teologali: fede, speranza e carità. Così vediamo qui la vera e fondamentale risposta che la Chiesa deve dare, che noi, ogni singolo, dobbiamo dare in questa situazione. Quanto alle novità che possiamo oggi scoprire in questo messaggio, vi è anche il fatto che non solo da fuori vengono attacchi al Papa e alla Chiesa, ma le sofferenze della Chiesa vengono proprio dall'interno della Chiesa, dal peccato che esiste nella Chiesa. Anche questo si è sempre saputo, ma oggi lo vediamo in modo realmente terrificante: che la più grande persecuzione della Chiesa non viene dai nemici fuori, ma nasce dal peccato nella Chiesa e che la Chiesa quindi ha profondo bisogno di ri-imparare la penitenza, di accettare la purificazione, di imparare da una parte il perdono, ma anche la necessità della giustizia. Il perdono non sostituisce la giustizia. Con una parola, dobbiamo ri-imparare proprio questo essenziale: la conversione, la preghiera, la penitenza e le virtù teologali. Così rispondiamo, siamo realisti nell'attenderci che sempre il male attacca, attacca dall'interno e dall'esterno, ma che sempre anche le forze del bene sono presenti e che, alla fine, il Signore è più forte del male, e la Madonna per noi è la garanzia visibile, materna della bontà di Dio, che è sempre l'ultima parola nella storia».

Il Papa dunque afferma che la profezia non è soltanto legata al passato, ma permette di leggere anche il presente e dunque il futuro della Chiesa. E interpreta il Terzo segreto alla luce della persecuzione che proviene non soltanto dall'esterno, ma anche dall'interno, «dal peccato nella Chiesa». Parla delle attuali sofferenze provocate dallo scandalo della pedofilia del clero definendola «realmente terrificante».

Nell'omelia del 13 maggio, a Fatima, dirà:

> «Si illuderebbe chi pensasse che la missione profetica di Fatima sia conclusa. [...] L'uomo ha potuto scatenare un ciclo di morte e di terrore, ma non riesce a interromperlo...».

Che proprio l'emergere dei casi di abusi su minori perpetrati da religiosi e sacerdoti fosse nella mente del Papa lo dimostra «l'atto di affidamento e di consacrazione dei sacerdoti al Cuore immacolato di Maria» che Benedetto XVI ha recitato la sera del 12 maggio, nella chiesa della Santissima Trinità, il nuovo santuario di Fatima:

> «Aiutaci
> con la tua potente intercessione,
> a non venir mai meno a questa sublime vocazione,
> a non cedere ai nostri egoismi,
> alle lusinghe del mondo
> ed alle suggestioni del Maligno.
> Preservaci con la tua purezza,
> custodiscici con la tua umiltà [...]».

La consacrazione e l'affidamento al suo cuore immacolato era la richiesta pressante che l'apparizione aveva fatto ai tre veggenti di Fatima, nel 1917. E l'aver ripetuto questo atto per tutti i preti del mondo, nel corso dell'Anno sacerdotale, è dunque particolarmente significativo.

Bisogna pure ricordare che il Papa attaccato e oltraggiato è presente anche in una visione della pastorella Giacinta Marto, beatificata nel 2000, descritta in una delle memorie vergate da suor Lucia, datata 31 agosto 1941.

«Un giorno andammo a passare le ore della siesta sul pozzo dei miei genitori. Giacinta si sedette sulle lastre del pozzo; Francesco venne com me a cercare del miele selvatico, tra le spine di un pruneto che c'era presso una scarpata vicina. Dopo qualche tempo Giacinta mi chiama.
Non hai visto il Santo Padre?
No!
Non so com'è stato! Io ho visto il Santo Padre in una casa molto grande, inginocchiato davanti a un tavolo, con la faccia tra le mani, in pianto. Fuori della casa c'era molta gente, alcuni tiravano sassi, altri imprecavano e dicevano molte parolacce. Povero Santo Padre! Dobbiamo pregare molto per lui! [...]»

Sono parole, ha osservato Massimo Introvigne «che sembrano descrivere il linciaggio morale a cui oggi è sottoposto il Papa trascinato sul banco degli imputati nello scandalo dei preti pedofili».

Di un collegamento tra il messaggio di Fatima, relativo come sappiamo alle sofferenze di un Papa che viene ucciso, e la caduta dei sacerdoti, aveva parlato la stessa suor Lucia in un dialogo con padre Fuentes. Padre Agostino Fuentes, postulatore della causa di beatificazione di Francesco e Giacinta Marto, a motivo del suo incarico aveva libero accesso a suor Lucia. Durante una visita avvenuta il 26 dicembre 1957 aveva parlato con lei dei contenuti legati alla profezia. Il dialogo era stato pubblicato nel 1958, con l'approvazione ecclesiastica, negli Stati Uniti, sulla rivista «Fatima Findings», e il 22 giugno 1959 sul quotidiano portoghese «A Voz». Visto lo scalpore provocato dalle parole attribuite alla veggente, nel luglio 1959 la curia di Coimbra aveva duramente attaccato padre Fuentes, che era stato rimosso dall'incarico di postulatore. Alcuni anni dopo, però, Fuentes era stato riabilitato da padre Joaquin Alonso, archivista ufficiale del santuario di Fatima. Il religioso, chiamato a curare l'edizione critica dei documenti riguardanti le apparizioni, nel libro *La Verdad sobre el Secreto de Fatima* (1976) aveva scritto che quanto dichiarato nel testo di padre Fuentes «corrisponde certamente per l'essenziale a ciò che egli aveva ascoltato da suo Lucia».

In un passaggio di quel famoso e controverso colloquio vengono attribuite alla veggente di Fatima queste parole:

> «Padre, il diavolo è in procinto di ingaggiare una battaglia decisiva contro la Beata Vergine. E il diavolo sa cos'è che più di tutto offende Dio e che gli procurerà in breve tempo il maggior numero di anime. Così il diavolo fa di tutto per avere la meglio sulle anime consacrate a Dio, perché sa che in questo modo le anime dei fedeli, lasciate senza guida, cadranno più facilmente nelle sue mani. Ciò che offende soprattutto il Cuore Immacolato di Maria e il Cuore di Gesù è la caduta delle anime dei religiosi e dei sacerdoti. Il diavolo sa che per ogni religioso o sacerdote che rinnega la sua eccelsa vocazione, molte anime sono trascinate all'Inferno».

Non bisogna dimenticare le drammatiche parole usate da Paolo VI negli anni del post-concilio, quando, con coraggio, denunciò la presenza del «fumo di Satana» anche nella Chiesa. In un momento in cui il demonio sembra ridotto a mito dell'«oscuro» Medioevo, nell'omelia della festa dei santi Pietro e Paolo, il 29 giugno 1972, riferendosi proprio alla situazione della Chiesa, Montini, parlando a braccio afferma

> «di avere la sensazione che da qualche fessura sia entrato il fumo di Satana nel tempio di Dio. C'è il dubbio, l'incertezza, la problematica, l'inquietudine, l'insoddisfazione, il confronto. Non ci si fida della Chiesa... È entrato il dubbio nelle nostre coscienze ed è entrato per le finestre che invece dovevano essere aperte alla luce... Anche nella Chiesa regna questo stato di incertezza; si credeva che dopo il Concilio sarebbe venuta una giornata di sole per la storia della Chiesa. È venuta invece una giornata di nuvole, di tempesta, di buio, di ricerca, di incertezza... Crediamo in qualche cosa di preternaturale (il diavolo) venuto nel mondo proprio a turbare, per soffocare i frutti del Concilio Ecumenico e per impedire che la Chiesa prorompesse nell'inno alla gioia di aver riavuto in pienezza la coscienza di sé».

Nell'udienza generale del 15 novembre di quello stesso anno, Paolo VI dedica all'argomento l'intero discorso, intitolato *Liberaci dal male*.

> «Quali sono i bisogni maggiori della Chiesa? Non vi stupisca come semplicista, o addirittura come superstiziosa ed irreale, la nostra risposta: uno dei bisogni maggiori è la difesa da quel male che chiamiamo il demonio... Il male non è più soltanto una deficienza, ma una efficienza, un essere vivo, spirituale, pervertito e pervertitore. Terribile realtà. Misteriosa e paurosa.»

Papa Montini, in quei mesi, parla del diavolo anche nei colloqui privati. «Ricordo che un giorno del 1972» ha confidato il vescovo Bernardo Citterio «stavamo parlando con il papa del seminario di Milano, dei preti in crisi. Ci trovavamo nella sua biblioteca, in Vaticano. A un certo punto Paolo VI mi afferrò improvvisamente l'avambraccio destro e lo strinse molto forte. Rimase in silenzio per qualche istante che a me parve un secolo. Il papa guardava fisso davanti a sé continuando a stringermi il braccio. Infine disse: "Sì, Satana c'è. Satana agisce. Non è possibile arrivare a tanta malvagità senza l'influsso di una forza preternaturale che insidia l'uomo e lo rovina". Rimase ancora in silenzio per un attimo. Poi aggiunse: "Ma noi non dobbiamo temere. Cristo ci ha assicurato di aver vinto il mondo e noi dobbiamo avere fiducia".»

Secondo una confidenza fatta dal segretario del Pontefice, don Pasquale Macchi a don Ettore Malnati, «Paolo VI parlando del fumo di Satana intendeva alludere ai sacerdoti che contestano la Chiesa, che non sono fedeli alla loro identità, che non vivono il loro celibato, e più in generale alla disobbedienza nei confronti del magistero. Il Papa inoltre collega questi fenomeni e l'abbandono dei preti al segreto di Fatima».

Abbandono dei preti, crisi morale dei sacerdoti, episodi che Montini collegava al segreto di Fatima.

Elementi peraltro non nuovi nelle profezie. Già a La Salette, in Francia, nel 1846, la caduta dei sacerdoti sarebbe stata prevista:

> «La Chiesa subirà una crisi spaventosa, si vedrà l'abominio nei luoghi santi; nei conventi i fiori della Chiesa saranno putrefatti e

il demonio diventerà come il re di cuori [...] i sacerdoti con la loro cattiva vita sono diventati delle cloache di impurità».

Quella di La Salette è un'apparizione riconosciuta dalla Chiesa, ma non è stato mai riconosciuto il «segreto» che la veggente Melania Calvet aveva messo per iscritto e inviato a papa Pio IX. In quel testo si legge la profezia di tempi in cui

> «il numero dei preti e dei religiosi che si separeranno dalla vera religione sarà grande; fra queste persone vi saranno anche dei vescovi». E si preannuncia che «il Santo Padre soffrirà molto... I cattivi attenteranno diverse volte alla sua vita».

Accenni espliciti e immagini che preannunciano una crisi difficile nella Chiesa si ritrovano nei messaggi collegati alle apparizioni di Akita, in Giappone, avvenute nel 1973 e riconosciute come soprannaturali, con il consenso di Roma, dal vescovo di Niigata, monsignor John Shojiro Ito. Il vescovo, prima di rendere pubblica l'approvazione, nel 1988 si era incontrato in Vaticano con il cardinale Ratzinger. La Madonna, il 13 ottobre 1973, anniversario del miracolo del sole avvenuto a Fatima, aveva detto a una religiosa, suor Agnese Sasagawa, che

> «L'opera del diavolo si insinuerà persino nella Chiesa in una maniera tale che si vedranno cardinali opporsi ad altri cardinali, vescovi contro vescovi. I sacerdoti che mi venerano saranno disprezzati e ostacolati dai loro confratelli... chiese ed altari saccheggiati; la Chiesa sarà piena di coloro che accettano compromessi».

Ha scritto Howard Dee, già ambasciatore delle Filippine in Vaticano, in un articolo pubblicato sulla rivista «Inside the Vatican»: «Il vescovo Ito era certo che Akita fosse un'estensione di Fatima, e il cardinale Ratzinger mi ha personalmente confermato che questi due messaggi, quello di Fatima e quello di Akita, sono essenzialmente la stessa cosa».

Ancora, vanno ricordate le locuzioni interiori ricevute dal sacerdote italiano, don Stefano Gobbi, fondatore di un movimento di preghiera mariano, al quale la Madonna avrebbe detto che la Chiesa stava «salendo il Calvario della sua dolorosa passione» e che al diavolo sarebbe stato permesso «di penetrare anche all'interno della mia Chiesa». E che Satana sarebbe riuscito

> «a far piombare il santuario di Dio nelle tenebre. Egli mieterà il maggior numero di vittime fra i ministri del santuario. Questo sarà infatti un tempo di grandi cadute da parte dei miei figli prediletti, i miei sacerdoti. Satana sedurrà alcuni di loro con l'orgoglio, altri con l'amore della carne, altri con i dubbi, altri con l'incredulità, e altri ancora con lo scoraggiamento e la solitudine. Quanti fra di loro avranno dubbi su mio Figlio e su di me e crederanno che questa sia la fine della mia Chiesa!».

Difficile dimenticare, poi, che il 25 marzo 2005, una settimana prima della morte di Giovanni Paolo II, l'allora cardinale Ratzinger, nel commento alla nona stazione della tradizionale Via Crucis al Colosseo, aveva scritto:

> «Che cosa può dirci la terza caduta di Gesù sotto il peso della croce? Forse ci fa pensare alla caduta dell'uomo in generale, all'allontanamento di molti da Cristo, alla deriva verso un secolarismo senza Dio. Ma non dobbiamo pensare anche a quanto Cristo debba soffrire nella sua stessa Chiesa? A quante volte si abusa del santo sacramento della sua presenza, in quale vuoto e cattiveria del cuore spesso egli entra! Quante volte celebriamo soltanto noi stessi senza neanche renderci conto di lui! Quante volte la sua Parola viene distorta e abusata! Quanta poca fede c'è in tante teorie, quante parole vuote! Quanta sporcizia c'è nella Chiesa, e proprio anche tra coloro che, nel sacerdozio, dovrebbero appartenere completamente a lui! Quanta superbia, quanta autosufficienza! Quanto poco rispettiamo il sacramento della riconciliazione, nel quale egli ci aspetta, per rialzarci dalle nostre cadute! Tutto ciò è presente nella sua passione. Il tradimento dei discepoli, la ricezione indegna del suo Corpo e del suo Sangue è certamente il più grande dolore del Redentore, quello che gli trafigge il cuore. Non ci rimane altro che rivolgergli, dal più profondo dell'animo, il grido: Kyrie, eleison – Signore, salvaci (cfr. *Matteo* 8,25)».

Padre Pio da Pietrelcina, il frate con le stimmate, santo canonizzato e figura carismatica, non ha mai parlato esplicitamente del segreto di Fatima.

In una vecchia lettera al suo direttore spirituale, datata 7 aprile 1913, il cappuccino scriveva:

«Mio carissimo padre, venerdì mattina ero ancora a letto, quando mi apparve Gesù.
Era tutto malconcio e sfigurato. Egli mi mostrò una grande moltitudine di sacerdoti regolari e secolari, fra i quali diversi dignitari ecclesiastici; di questi chi stava celebrando, chi si stava parando e chi si stava svestendo dalle vesti sacre.
La vista di Gesù in angustie mi dava molta pena, perciò volli domandargli perché soffrisse tanto. Nessuna risposta n'ebbi.
Però il suo sguardo si riportò verso quei sacerdoti; ma poco dopo, quasi inorridito e come se fosse stanco di guardare, ritirò lo sguardo ed allorché lo rialzò verso di me, con grande mio orrore, osservai due lagrime che gli solcavano le gote.
Si allontanò da quella turba di sacerdoti con una grande espressione di disgusto sul volto, gridando: "Macellai!".
E rivolto a me disse: "Figlio mio, non credere che la mia agonia sia stata di tre ore, no; io sarò per cagione delle anime da me più beneficate, in agonia sino alla fine del mondo. Durante il tempo della mia agonia, figlio mio, non bisogna dormire. L'anima mia va in cerca di qualche goccia di pietà umana, ma ohimè mi lasciano solo sotto il peso della indifferenza. L'ingratitudine ed il sonno dei miei ministri mi rendono più gravosa l'agonia.
Ohimè, come corrispondono male al mio amore! Ciò che più mi affligge è che costoro, al loro indifferentismo, aggiungono il disprezzo, l'incredulità.
Quante volte ero lì per fulminarli, se non fossi stato trattenuto dagli angioli e dalle anime di me innamorate...
Scrivi al tuo padre e narragli ciò che hai visto ed hai sentito da me questa mattina. Digli che mostrasse la tua lettera al padre provinciale...".
Gesù continuò ancora, ma quello che disse non potrò giammai rivelarlo a creatura alcuna di questo mondo.
Questa apparizione mi cagionò tale dolore nel corpo, ma più ancora nell'anima, che per tutta la giornata fui prostrato ed avrei creduto di morirne se il dolcissimo Gesù non mi avesse già rivelato...
Gesù purtroppo ha ragione di lamentarsi della nostra ingratitudine! Quanti disgraziati nostri fratelli corrispondono all'amore di Gesù col buttarsi a braccia aperte nell'infame setta della massoneria! Preghiamo per costoro acciocché il Signore illumini le loro menti e tocchi il loro cuore.

Fate coraggio al nostro padre provinciale, che copioso soccorso di celesti favori ne riceverà dal Signore. Salutatemi il padre provinciale e ringraziatelo per me dell'applicazioni.
Fra Pio
Pietralcina, 7 aprile 1913».

Secondo le confidenze fatte dal santo del Gargano ad alcuni suoi figli spirituali, Padre Pio era a conoscenza della profezia di Fatima e la considerava un compimento delle Sacre Scritture. Quando nel 1933 Emanuele Brunatto, controverso difensore del frate, vorrà dare alle stampe con pseudonimo un pamphlet contenente accuse infamanti contro esponenti del clero e alti ecclesiastici vaticani, correndandolo di documenti e testimonianze, Padre Pio, su esplicita richiesta di due visitatori apostolici, gli scriverà:

«Caro Emmanuele, la grazia del Signore sia sempre teco.
Ti scrivo la presente per esternarti la mia sorpresa ed il mio dolore nel sentire che vuoi dare alle stampe ciò che assolutamente non deve essere stampato non solo, ma che nessun essere umano deve conoscere...».

I tanti e documentati episodi di immoralità, che comprendevano anche le coperture a preti pedofili da parte di un arcivescovo dal quale Padre Pio aveva subìto vere persecuzioni, come pure il coinvolgimento di prelati illustri in quel momento molto vicini al Papa, erano dunque un segreto che «nessun essere umano» doveva in quel momento conoscere. Queste rivelazioni erano in qualche modo collegate al segreto di Fatima? Alberindo Grimani, direttore dell'archivio Brunatto, è convinto di sì, anche se mancano conferme riferibili direttamente a Padre Pio: «Come emerge dalla lettera dell'aprile 1913, Padre Pio, di fronte alla rivelazione che gli aveva fatto Gesù, provò lo stesso turbamento provato da suor Lucia Dos Santos nel momento in cui doveva scrivere il messaggio del Terzo segreto di Fatima».

Un possibile riferimento all'attualità e alle difficoltà provocate dalla persecuzione interna, dal «peccato nella Chiesa» si troverebbe anche negli eventi accaduti a Civitavecchia nel 1995. Nel febbraio di quell'anno una minuscola statua di gesso raffigurante la Madonna di Medjugorje si mise improvvisamente a lacrimare sangue. Nei giorni successivi migliaia di persone si accalcarono nel cortile della casa di Fabio Gregori, a Pantano, nella periferia della città, gridando al miracolo. Tra gli scettici della prima ora, il vescovo Girolamo Grillo, che dice di non credere all'evento soprannaturale e anzi fa portare via la statua. Vengono eseguiti degli esami radiologici che non rivelano alcun marchingegno strano all'interno. Resta il sospetto che qualcuno abbia sporcato con un pennello intinto di sangue la statuina e che l'allucinazione collettiva abbia fatto il resto. Ma il 15 marzo, alle 8.05 del mattino, un evento straordinario trasforma monsignor Grillo in uno dei più convinti sostenitori del miracolo: la Madonnina inizia infatti a lacrimare nelle sue mani, alla presenza di altri testimoni. L'inchiesta della magistratura, che si muove in seguito ad alcune denunce del Codacons, non porterà ad accertare nulla che possa spiegare quanto accaduto il 2 febbraio.

Colpito dalle lacrimazioni di sangue, Giovanni Paolo II, attraverso il segretario di Stato Angelo Sodano, inviterà il vescovo Grillo ad "aprire" alla possibilità dell'evento soprannaturale e il 9 giugno 1995 riceverà in gran segreto nell'appartamento pontificio il vescovo di Civitavecchia e la Madonnina, davanti alla quale Wojtyla sosterà a lungo in preghiera prima di avvolgere attorno a quelle mani di gesso una coroncina del rosario d'oro.

«"Per adesso lei farà silenzio e non ne parlerà. Ma un giorno lei potrà dire al mondo che Giovanni Paolo II ha venerato la Madonnina di Civitavecchia...". Così mi disse Papa Wojtyla, a conclusione della cena nel suo appartamento, dove aveva voluto che portassi la statuina di gesso che aveva lacrimato sangue» ha raccontato monsignor Grillo, che possiede un documento controfirmato dal Pontefice polacco nell'anno 2000, dal quale risulta l'avvenuta venerazione e l'attenzione con la quale Wojtyla aveva seguito il fenomeno.

«Fu Giovanni Paolo II, fin dall'inizio, a volere che lasciassi aperta la possibilità del soprannaturale» ha raccontato Grillo. «Il Papa mi fece telefonare dal cardinale Angelo Sodano, allora segretario di Stato, chiedendomi di essere più prudente, di non chiudere subito la vicenda dicendo che si trattava di uno scherzo. Evidentemente Papa Wojtyla sapeva più cose di me.»

Nel 2005, il vescovo Grillo aveva rivelato l'esistenza di messaggi, lasciando intendere che Jessica Gregori, la bambina che per prima aveva visto sgorgare il sangue dalla Madonnina, avesse ricevuto anche delle visioni:

> «Quanto a Jessica Gregori, la ragazza che, al tempo delle lacrimazioni, aveva appena cinque anni e mezzo, allora personalmente dapprima neppure la volli interrogare e perché ero scettico sul fenomeno ed anche perché ritenevo che ella ripetesse come un pappagallo una lezione imparata a memoria. Stranamente, però, ogni qualvolta mi parlava della "sua Madonnina" (così la chiamava) mi si stringeva al collo e piangeva a lungo. Questo atteggiamento sarebbe proseguito per parecchi anni. Quello stesso anno venne da me altre quattro volte nei mesi di settembre, ottobre, novembre e dicembre. Il padre la portava con sé in braccio; poi, chiedeva al papà di lasciarla sola con me, pregandolo di allontanarsi fuori. Mi si avvicinava, dicendomi: "Chinati (io ero seduto), perché la Madonna ti manda un messaggio che soltanto tu devi sapere". Mi raccontava naturalmente di come vedeva la Madonna. Ricordo di averla trattata sempre in maniera piuttosto rude, dicendole: "Ma va', chi ti ha detto di raccontarmi queste frottole?". La piccola, allora si metteva subito a piangere, dicendomi fra le lacrime: "Lo sapevo che non ci avresti creduto, ma quella 'Ragazza' (così le sarebbe apparsa la Madonna), mi ha detto: devi dire al vescovo, allora, di scrivere le cose che gli racconti, altrimenti avrebbe potuto dimenticare". Io, a dire la verità, non scrissi mai nulla, in quel periodo, nel mio Diario; lo avrei fatto soltanto nel mese di gennaio del 1996, pensando ad uno degli ultimi messaggi che, riguardando la piccola stessa e me, mi fece riflettere. Oggi, posso affermare che il contenuto di quei messaggi, purtroppo, successivamente si sarebbe rivelato esatto.

Ne parlai con qualcuno, ma per ora non posso dire con chi. La bambina di allora ricorda perfettamente il contenuto di quei messaggi, anche se non comprendeva il vero significato di alcune espressioni. Ovviamente ella, secondo la consegna ricevuta allora da quella Ragazza (che, secondo la piccola sarebbe stata la Madonna) è tenuta al segreto. Potrebbe dire soltanto, qualora fosse interrogata, che tra lei e il vescovo ci sono dei segreti, di cui lei, però, non può parlare.
Oggi, posso dire che Jessica mi sembra una ragazza molto semplice e sincera, ma che allora, pur avendo soltanto cinque anni e mezzo, parlava come una piccola donna; tanto è vero che, dentro di me, stento tuttora a credere che, a quell'età, abbia potuto dirmi certe cose. Posso aggiungere che ella non ha mai parlato di quei segreti, neppure con il suo confessore. Ella ricorda benissimo gli stessi segreti, come ho potuto constatare, interrogandola di recente».

A quali segreti faceva riferimento monsignor Grillo? Abbiamo incontrato l'ormai vescovo emerito di Civitavecchia nell'appartamento dove oggi abita, accanto alla basilica di Santa Maria Maggiore.

«Sono convinto che le lacrimazioni della Madonnina di Civitavecchia siano legate alle sofferenze di Giovanni Paolo II e a quella che il cardinale Ratzinger, il Venerdì santo 2005 ha chiamato "la sporcizia nella Chiesa". Sono convinto che siano legate anche a quanto sta emergendo ora con lo scandalo degli abusi sui minori perpetrati da esponenti del clero.

C'è una traccia concreta qui, sul mio diario» dice il vescovo sfogliando le pagine che documentano giorno per giorno la storia delle lacrimazioni. «Non l'ho mai raccontato a nessuno, e per anni ho davvero stentato a crederci. Un giorno venne da me la piccola Jessica Gregori, nel cui giardino si trovava la statuina in gesso che aveva lacrimato sangue, la stessa che lacrimò anche nelle mie mani. Voleva vedermi, voleva parlarmi. In quelle settimane c'era della tensione tra me e la famiglia Gregori. Com'è noto, per diverso tempo io sono rimasto scettico sul fenomeno delle lacrimazioni. Jessica, che era soltanto una bambina, dice che vuole vedermi e parlarmi senza altri testimoni. Mi racconta di aver "visto" una ragazza bellissima, che le aveva affidato un messaggio per il vescovo, cioè per me. La piccola mi disse queste parole: "Quelli che ti stanno vicino non si comportano bene, ne soffrirai tanto. E ne soffrirà la Chiesa". Appuntai questo episodio sul diario, senza dargli alcun peso. Dopo un anno, fui informato che alcuni che conoscevo molto bene erano stati colti sul fatto, di notte, in una situazione gravemente immorale...»

Il vescovo parla anche di un messaggio per Giovanni Paolo II e della consacrazione dei sacerdoti al Cuore immacolato di Maria.

«Un secondo messaggio, la piccola Jessica Gregori me lo trasmise nell'ottobre 1995. Mi disse: "Questo è per il Papa e anche per te: bisogna fare un atto di affidamento di tutti i sacerdoti, i sacerdoti della tua diocesi e quelli di tutta la Chiesa, al Cuore immacolato di Maria". Tentai di mettere in difficoltà la bambina, cercai di capire se erano sue fantasie. Ma lei resisteva, rispondeva: "Boh, lei dice così!". Ebbi modo di comunicarlo a Giovanni Paolo II, che nell'anno 2000 ripeté l'affidamento che aveva già fatto a Fatima e in San Pietro.»

Quando monsignor Grillo ci racconta questi episodi, manca ancora un mese al viaggio di Benedetto XVI a Fatima. Lì, come abbiamo ricordato, dopo aver pregato davanti alla statua della Madonna che conserva incastonato sulla corona un proiettile dell'attentato a papa Wojtyla, il suo successore, la sera del 12 maggio, ha consacrato al Cuore immacolato di Maria tutti i sacerdoti del mondo.

«Credo che le lacrimazioni di sangue» conclude il vescovo Grillo «fossero legate alla questione dell'immoralità di certi sacerdoti. Ricordo ancora l'ultimo incontro con Giovanni Paolo II nel 2004. Il Papa mi guardò, disse tre volte "Civitavecchia!" e poi scoppiò a piangere.»

Profezie che parlano della defezione del clero, di Papi

attaccati, oltraggiati, colpiti e persino di un Pontefice ucciso. Il collegamento che Benedetto XVI ha deciso di fare tra la profezia di Fatima e la crisi presente della Chiesa è decisamente significativo. Anche perché, nel caso dell'intervista sull'aereo, trattandosi di domande scelte con cura tra tutte quelle inviate dai giornalisti, il Papa se avesse voluto avrebbe potuto non affrontare l'argomento.

«Le profezie mariane hanno anticipato la gravissima crisi dei sacerdoti del dopo concilio» ci dice padre Livio Fanzaga, popolarissima "voce" di Radio Maria, la diffusa emittente cattolica «quando in ottantamila lasciarono l'abito e i seminari si svuotarono in pochi anni. Lo ha fatto la Madonna in particolare nell'apparizione delle Tre Fontane a Roma, apparendo nel 1947 a Bruno Cornacchiola, quando mostrò una veste nera per terra e a fianco una croce spezzata. A Medjugorje la Madonna nei primi tempi delle apparizioni ha sollecitato a pregare per i sacerdoti perché, ha detto allora – durante la grande emorragia del post-concilio – ce ne sono di "buoni e di cattivi". La Madonna ha provveduto lei stessa al rinnovamento spirituale dei sacerdoti attirando al santurario mariano dell'Erzegovina oltre cinquemila sacerdoti ogni anno.»

13

Quel messaggio spesso dimenticato

«All'inizio dell'essere cristiano non c'è una decisione etica o una grande idea, bensì l'incontro con un avvenimento, con una Persona, che dà alla vita un nuovo orizzonte e con ciò la direzione decisiva.» Queste parole che Benedetto XVI ha scritto nelle righe iniziali della sua prima enciclica, *Deus caritas est*, definiscono meglio di altre il cuore del messaggio di papa Ratzinger, il filo rosso del suo magistero. Joseph Ratzinger, che per anni, da cardinale prefetto della Congregazione per la dottrina della fede, è stato dipinto da certi media come il «carabiniere della Chiesa» e il «panzercardinal», e che ancora oggi, da Papa, viene spesso rappresentato come un inflessibile e retrogrado restauratore, ha scelto come chiave del suo pontificato – le più ricorrenti – parole quali «bellezza», «amore», «gioia». Se infatti all'origine dell'essere cristiano non c'è una decisione etica, l'adesione a un elenco di valori o a una tradizione culturale, a un pacchetto di dogmi o un insieme di riti, ma c'è invece «l'incontro con un avvenimento, con una Persona», cambia la prospettiva. La fede cristiana, ha più volte ricordato papa Ratzinger, è l'incontro con una persona viva e presente, con il protagonista della storia, che viene incontro all'uomo, lo attrae e lo affascina: è l'incontro con la bellezza.

Fin dalle prime ore dopo l'elezione avvenuta il 19 aprile 2005, Benedetto XVI ha invitato a volgere lo sguardo a Cristo. Nel suo primo messaggio Urbi et Orbi, l'omelia tenuta nella cappella Sistina la mattina del giorno successivo, il nuovo vescovo di Roma diceva:

> «Nell'intraprendere il suo ministero, il nuovo Papa sa che il suo compito è di far risplendere davanti agli uomini e alle donne di oggi la luce di Cristo: non la propria luce, ma quella di Cristo».

Queste parole preannunciavano lo stile del pontificato: papa Ratzinger non voleva essere "protagonista", ma voleva fare emergere il vero protagonista. Un'indicazione importante, a questo riguardo, è avvenuta fin dai primi mesi del suo servizio pontificale. A partire dalla Giornata mondiale della gioventù di Colonia (agosto 2005), e poi via via in molte altre occasioni, con una scelta coraggiosa e controcorrente rispetto alle esigenze televisive, Benedetto XVI ha voluto che il culmine di questi grandi eventi fosse sempre l'adorazione eucaristica, quando il centro della scena viene occupato non dal vicario, ma dal protagonista, quel Cristo la cui luce il Papa deve far risplendere «davanti agli uomini e alle donne di oggi».

Su questa stessa linea va inquadrato il magistero di Ratzinger sulla liturgia. Da cardinale, egli aveva a lungo riflettuto e scritto su questi temi, lamentando gli abusi liturgici, una certa fretta e approssimazione con la quale era stata applicata la riforma liturgica post-conciliare, il rischio che, in qualche caso, la messa potesse «degenerare in show». Ben cosciente che i cambiamenti continui e calati dall'alto poco si addicono alla liturgia e soprattutto vengono difficilmente accolti e assimilati dai fedeli, Benedetto XVI ha scelto la via dell'esempio. Le messe papali, molto spesso trasmesse in diretta tv, si sono a poco a poco trasformate: la croce ha ritrovato la sua centralità sull'altare, di fronte al celebrante, anche se questi presiede il rito su altari rivolti verso il popolo. Sono stati rimessi in auge, accanto a quelli moderni, paramenti antichi, è stato dato più spazio al canto gregoriano. Nel 2007, come abbiamo visto, il Papa ha ridato piena cittadinanza al messale antico, in vigore fino al 1962. La volontà del Papa, con questa scelta, non era affatto quella di tornare al passato o di cancellare le riforme conciliari. Era invece quella di promuovere una riconciliazione e un arricchimento reciproco, per far sì che le celebrazioni del rito romano ordinario – che era, è e rimane quello scaturito dall'ultima riforma liturgica – possano riscoprire la bellezza e la sacralità di quelle antiche; e quelle nel rito romano straordinario – che ha cittadinanza accanto all'altro – possano scoprire la ricchezza del patrimonio di sacre Scritture che la riforma conciliare ha introdotto. Purtroppo in molti casi, lo spirito che ha ispirato Benedetto XVI non è stato compreso e al posto della riconciliazione si è avuta contrapposizione, spirito di rivincita, da ambo le parti.

Il magistero liturgico di Benedetto XVI fa parte di uno sguardo più ampio e profondo sulla storia recente della Chiesa e sul modo di intendere la tradizione. Fondamentale, per capirlo, è il discorso che il Papa pronunciò per gli auguri natalizi alla Curia romana nel dicembre 2005, quando parlò di due ermeneutiche del Concilio ecumenico Vaticano II, cioè di due modi di vedere e di vivere l'evento conciliare che ha segnato la storia della Chiesa nel secolo scorso: «I problemi della recezione sono nati dal fatto che due ermeneutiche contrarie si sono trovate a confronto e hanno litigato tra loro. L'una ha causato confusione, l'altra, silenziosamente ma sempre più visibilmente, ha portato e porta frutti».

«Da una parte» continuava papa Ratzinger «esiste un'interpretazione che vorrei chiamare "ermeneutica della discontinuità e della rottura"; essa non di rado si è potuta avvalere della simpatia dei mass-media, e anche di una parte della teologia moderna. Dall'altra parte c'è l'"ermeneutica della riforma", del rinnovamento nella continuità dell'unico soggetto-Chiesa, che il Signore ci ha donato; è un soggetto che cresce nel tempo e si sviluppa, rimanendo però sempre lo stesso, unico soggetto del Popolo di Dio in cammino.» La prima ermeneutica ha finito per trasformare il Concilio in una Costituente, e in una Costituente in servizio permanente. Ha creduto che non contassero tanto i testi del Vaticano II, quanto il suo "spirito", in nome del quale giustificare ogni cambiamento e ogni posizione, anche la più arbitraria. La seconda ermeneutica, che il Papa vuole applicare, è la stessa che ritroviamo nelle parole di Giovanni XXIII, il quale spiegava che il Concilio «vuole trasmettere pura ed integra la dottrina, senza attenuazioni o travisamenti», aggiungendo che:

> «il nostro dovere non è soltanto di custodire questo tesoro prezioso, come se ci preoccupassimo unicamente dell'antichità, ma di dedicarci con alacre volontà e senza timore a quell'opera, che la nostra età esige... È necessario che questa dottrina certa ed immutabile, che deve essere fedelmente rispettata, sia approfondita e presentata in modo che corrisponda alle esigenze del nostro tempo».

In questa prospettiva s'inquadra dunque la decisione di liberalizzare la messa antica.

Ed è su questa scia che il Papa si sta spendendo per favorire la guarigione di antiche ferite e la riconciliazione: così va letta la sua decisione di revocare la scomunica ai vescovi lefebvriani, la costituzione apostolica *Anglicanorum coetibus*, indirizzata alle comunità anglicane insofferenti con le svolte liberal delle loro gerarchie che intendono tornare alla piena comunione con Roma e che potranno conservare le loro tradizioni.

Decisiva, nella visione di Ratzinger, è l'immagine di una Chiesa che è «convocata» e che risponde a un mistero che non le appartiene. Non è una multinazionale, non può essere guardata con logiche aziendali. Più volte il Papa ha osservato che nella società civile e «non di rado, anche nella Chiesa» molti di coloro che sono investiti di responsabilità «lavorano per se stessi e non per il bene comune». Il 12 settembre 2009, durante la consacrazione di cinque nuovi vescovi in San Pietro ha tracciato l'identikit del pastore fedele e lanciando un forte richiamo agli uomini di Chiesa. Ha spiegato che il sacerdozio «non è dominio, ma servizio» e ha illustrato le tre caratteristiche del servo di Gesù: fedeltà, prudenza e bontà.

> «La Chiesa non è la Chiesa nostra, ma la sua Chiesa, la Chiesa di Dio. Il servo deve rendere conto di come ha gestito il bene che gli è stato affidato. Non leghiamo gli uomini a noi, non cerchiamo potere, prestigio, stima per noi stessi.
> Conduciamo gli uomini verso Gesù Cristo e così verso il Dio vivente».

E ha aggiunto:

> «Sappiamo come le cose nella società civile e, non di rado, anche nella Chiesa soffrono per il fatto che molti di coloro ai quali è stata conferita una responsabilità, lavorano per se stessi e non per la comunità, per il bene comune. Il Signore traccia con poche linee un'immagine del servo malvagio, il quale si mette a gozzovigliare e a percuotere i dipendenti, tradendo così l'essenza del suo incarico».

La fedeltà del servo di Cristo «consiste proprio anche nel fatto che egli non cerca di adeguare la fede alle mode del tempo».

La Chiesa, inoltre, non consiste nelle sue strutture organizzative, non vive di convegni o commissioni. Come ha chiarito Ratzinger nell'omelia della messa celebrata a Lisbona l'11 maggio 2010:

> «Spesso ci preoccupiamo affannosamente delle conseguenze sociali, culturali e politiche della fede, dando per scontato che questa fede ci sia, ciò che purtroppo è sempre meno realista. Si è messa una fiducia forse eccessiva nelle strutture e nei programmi ecclesiali, nella distribuzione di poteri e di funzioni; ma che cosa accadrà se il sale diventa insipido?».

Un altro importante filo rosso che attraversa il magistero di Benedetto XVI è quello dedicato al rapporto fede-ragione, al centro della *lectio* di Ratisbona. Il nucleo di quel messaggio, che sarà ripreso in vari altri interventi e documenti, è quello della sintesi tra fede e ragione come terreno per un dialogo autentico del mondo musulmano con il cristianesimo. Benedetto XVI ha spiegato che il dialogo non può essere innanzitutto una questione politica o di diplomazia, ma è la ricerca dei fondamenti razionali comuni a tutti gli uomini. Proprio parlando della ragione, il Papa ha mostrato come la nostra epoca – a partire dall'Illuminismo, che pure ha i suoi meriti – sia caratterizzata da un concetto ristretto e limitato di ragione, una ragione che si "autolimita", ritenendo di non poter dire nulla su Dio, sulle domande ultime che agitano il cuore dell'uomo, su ciò che la supera. Tutto questo, il senso religioso, l'epoca moderna non lo censura, ma lo relega nel limbo della soggettività, affermando che su questi temi non vi può essere una conoscenza ragionevole e oggettiva. Così la fede viene considerata qualcosa di irrazionale e di soggettivo.

«Non vengo a imporre la fede ma a sollecitare il coraggio per la verità» aveva scritto il Papa nel discorso che avrebbe dovuto pronunciare all'Università La Sapienza di Roma, nel gennaio 2008; visita cancellata nel timore di disordini in seguito alle proteste di alcuni gruppi di studenti e alcuni docenti.

Su questa riflessione s'innesta anche il richiamo, più volte fatto da Benedetto XVI, alla «morale naturale», cioè a quella capacità che l'uomo ha di riconoscere il bene e il male. È un richiamo che vuole favorire un dialogo e un confronto vero tra credenti e non credenti, non soltanto sui temi di fede, ma anche su quelli legati alle emergenze etiche, per ricostruire una «grammatica» comune.

Il magistero di papa Ratzinger ha richiamato più volte, in questi anni, a quelli che lui stesso ha definito «princìpi non negoziabili», tra i quali oggi emergono particolarmente la vita da tutelare dall'inizio fino alla fine, la famiglia fondata sul matrimonio, la libertà di educazione. È interessante notare come Benedetto XVI abbia ribaltato il sentire comune che dipinge la Chiesa come dedita a pronunciare dei «no» su tutto, a battersi contro l'aborto, contro l'eutanasia nelle sue forme più o meno mascherate, contro l'equiparazione della famiglia fondata sul matrimonio alle unioni di altro tipo. Il Papa ha sempre chiarito che all'origine delle sue convinzioni, proposte a credenti e non credenti, la Chiesa non ha dei «no», ma un grande «sì», detto innanzitutto al protagonista della storia e alla bellezza della vita che grazie a lui si è potuta sperimentare.

Il richiamo ai valori, gli interventi sui temi etici, sono sempre stati inquadrati in questa prospettiva, come emerso nel discorso ai vescovi del Portogallo, tenuto a Fatima il 13 maggio 2010:

> «Quando, nel sentire di molti, la fede cattolica non è più patrimonio comune della società e, spesso, si vede come un seme insidiato e offuscato da "divinità" e signori di questo mondo, molto difficilmente essa potrà toccare i cuori mediante semplici discorsi o richiami morali, e meno ancora attraverso generici richiami ai valori cristiani. Il richiamo coraggioso e integrale ai princìpi è essenziale e indispensabile; tuttavia il semplice enunciato del messaggio non arriva fino in fondo al cuore della persona, non tocca la sua libertà, non cambia la vita. Ciò che affascina è soprattutto l'incontro con persone credenti che, mediante la loro fede, attirano verso la grazia di Cristo, rendendo testimonianza di Lui».

Non vanno poi dimenticate altre importanti prospettive del pontificato, meno evidenziate perché contrastanti con il *cliché* del Papa conservatore. Nell'enciclica sociale *Caritas in veritate* (2009), papa Ratzinger ha inserito nelle emergenze sociali anche la questione antropologica e le emergenze etiche, superando così – un altro passo di riconciliazione – la consolidata divisione che vorrebbe i cristiani «progressisti» dediti ai poveri e alle opere sociali, mentre quelli «conservatori» impegnati nella difesa della vita e della famiglia. No, difesa della vita e della famiglia sono anch'esse questioni sociali. Va ricordata la vicinanza che il Papa ha saputo manifestare ai poveri, agli ultimi, in questi primi cinque anni di pontificato. Restano memorabili le immagini della recente visita all'Ostello della Caritas presso la Stazione Termini di

Roma e la commozione del Pontefice nell'ascoltare il saluto di una *clochard* con problemi psichici. Ma si deve pure ricordare che nel suo magistero si ritrovano parole forti contro il capitalismo selvaggio e la globalizzazione che finisce per impoverire chi è già povero: l'invito alla carità, alla fraternità, alla condivisione dei beni, a uno stile di vita più sobrio e più attento alle esigenze degli ultimi – che si trovino in qualche sperduto villaggio africano o sotto le nostre case nelle metropoli occidentali – sono centrali nel suo insegnamento. Ratzinger ha anche spesso riflettuto sulla necessità di una più attenta gestione delle risorse del creato. Il richiamo all'ecologia umana, alla salvaguardia della natura che Dio ha affidato all'uomo, è infatti un'altra delle costanti di questo primo lustro di pontificato del Papa tedesco, che appena eletto ha definito se stesso «l'umile lavoratore nella vigna del Signore».

Come non citare, infine, il grande insegnamento che il Papa sta dimostrando nell'affrontare la crisi della pedofilia, con il continuo richiamo alla conversione, alla penitenza, alla purificazione? Benedetto XVI non si trincera dietro le statistiche, non accusa i mass media, parla con grande sofferenza del «peccato nella Chiesa», della persecuzione che viene dall'interno. E sembra che talvolta proprio questo suo messaggio non sia adeguatamente recepito attorno a lui e nella Chiesa.

14

Complotti, campagne mediatiche e incidenti di percorso

Perché i più importanti messaggi di Benedetto XVI, che abbiamo presentato in estrema sintesi nel capitolo precedente, sono passati con difficoltà? Perché ad attirare l'attenzione mediatica negli ultimi cinque anni sono state le crisi che dal discorso di Ratisbona in poi hanno caratterizzato il pontificato? Si è trattato solo di una serie di sfortunate coincidenze, aiutate dalle manchevolezze dei collaboratori di Ratzinger e dall'assenza di strategia comunicativa, o c'è di più?

Al termine di questa nostra inchiesta che ci ha portato dietro le quinte dei passaggi più difficili del pontificato, abbiamo rivolto queste domande ad alcuni storici, esperti di Vaticano, commentatori internazionali. Abbiamo chiesto loro se credono all'esistenza di un complotto, o comunque di campagne mediatiche orchestrate per depotenziare il messaggio della Chiesa su alcuni temi "sensibili". E se sì, quali responsabili essi individuano.

È evidente che fin dal momento dell'elezione del Papa tedesco, si è cercato di infangarne l'immagine: basti pensare a come viene presentata tuttora sul web la sua iscrizione (forzata) alla Hitlerjugend. Una foto del giovane Joseph Ratzinger, che lo ritrae nel giugno 1951, novello sacerdote, mentre al termine della prima messa celebrata nel paese dove abitava con i genitori benedice i fedeli imponendo su di loro entrambe le mani tese in avanti, viene fatta circolate tagliata, mostrando quindi un braccio solo, il destro, per far credere che si tratti del saluto nazista. Perché, dunque, Benedetto XVI ha attirato e attira su di sé così tanti attacchi e critiche?

«È difficile dire se ci sia un complotto contro il Papa», ci spiega Marcello Foa, inviato de «Il Giornale», analista di politica estera, docente di giornalismo all'università di Lugano e autore del libro *Gli stregoni della notizia. Da Kennedy alla guerra in Iraq: come si fabbrica informazione al servizio dei governi* (2006), «ma di certo, le vicende degli ultimi anni, lasciano intravedere il tentativo di ridimensionare l'influenza della Chiesa nel mondo. È un fenomeno che a mio giudizio rientra in un contesto più ampio. Dalla caduta del Muro di Berlino è in atto un processo che conduce al continuo indebolimento delle istituzioni tradizionali (Stati, Chiese, eccetera) e il trasferimento di potere a grandi società private, organizzazioni internazionali, interessi lobbistici, talvolta dichiarati, altre volte no.

Durante la Guerra Fredda, la Chiesa – e in particolare Giovanni Paolo II – ricopriva un ruolo importante, rappresentava un puntello morale per l'Occidente, contribuiva a regolare le nostre società e al contempo, per la sua influenza nell'Europa dell'Est, era una spina nel fianco dell'Unione Sovietica. Crollato l'impero sovietico sono cambiati i parametri e gli interessi prevalenti. La Chiesa non era più un puntello, ma un ostacolo, un elemento di conservazione, un potenziale contropotere.

Da una ventina d'anni» continua Foa «è in corso un processo di continua erosione del prestigio del Vaticano attraverso i media, ma anche il cinema. I film hanno un potere di persuasione enorme. Quanti sono i lungometraggi di successo internazionale positivi, di esempio o affascinanti sulla Chiesa o perlomeno sulla fede cattolica? Pochissimi. Quanti invece quelli in cui la Chiesa e i cardinali emergono come cattivi, intriganti e ipocriti? Molti di più. E non a caso. Il processo di erosione riguarda anche internet, la saggistica, persino la narrativa, come nel caso dei romanzi di Dan Brown.

Chi favorisce questo processo? Non ho prove certe, ma mi sembra sia ben visto da quell'establishment, impalpabile, tendenzialmente finanziario che incoraggia la riduzione della sovranità nazionale a vantaggio di istituzioni sovranazionali e il cui potere di condizionamento è emerso con forza in occasione delle crisi economiche del 2008 e del 2010. Esiste una regia unica? Alcuni autori sospettano del Bilderberg Group ovvero il gruppo riservatissimo che seleziona l'élite politica, economica e finanziaria di Stati Uniti ed Europa e che si riunisce in seduta plenaria in gran segreto una volta all'anno. Il Bilderberg vedrebbe con favore la diffusione di una religione universale, con princìpi tratti dalle diverse religioni conosciute, ma priva di una Chiesa centrale di riferimento. Non so se queste teorie siano giustificate (ma non possono essere scartare a priori) anche perché mancano studi credibili sul misterioso Bilderberg, non so nemmeno se ci sia un Grande Fratello. Lo scenario più probabile è che esistano interessi condivisi e geometrie variabili. Si è stabilito un "frame" negativo sul Vaticano e su Benedetto XVI; ogni occasione è propizia per rafforzarlo costringendo la Chiesa a giustificarsi, spiegare, rettificare. È un meccanismo legato alla comunicazione e alla psicologia sociale che, una volta innescato, si alimenta da solo.

Di certo» continua Foa «quell'establishment è lieto di ridimensionare il potere della Chiesa, che in teoria rappresenta oltre un miliardo di fedeli, ma che appare sempre meno influente nel mondo. Tutti si dicono cattolici, ma i fedeli che seguono davvero i precetti della Chiesa sono una piccola minoranza. La sua influenza reale pertanto è molto ridotta rispetto a venti o trent'anni anni fa. La lentezza e la ritrosia con cui la Chiesa ha affrontato problemi, errori, disfunzioni al suo interno emersi negli anni e noti alle gerarchie, hanno peraltro favorito i suoi nemici, che hanno trovato molti pretesti per imbarazzarla.»

L'ipotesi di un collegamento tra la campagna mediatica contro Ratzinger e certi movimenti riguardanti la politica internazionale è contenuta nell'analisi di Maurizio d'Orlando pubblicata da «Asianews», l'agenzia d'informazione legata ai missionari del Pime e diretta da padre Bernardo Cervellera. D'Orlando fa notare come il giorno stesso dell'articolo del «New York Times» sul caso Murphy, l'agenzia «Reuters» raccoglieva a Gerusalemme

> «la notizia, pubblicata il giorno successivo, 26 marzo 2010, e ripresa dal "Washington Post", rapidamente scomparsa dalla stampa "indipendente" anglo-americana e di quasi tutto il resto del mondo: la possibilità che Israele impieghi bombe nucleari tattiche in un attacco preventivo contro l'Iran. Questa notizia è strettamente collegata ad un'altra, brevemente apparsa un paio di settimane prima e anch'essa poi rapidamente scomparsa dalla stampa "indipendente": per ordine di Barack Obama una spedizione di speciali bombe ad altissimo potenziale (da impiegare in un attacco all'Iran per far esplodere i rifugi sotterranei) è stata dirottata da Israele, dove era originariamente diretta, alla base militare Usa di Diego Garcia nell'Oceano Indiano. Situata 1.000 miglia a sud dell'India, al largo tra le isole Mauritius ed il Golfo Persico, Diego Garcia è la base ideale per lanciare un attacco aereo all'Iran».

L'analista – dopo aver ricordato ciò che è avvenuto con l'Iraq, dove non sono state trovare le armi di distruzione di massa, la cui supposta esistenza, della quale si dicevano certi i servizi segreti occidentali, è servita per l'invasione del paese costata la morte di «circa 1,3 milioni di iracheni» – sostiene che la guerra all'Iran «dovrebbe servire a nascondere un grande fallimento economico», provocato da «nuove ondate di insolvenze nei mutui e nei titoli finanziari "tossici"». E ricorda che

> «il debito pubblico in molti Paesi del mondo ha raggiunto proporzioni non solo non più gestibili, ma che nemmeno più si possono nascondere o procrastinare in un lontano futuro, perché il futuro è arrivato, è ora. Secondo la Banca dei regolamenti Internazionali (BRI) – non secondo "AsiaNews" o qualche blogger un po' estremo o lunatico – il debito pubblico USA è destinato a toccare il 400% del Pil».

D'Orlando conclude, seppur cautelandosi dietro una possibile coincidenza:

> «In questo contesto, chi potrebbe avere qualcosa da ridire? La Chiesa cattolica e il Papa. Per questo, occorreva ed occorre colpirne l'autorità morale ad ogni costo. Ma forse questa è solo una coincidenza».

Anche se sottolinea la possibilità di agganci alla politica internazionale, non crede però al complotto lo storico della Chiesa Alberto Melloni: «Non penso ci sia un complotto contro il Papa. È dall'Ottocento in poi che il protagonismo del Pontefice senza più terra né Stato, ma proprio per questo molto più visibile e infinitamente più libero, fa sì che tutto quanto viene detto sulla Chiesa finisca per riferirsi direttamente a lui. Così i funerali di Wojtyla sono diventati un evento di devozione planetaria per il Papa, come ora lo scandalo della pedofilia per qualcuno attira attorno al Papa ogni critica, e sembra essere l'esito di un complotto contro Benedetto XVI.

Quanto ho detto» ci spiega Melloni «non toglie che vi siano dei temi sui quali si sa che la Chiesa cattolica può essere percepita antagonisticamente e dunque non si può escludere che vi sia qualcuno intenzionato a metterla in imbarazzo per depotenziarne il messaggio. Vorrei però chiarire subito che non si tratta, a mio avviso, dei temi di carattere etico. Non credo che le posizioni della Chiesa contro l'aborto o i matrimoni gay diano davvero così fastidio ai governi e agli Stati. Invece le posizioni contrarie alla guerra probabilmente sì. Ricordo che in un'udienza concessa in Vaticano al presidente degli Stati Uniti, Giovanni Paolo II si sentì chiedere da George Bush che cosa stesse accadendo alla Chiesa americana colpita dallo scandalo della pedofilia. Si racconta che uscendo da quell'udienza, Wojtyla avrebbe detto: "Avrei dovuto chiedere al presidente quanti sono i repubblicani pedofili...". In ogni caso, eviterei il paragone con la situazione odierna, perché mi pare che il problema dello scandalo per gli abusi sui minori riguardi molto di più l'Europa che gli Stati Uniti.»

Di un attacco «oggettivo» contro Benedetto XVI ci ha parlato il giornalista russo Alexey Bukalov, direttore dell'ufficio romano dell'agenzia «Itar-Tass».

«C'è un attacco contro la Chiesa, mi sembra oggettivo. Questo Papa è sempre guardato con sospetto e qualsiasi cosa faccia o dica, non va mai bene. Non gli perdonano di essere tedesco, di avere l'età che ha e di essere un testimone della guerra... Non gli si lascia passare niente. Lui, d'altra parte, a molti attacchi non reagisce e continua a fare passi "politicamente scorretti", che corrispondono alla sua integrità, alla sua visione teologica. Credo che abbia sofferto quando è stato eletto: avrebbe voluto studiare, scrivere libri e suonare Mozart.

Non posso parlare di ambienti precisi per la provenienza di questi attacchi, ma vedo la cosa dal punto di vista leninista: sono interessi politici. Penso alla situazione molto tesa nel mondo – dall'aggressività del fondamentalismo islamico al secolarismo – e si percepisce che certi ambienti stanno cercando un punto debole del Papa. Tentano di scaricare su di lui ogni colpa per lo scandalo della pedofilia, ma da questo punto di vista mi sembra che le responsabilità maggiori vadano attribuite al pontificato precedente.»

Attira l'attenzione sui programmi del pontificato ratzingeriano anche il vaticanista irlandese Gerard O'Connell, editoralista nei media britannici, americani e asiatici. «Papa Ratzinger, in questi anni, non ha sposato molte cause popolari, ma fedele ai suoi princìpi ha spesso portato avanti cause controcorrente. Ci sono stati problemi con gli ebrei e i musulmani. E mentre i leader hanno a poco a poco sviluppato un rapporto discreto o buono con lui, penso che non si possa dire lo stesso per l'uomo della strada nel mondo ebraico e islamico, che in molti casi non ripone in lui la stessa fiducia che aveva in Giovanni Paolo II.

Con il documento che vieta l'ingresso nei seminari a chi ha tendenze omosessuali fortemente radicate, e soprattutto con le *Considerazioni circa il progetto di riconoscimento legale delle unioni tra persone omosessuali*, pubblicate nel 2003, Ratzinger si è messo contro la lobby gay, che ha un'influenza non indifferente nei media. Ci sono poi i dissidenti interni alla Chiesa, che non condividono le sue posizioni sulla liturgia, o sul dialogo interreligioso, o non apprezzano decisioni storiche come quella della Costituzione apostolica dedicata al rientro nella comunione con Roma di intere comunità anglicane, o ancora quella di togliere le scomuniche ai vescovi lefebvriani.

Non bisogna poi dimenticare» ci spiega ancora O'Connell «altre questioni importanti. Ad esempio le prese di posizione in difesa della vita, il no al controllo delle nascite attraverso metodi artificiali, compreso il condom, e il no alla sperimentazione sulle cellule staminali embrionali: sono temi che toccano e contrastano interessi sia politici che finanziari legati alle organizzazioni nel campo della pianficazione familiare e alle grandi industrie farmaceutiche. Aggiungerei anche, per completare l'elenco, aspetti meno ricordati, come ad esempio la politica internazionale della Santa Sede e il suo approccio multilaterale ai problemi mondiali non è sempre gradito a certi poteri forti. Non credo comunque» conclude «che ci troviamo di fronte a un complotto organizzato contro il Papa. A mio avviso si tratta invece della convergenza di interessi di diversi gruppi che, per un motivo o un altro, sono contrari a Benedetto XVI e più in generale a certe posizioni della Chiesa cattolica.»

Parla di un esplicito «anticattolicesimo» padre Livio Fanzaga, direttore di Radio Maria. «A mio parere» ci dice «vi sono due componenti da tenere presenti. Innanzitutto il solito anticlericalismo, che andrebbe ormai chiamato "anticattolicesimo" e che, avendone l'occasione, attacca la Chiesa, a prescindere di chi sia il Papa. Non credo a campagne studiate a tavolino, penso piuttosto che si tratti di ondate ricorrenti. Ne vedremo ancora, temo. La seconda componente è invece rappresentata dalla tenace resistenza all'interno della Chiesa, non solo di gruppuscoli, ma anche di una parte del clero, che contrasta l'azione di Benedetto XVI tesa a "mettere ordine" nella dottrina, nella liturgia e nella discilpina ecclesiale.»

Il 20 maggio 2010 anche il vescovo di Trieste, monsignor Giampaolo Crepaldi, presidente dell'«Osservatorio Internazionale Cardinale Van Thuân» sulla dottrina sociale della Chiesa, è intervenuto sugli attacchi a Ratzinger. Crepaldi ha collaborato alla stesura dell'enciclica *Caritas in veritate*.

> «Il tentativo della stampa di coinvolgere Benedetto XVI nella questione pedofilia è solo il più recente tra i segni di avversione che tanti nutrono per il Papa. Bisogna chiedersi come mai questo Pontefice, nonostante la sua mitezza evangelica e l'onestà, la chiarezza delle sue parole unitamente alla profondità del suo pensiero e dei suoi insegnamenti, susciti da alcune parti sentimenti di astio e forme di anticlericalismo che si pensavano superate. E questo, è bene dirlo, suscita ancora maggiore stupore e addirittura dolore, quando a non seguire il Papa e a denunciarne presunti errori sono uomini di Chiesa, siano essi teologi, sacerdoti o laici.»

Il vescovo punta quindi il dito anche e soprattutto sull'attacco proveniente dall'interno della Chiesa:

> «Non era forse mai accaduto che la Chiesa fosse attaccata in questo modo. Alle persecuzioni nei confronti di tanti cristiani, crocifissi in senso letterale in varie parti del mondo, ai molteplici tentativi per sradicare il cristianesimo nelle società un tempo cristiane con una violenza devastatrice sul piano legislativo, educativo e del costume che non può trovare spiegazioni nel normale buon senso si aggiunge ormai da tempo un accanimento contro questo Papa, la cui grandezza provvidenziale è davanti agli occhi di tutti. A questi attacchi fanno tristemente eco quanti non ascoltano il Papa, anche tra ecclesiastici, professori di teologia nei seminari, sacerdoti e laici. Quanti non accusano apertamente il Pontefice, ma metto-

no la sordina ai suoi insegnamenti, non leggono i documenti del suo magistero, scrivono e parlano sostenendo esattamente il contrario di quanto egli dice, danno vita ad iniziative pastorali e culturali, per esempio sul terreno della bioetica oppure del dialogo ecumenico, in aperta divergenza con quanto egli insegna. Il fenomeno è molto grave in quanto anche molto diffuso».

Secondo il vescovo di Trieste, già segretario del Pontificio consiglio per la giustizia e la pace, Benedetto XVI

> «ha dato degli insegnamenti sul Vaticano II che moltissimi cattolici apertamente contrastano, promuovendo forme di contro formazione e di sistematico magistero parallelo guidati da molti "antipapi"; ha dato degli insegnamenti sui "valori non negoziabili" che moltissimi cattolici minimizzano o reinterpretano e questo avviene anche da parte di teologi e commentatori di fama ospitati sulla stampa cattolica oltre che in quella laica; ha dato degli insegnamenti sul primato della fede apostolica nella lettura sapienziale degli avvenimenti e moltissimi continuano a parlare di primato della situazione, o della prassi o dei dati delle scienze umane; ha dato degli insegnamenti sulla coscienza o sulla dittatura del relativismo ma moltissimi antepongono la democrazia o la Costituzione al Vangelo».

Di "rappresaglia" contro un Pontefice e una Chiesa che si batte per la vita ha parlato anche l'arcivescovo Rino Fisichella, già presidente della Pontificia accademia per la vita e ora incaricato di guidare il Pontificio consiglio per la nuova evangelizzazione, in un'intervista pubblicata dal quotidiano italiano «Il Messaggero».

> «Come non vedere che sono stati riproposti fatti dolorosi del passato con un intento strumentale e strategico solo per attaccare Benedetto XVI? Ciò che fatico a capire è la miopia con la quale si sta affrontando (in diverse sedi) questa strategia. Non è chiaro perché non si voglia comprendere che la sua figura è la soluzione, non il problema.»

Fisichella osserva:

> «Non c'è mai stata in passato una sequela di attacchi così violenti e di queste proporzioni. Sicuramente alla base vi è il ruolo che sta svolgendo la Chiesa, in opposizione a diverse ideologie domi-

nanti, le quali vorrebbero imporre una cultura di morte. La voce della Chiesa a livello internazionale è l'unico autentico e credibile riferimento per la difesa della vita innocente e della dignità della persona. Mai come in questi ultimi vent'anni, dall'*Evangelium Vitae* in poi, si fa sentire così forte, costante e convincente. Davanti a questa presa di posizione si materializzano potenze contrarie sia a livello culturale, che economico e mediatico, le quali non sopportano questa presenza chiara e credibile. Ciò che è in atto è un attentato alla credibilità globale della Chiesa».

Luca Volontè, capogruppo del Ppe al Consiglio d'Europa, ritiene che il Papa venga attaccato perché non va bene ciò che dice, come si legge in un suo articolo riportato nell'appendice del volumetto *Indagine sulla pedofilia nella Chiesa* (2010):

«Il parlare del Papa è chiaro, semplice e appropriato, il suo dire "pane al pane e vino al vino", dinnanzi a chiunque si trovi e in qualunque circostanza, urta parecchie persone: ricordiamoci il discorso alle Nazioni Unite, il richiamo forte alla laicità positiva in Francia, le lodi alle radici della democrazia americana, alla necessità della vita morale per i cattolici politici in Italia... Nulla è superficiale, nulla nella dottrina e nella fede che il Papa sta riproponendo nella sua verità e nella sua entusiastica prassi, né nell'analisi e nelle vie d'uscita dalla crisi morale e sociale nelle quali si dibatte il pianeta. Nessuno può immaginare che gli attacchi di questi anni, dalle critiche inventate a Regensburg in poi, siano frutto di circostanze casuali. La coppia di ferro, Wojtyla-Ratzinger ha governato e collaborato per diversi decenni, riproponendo la bellezza della fede, combattendo le eretiche interpretazioni postconciliari, riordinando molti aspetti della vita religiosa e curiale, attualizzando la Dottrina sociale della Chiesa ed entusiasmando centinaia di milioni di uomini e donne di tutto il mondo. Questo ha prodotto dei nemici, nemici in coloro che lucravano sull'ideologia consumistica, proponevano all'uomo il solo modello libertario e utilitarista, scommettevano su vetuste idee malthusiane ed eugeniste».

La lotta di Ratzinger contro il relativismo sarebbe una delle cause degli attacchi a cui è sottoposto il Papa secondo George Weigel, scrittore ed editorialista cattolico statunitense, consigliere anziano dell'«Ethics and Public Policy

Center» nonché autore di una monumentale e documentatissima biografia di Giovanni Paolo II.

Ci spiega: «Non penso ci sia una cospirazione nei confronti del Papa, nel senso di una campagna organizzata per impedire le sue iniziative o far deragliare il suo pontificato. Ma agli occhi dei secolaristi dell'Europa e dell'America del Nord, egli incarna l'ultimo ostacolo istituzionale di fronte a quella che egli stesso ha chiamato una volta "dittatura del relativismo". Quindi ha degli avversari, e nemmeno pochi – e questi generalmente hanno accesso ai media mondiali. L'agenda secolare spesso coincide con l'agenda di quei cattolici che ancora anelano alla rivoluzione che non c'è mai stata: Hans Küng e i suoi alleati giornalistici sono quelli che mi vengono in mente. Costoro non sono semplicemente pronti a immaginare un Joseph Ratzinger diverso dalla caricatura che loro stessi hanno creato e propagandato. Come nel caso di Giovanni Paolo II, i nemici di Benedetto XVI si rifiutano di confrontarsi con le sue idee. Si limitano a denunciare e si lamentano di quella che, erroneamente, dipingono come teologia razionaria».

Un collegamento tra gli attacchi a Ratzinger e le lobby contrarie agli insegnamenti della Chiesa è proposto da Massimo Introvigne, sociologo, fondatore e direttore del Centro studi sulle nuove religioni (Cesnur) e autore del libro *Preti pedofili* (2010). «Perché riesumare nel 2010 casi vecchi o molto spesso già noti, al ritmo di uno al giorno, attaccando sempre più direttamente il Papa – un attacco, per di più, paradossale se si considera la grandissima severità del cardinale Ratzinger prima e di Benedetto XVI poi su questo tema? Gli "imprenditori morali" che organizzano il panico hanno un'agenda che emerge sempre più chiaramente, e che non ha veramente al suo centro la protezione dei bambini. La lettura di certi articoli ci mostra come – in concomitanza con scelte politiche, giuridiche e anche elettorali che un po' dovunque, in Europa e nel mondo, hanno messo in questione la somministrazione della pillola RU486, l'eutanasia, il riconoscimento delle unioni omosessuali, e in cui quasi solo la voce della Chiesa e del Papa si leva a difendere la vita e la famiglia – lobby molto potenti cercano di squalificare preventivamente questa voce con l'accusa più infamante e oggi purtroppo anche più facile, quella di favorire o tollerare la pedofilia. Queste lobby più o meno massoniche manifestano il sinistro potere della tecnocrazia, evocato dallo stesso Benedetto XVI nell'enciclica *Caritas in veritate* e la denuncia di Giovanni Paolo II, nel messaggio per la Giornata Mondiale della Pace del 1985 (dell'8 dicembre 1984), a proposito di "disegni nascosti" – accanto ad altri "apertamente propagandati" – "miranti a soggiogare tutti i popoli a regimi in cui Dio non conta".

Il complotto» ci spiega Introvigne «non ci sarebbe se non ci fossero i preti che hanno abusato di minori. Molto saggiamente, ogni volta che interviene sull'argomento, il Papa ricorda sempre e anzitutto le gravissime responsabilità dei preti pedofili. Il discorso della Chiesa su questa crisi cammina su due gambe: la denuncia del comportamento scandaloso dei preti pedofili e la messa in guardia nei confronti degli "imprenditori morali" che creano appunto il panico morale amplificando (non inventando) i dati sui preti pedofili e attaccando personalmente il Papa, che invece è sempre stato severissimo sul punto. Se cerca di camminare su una gamba sola, il discorso zoppica e cade. Sbaglia quindi chi parla solo del complotto, dimenticando lo scandalo dei veri preti pedofili. Ma sbaglia anche chi si occupa solo dei preti pedofili, dimenticando il panico morale.»

Per Introvigne «non c'è dunque una sola mano che dirige gli attacchi al Papa. Ci sono diverse lobby all'opera contro la Chiesa. Al primo posto quelle dell'aborto, della RU486, dei gay. Non è un caso che molto si sia scatenato dopo la vittoria della Chiesa che ha costretto Obama a escludere l'aborto dalla riforma sanitaria. C'è poi la lobby degli avvocati e delle assicurazioni che lucrano su questi casi. E c'è anche la lobby del progressismo cattolico, che da anni cerca di chiudere i conti con Benedetto XVI e forse di condizionare la sua successione».

Di una frustrazione da parte del mondo laico che non riesce ad attaccare la Chiesa su tematiche più "forti" ha parlato il criminologo milanese Luca Steffenoni, autore del libro *Presunto colpevole* (2009), dedicato in generale ai casi di pedofilia e alla difficoltà di provarli. Steffenoni ricorda che «su 5.000 denunce per abusi sessuali su minori solo 1.000 passano il setaccio della credibilità minima»: si tratta spesso di vendette private e in qualche caso di tentativi di estorcere denaro. «Ma se qualcuno è accusato di pedofilia» continua Steffenoni «anche se poi si rivela innocente, è difficile che possa riscattarsi.» Intervistato dal quotidiano «L'Adige» sui casi di pedofilia che coinvolgono il clero Steffenoni ha risposto:

> «La questione Chiesa è molto complessa. Ci sono diverse questioni che si intrecciano. È diventato quasi un facile luogo comune quello del prete pedofilo. C'è un problema di omosessualità nella Chiesa che i vertici ecclesiastici faticano ad affrontare. Invece di risolvere i casi di pedofilia pagando risarcimenti alle vittime, la Chiesa dovrebbe avere il coraggio di analizzare caso per caso. Da laico però ho la sensazione che spesso dietro certe accuse si cela la frustrazione del mondo laico che non riesce ad attaccare la Chiesa su tematiche più "forti" e slitta sull'attacco "facile"».

Anche il cardinale Julían Herranz Casado, già presidente del Pontificio consiglio per l'interpretazione dei testi legislativi, in un'intervista ha messo in luce il contrasto tra il magistero papale e la cultura dominante:

> «Al netto di ogni dietrologia, è sempre più evidente che gli insegnamenti della Chiesa cattolica sono in contrasto, non solo negli Stati Uniti ma anche in altre nazioni soprattutto occidentali, con determinate e influenti correnti ideologiche di tipo materialista e agnostico. Ma non si tratta di un fenomeno nuovo, poiché sin dalla nascita il cristianesimo si è confrontato con l'ostilità degli ambienti contrari alla sua visione della persona umana».

Decisamente contraria all'accreditare la tesi della campagna mediatica contro Ratzinger è invece la responsabile dell'ufficio romano di corrispondenza del «New York Times», Rachel Donadio. «Rifiuto categoricamente» ci dice «l'idea che ci sia un attacco a Papa Benedetto XVI dietro agli articoli sul problema sistemico degli abusi sessuali sui minori da parte di preti e sulla riluttanza, di vecchia data, da parte del Vaticano e vescovi locali di punire i preti che hanno commesso crimini che violano sia la legge canonica che quella civile. Punto e basta. C'è da ricordare che la gestione della crisi degli abusi da parte del Vaticano ha anche allargato il gap tra la gerarchia Vaticana e i cattolici americani, che sono estremamente turbati da come la Curia romana ha gestito questa questione. Il giorno dopo la pubblicazione dell'articolo su Murphy sul "New York Times", il "National Catholic Reporter", la voce principale dei cattolici americani liberali, ha scritto un mordace editoriale in cui si diceva che il Vaticano affrontava un enorme "vuoto di credibilità" e chiedeva a Benedetto XVI di rispondere alle domande sul periodo in cui era a Monaco e prefetto alla Congregazione per la dottrina della fede.

Credo che la nozione stessa di "attacco"» continua la giornalista americana «evidenzi anche le differenze culturali tra il giornalismo americano e italiano. In Italia, generalmente si presume che ci sia sempre qualcosa dietro ad un tipo di giornalismo critico, e le critiche alla Chiesa sono lette nel contesto di una lunga storia di anticlericalismo. Ma negli Stati Uniti c'è una profonda tradizione di giornalismo investigativo e una convinzione radicata nella popolazione che il ruolo della stampa sia quello di esaminare e tenere sotto controllo qualsiasi istituzione o persona che abbia una posizione di potere. In questo modo gli articoli del "New York Times" sul Papa e sulla Chiesa non differiscono assolutamente dagli articoli su qualsiasi altro politico internazionale o grossa multinazionale.

Come corrispondente per il "New York Times" dal Vaticano, nei momenti peggiori di marzo e aprile, mi sono sentita come tra due treni paralleli, ognuno dei quali sfrecciava sul proprio binario. Su un binario c'erano i miei *editors* al "New York Times" che si chiedevano perché la strategia di gestione della crisi in Vaticano sembrasse così problematica (come quando il cardinale Sodano, la domenica di Pasqua, ha offeso profondamente le vittime di abusi chiamando le critiche nei confronti della Chiesa "chiacchiericcio". Sull'altro binario c'era il Vaticano, che si domandava perchè il "New York Times" stesse "attaccando" il Papa.»

Il vaticanista americano John Allen non crede all'esistenza di una campagna mediatica sostenuta da ambienti contrari alla Chiesa. «Gran parte della copertura (mediatica) della Chiesa cattolica e di Papa Benedetto XVI, a proposito della crisi sugli abusi sessuali come su altre materie, è stata senza dubbio scadente e ingiusta» riconosce. «In generale, però, non credo che questo sia il risultato di una "campagna" per colpire la Chiesa. In particolare le teorie cospirazioniste costituiscono una distrazione dai problemi reali esistenti e che riguardano la pubblica comprensione del Vaticano e della Chiesa. Elencherei quattro di questi problemi: l'alto tasso di "analfabetismo religioso" che caratterizza i principali media; lo scetticismo istintivo dei giornalisti nei confronti delle istituzioni e dell'autorità; le pressioni ad adeguarsi a tempi sempre più stretti per la cultura tipica del ventunesimo secolo, quella delle "notizie istantanee"; l'approccio alla comunicazione che presenta molte incapacità e risulta qualche volta controproduttivo, da parte di molti funzionari della Chiesa.»

Ritiene assolutamente inedita la situazione attuale, il decano dei vaticanisti italiani, Benny Lai, che può ancora mostrare con orgoglio la tessera della Sala Stampa vaticana firmata dall'allora sostituto della Segreteria di Stato Giovanni Battista Montini. Autore di molti saggi dedicati alla storia recente della Chiesa, ci spiega che «non ricorda una situazione analoga a quella che si verifica oggi».

«In passato ci sono stati più momenti di crisi, talora anche litigi furiosi tra i cardinali e più di un Pontefice, riferendoci al ventesimo secolo, ha dovuto in diverse occasioni difendersi anche da detrattori interni alla Chiesa. Sovente si sono visti vescovi contro vescovi, spesso vi sono stati dissensi anche importanti entro la Chiesa. Ma non si era mai arrivati alla situazione che vediamo oggi. Va da sé che la vicenda di un Ratzinger, il quale arriva al Concilio Vaticano II con la fama di teologo progressista e poi se ne emenda, parlando del "pathos tipico di persona giovane", può far sorgere qualche interrogativo. Ma è sufficiente seguire le cose ecclesiastiche per rendersi conto che molte volte, a far acqua è il governo centrale della Chiesa, è la scarsa disponibilità delle persone che dovrebbero coadiuvare il Papa a governare. Certo c'è anche da dire che Benedetto XVI con il suo carattere timido e riservato, non aiuta. Ma proprio per questo motivo dovrebbe avere al suo fianco una macchina ben oleata, perfetta, un maggior supporto. Lavorare nella Curia romana è tutt'altro che facile: Montini, divenuto Paolo VI, ci mise parecchio tempo prima di gestire a dovere ogni cosa e pensare che era stato in Segreteria di Stato per anni ed anni.»

Per Benny Lai, Giovanni Paolo II non era più capace del suo successore nella gestione del governo, semplicemente era «più aiutato». «Un Papa, come Benedetto XVI che dice cose enormi, come il richiamo alla sporcizia nella Chiesa e alla necessità che la Chiesa faccia penitenza, non può esser lasciato in balìa di certi attacchi. È vero, a volte si tratta di un problema di comunicazione, che talora sembra arrancare, ma perché si dà questa impressione? Perché a monte v'è gente che sembra un po' sprovveduta.»

Passiamo quindi a esaminare, introdotti dalle parole di Benny Lai, la gestione mediatica dello scandalo, e la comunicazione del Vaticano a questo proposito.

Massimo Introvigne invita a distinguere l'atteggiamento del Papa da quello di alcuni suoi collaboratori. «La gestione è stata, come sempre avviene nelle grandi macchine burocratiche – e quella vaticana non è particolarmente scattante –, lenta a mettersi in moto e non esente da errori e scivoloni, ma credo che Benedetto XVI l'abbia alla fine guidata nella giusta direzione, soprattutto con la mirabile "Lettera ai cattolici dell'Irlanda". C'è infatti quell'idea delle due gambe: denuncia fortissima dei preti pedofili, scarno e asciutto rilievo del fatto che ci sono pure calunnie ed esagerazioni. C'è anche una divisione del lavoro, che non è mera tattica ma corrisponde al diverso *munus* istituzionale nella Chiesa. Il Papa insiste sulla denuncia dei preti pedofili, tuttavia – attenzione! – andando oltre la mera condanna e cercando le cause nel clima di diffuso immoralismo che è nato soprattutto negli anni 1960 e che ha contagiato anche la Chiesa postconciliare (questa parte della "Lettera" e degli interventi del Papa molti la passano sotto silenzio). Altri collaboratori insistono invece di più sul complotto – che tecnicamente definisco "panico morale" e sulle lobby. Credo che l'equilibrio fra le due gambe sia fondamentale e vada preservato. Se qualche volta i portavoce sono sembrati insistere solo sulla gamba della lobby e del complotto, il Papa ha prontamente sterzato denunciando il male dei preti pedofili in termini tecnicamente apocalittici.»

Più tecnica l'analisi di Marcello Foa, che ha studiato a fondo i meccanismi della comunicazione e il fenomeno degli *spin-doctor*.

«La comunicazione vaticana» ci dice il giornalista «non ha capito che le guerre moderne vengono combattute con strumenti non convenzionali, tra i quali, nel caso specifico, lo "spin" ovvero le tecniche di manipolazione mediatica. E non ha preso le adeguate contromisure. In questo modo non solo è esposta a qualunque attacco, ma finisce per agevolare e/o rendere più efficaci i colpi inferti dai suoi avversari.

Mi stupisce come la comunicazione del Vaticano non abbia saputo leggere per tempo, in filigrana, queste dinamiche comunicative, che peraltro vengono usate anche in altri ambiti, a cominciare dalla politica, come spiego nel mio saggio *Gli stregoni della notizia*. Se potesse contare su specialisti della comunicazione in grado di applicare lo spin difensivo, oggi la Chiesa non sarebbe così in difficoltà. Lo spin difensivo permette infatti di neutralizzare gli attacchi o di spegnerli sul nascere.

Finché non prenderà adeguati provvedimenti» conclude Foa «la Chiesa è destinata a rimanere un facilissimo bersaglio. È come una città che viene sovente bombardata dal cielo, ma che si ostina a non munirsi dell'artiglieria antiaerea, di un'aviazione efficace e di radar sofisticati che permettano di vedere gli aerei in arrivo. Anzi, talvolta agevola i propri avversari commettendo errori involontari o disattenzioni che si trasformano in facili bersagli per il nemico. Occorre a mio giudizio ristrutturare la comunicazione a più livelli: istituzionale, difensivo, strategico. Il più urgente è quello strategico. Non si tratta di manipolare l'opinione pubblica, ma di cautelarsi per evitare di essere manipolati da altri.»

A chi gli chiede che cosa pensa della strategia comunicativa della Santa Sede, il vaticanista John Allen dà sempre la stessa risposta: «Appena vedrò qualche prova che dimostri che il Vaticano ha effettivamente una strategia comunicativa, ti dirò quello che ne penso.

Troppo spesso» ci spiega «il Vaticano sembra dedicarsi a disinnescare delle bombe quando queste sono già esplose, aspettando che i problemi esplodano per poi rilasciare dichiarazioni tardive e ambivalenti. Durante l'ultimo capitolo della saga della crisi degli abusi sessuali, alcuni commenti provenienti dalla Santa Sede hanno peggiorato le cose – per esempio il paragone fatto il giorno di Pasqua dal cardinale Angelo Sodano delle critiche nei confronti del

Papa con il "chiacchiericcio". Parte del fascino del Vaticano, ovviamente, è dovuto anche al fatto che non ha un ufficio agguerrito di pubbliche relazioni e che non usa lo "spin" nello stesso modo in cui lo fanno le società o i governi secolari. Ma la mancanza di una strategia coordinata di comunicazione può a volte fare molti danni, e questa crisi lo dimostra perfettamente.

Il fatto che Benedetto XVI» spiega il vaticanista americano «possa in qualche modo divenire il simbolo globale della crisi degli abusi sessuali è, secondo me, l'ultima dimostrazione mediante *reductio ad absurdum* delle mancanze della comunicazione vaticana. Chiunque abbia fatto un po' di attenzione a queste vicende sa che Ratzinger è l'uomo di Chiesa maggiormente associato a una risposta aggressiva alla crisi, al punto da fronteggiare spesso opposizione interna per poter far fare alla Chiesa dei passi in avanti. Il Vaticano ha avuto dieci anni per raccontare questa storia al mondo, e ha fallito. Il risultato era un vuoto di relazioni pubbliche, fin troppo facilmente riempito da una manciata di casi distorti e vecchi di decenni che mettono il Papa in cattiva luce. Uno potrebbe giustamente accusare i media per il fatto di non fornire una contestualizzazione appropriata» conclude John Allen «ma anche il Vaticano deve addossarsi la propria responsabilità.»

Questo è invece il giudizio che Rachel Donadio del «New York Times» dà sulla gestione mediatica dello scandalo pedofilia da parte della Santa Sede. «Credo che le comunicazioni del Vaticano in risposta allo scandalo siano migliorate durante le settimane più intense dello scandalo stesso. Pochi anni fa, non credo che avrebbero messo in tempo reale sulla loro pagina web tutti i documenti attinenti e le interviste. Anche se sta molto migliorando, e anche se padre Lombardi è una bravissima persona nonostante abbia tanti impegni, è chiaro che l'approccio comunicativo del Vaticano non è sempre adeguato rispetto all'intensità del ciclo di notizie di 24 ore al giorno, o forse non sempre alla profondità e alla portata delle sfide che questo papato ha affrontato. Benedetto XVI non sembra voler avere contatti stretti con la stampa. Non risponde a domande estemporanee sull'aereo papale come faceva Giovanni Paolo II. Può darsi che creda che le sue parole "parlino" da sé, anche se per molti lettori laici, e giornalisti che lottano contro i termini di consegna dei pezzi, non è sempre così.»

Donadio si chiede: «Perchè il Vaticano non ha presentato la lettera del Papa ai cattolici irlandesi con una conferenza stampa non solo con padre Lombardi ma anche con qualche cardinale? La lettera certamente è forte, ma non ha chiuso il discorso sull'argomento. Mi rendo conto che il Vaticano non vuole far sembrare che la sua funzione primaria sia quella di gestire gli abusi sessuali (e quindi anche la Congregazione per la dottrina della Fede stessa dice di avere un basso numero di persone che gestiscono casi del genere), ma l'assenza di una presentazione significativa del documento ha fatto pensare che il Vaticano fosse indifferente alla questione degli abusi sessuali.

E subito dopo la lettera agli irlandesi» aggiunge la giornalista americana «sono uscite altre dichiarazioni che hanno minato i suoi stessi contenuti. Ad esempio quando, il Venerdì santo in San Pietro padre Cantalamessa ha paragonato le critiche alla Chiesa per gli abusi sessuali con l'antisemitismo e quando Sodano ha liquidato le stesse critiche definendole "chiacchiericcio". In queste occasioni entrambi sembravano insultare le vittime e ignorare la portata del problema.»

Critiche alla comunicazione vaticana arrivano pure dal vaticanista di «Le Figaro», Jean-Marie Guenois. «Dall'esterno non si vedono grandi errori di strategia nel governo» ci dice «ma nella comunicazione, da Ratisbona al caso del preservativo africano, il Vaticano non si è reso conto dell'impatto che hanno certi messaggi. Faccio un esempio: nel settembre 2008 il viaggio del Papa in Francia è stato un vero successo. Benedetto XVI era arrivato nel nostro Paese poco conosciuto, mal presentato, osteggiato. Non aveva, insomma, una buona immagine. Lui, con la sua umiltà, con il suo modo di presentarsi, ha cambiato la percezione dell'opinione pubblica. Questo cambiamento è durato fino a gennaio, poi ci sono stati il caso Williamson e il caso del preservativo africano, e tutto è caduto. Ho potuto sperimentare personalmente che la mancanza di attenzione alla comunicazione si è trasformata in un dramma per la Chiesa. La fiducia della gente viene meno. La vera colpa è l'aver sottovalutato il punto decisivo della comunicazione del messaggio, la sua verbalizzazione, la scelta delle parole. Un tempo, quando i media erano soltanto la carta stampata, si poteva rimediare, c'era il tempo per farlo. Oggi con internet quel tempo non c'è più. La prima parola che dici rimane la sola vera parola detta, e dunque bisogna pensare bene, soppesare ogni parola, anche la più piccola.»

Anche George Weigel ritiene urgente un ripensamento sulla comunicazione della Santa Sede.

«Nessuno che sia in sé» ci spiega «può pensare che il Vaticano abbia "una buona strategia mediatica". È stato spesso detto che Joaquín Navarro-Valls "ha gestito la comunicazione del Vaticano nel XX secolo". Al che io ho sempre risposto: "Sì, nella prima metà del XX secolo". Ho paura che abbiamo fatto dei passi indietro anche rispetto a questo nei cinque anni trascorsi, il che è doppiamente tragico, perché Benedetto XVI, un grande maestro, è un comunicatore brillante, sulla carta stampata come sulla tv. È lui la principale risorsa comunicativa della Santa Sede e non è sfruttato abbastanza, dal mio punto di vista. Direi che il successo della collaborazione tra Giovanni Paolo II e Navarro suggerisce che la strategia mediatica del Vaticano "funziona" quando il portavoce ha un accesso regolare al

Papa ed è quindi guidato all'interno del pensiero papale su una serie di temi.

Ci sono anche aspetti semplici e tecnici» continua Weigel «che il Vaticano deve tenere sotto controllo se non intende servire male il Papa. Per giorni, per esempio, non è stato pubblicato un testo della lezione di Ratisbona; questo è inaccettabile. L'annuncio della nuova iniziativa nei confronti degli anglicani-in-transizione-verso-Roma è stato dato prima che i documenti fossero pronti e disponibili; questo è ridicolo. Mi spiace per gli amici italiani, ma nessun testo vaticano dovrebbe essere pubblicato senza traduzioni immediatamente disponibili in inglese e spagnolo, le due principali lingue della Chiesa mondiale.»

Lo scrittore americano non si limita però soltanto a criticare la gestione delle comunicazioni del Vaticano: «Ci sono anche dei cambiamenti necessari per quanto concerne le attitudini istituzionali. Troppa parte della Curia opera ancora in accordo con la frase che è attribuita al cardinale Agostino Casaroli: "Non ci importa ciò che mandano in stampa, finché possiamo fare quello che vogliamo". Poteva funzionare al Congresso di Vienna ma non funziona nel ventunesimo secolo, in un momento in cui quello che "loro" mandano in stampa (o trasmettono via tv, radio e internet) ha molto a che fare con le *chances* che il messaggio papale e quello del Vangelo siano uditi».

Com'è noto, la gestione della comunicazione e dei media vaticani è piuttosto frammentata. C'è un Pontificio consiglio per le comunicazioni sociali, c'è il direttore della Sala Stampa vaticana, padre Federico Lombardi, che dirige anche la Radio Vaticana e il Centro Televisivo Vaticano, c'è «L'Osservatore Romano», che con il nuovo direttore Gian Maria Vian ha ritrovato protagonismo, aumentando esponenzialmente le riprese e le citazioni sugli altri media grazie alla trattazione dei temi più disparati, che mai prima si erano incontrati nelle paludate pagine del quotidiano d'Oltretevere.

Nessuno però è incaricato di coordinare gli interventi o di immaginare una strategia, come ha ammesso lo stesso padre Lombardi, intervistato da Gerard O'Connell per il sito web della Bbc. Il direttore della Sala Stampa vaticana ha detto di essere «un portavoce che dipende dalla Segreteria di Stato», dalla quale riceve le direttive. «È la Segreteria di Stato che decide la linea, e io cerco di comunicarla al meglio delle mie possibilità». Ma Lombardi aggiunge: «Nessuno mi ha mai affidato il compito di coordinare una strategia mediatica della Santa Sede».

L'episodio che abbiamo riportato nel quarto capitolo di questo libro, riguardante il caso Williamson, vale a dire la riunione tenutasi in Segreteria di Stato nella quale – senza la presenza di Lombardi – si è deciso che non serviva presentare alla stampa il decreto di revoca della scomunica ai quattro vescovi lefebvriani, la dice lunga a questo proposito.

Problemi di governo, problemi di regia, collaboratori che intervengono ognuno per proprio conto, problemi di comunicazione. Tutto questo contribuisce ad aggravare le situazioni nei momenti in cui il Papa e la Santa Sede finiscono nel mirino.

Ma si trova davvero nel mirino, Benedetto XVI? È davvero lui l'obiettivo ultimo delle campagne mediatiche? O non è piuttosto lui, papa Ratzinger, con la sua mitezza ma con la sua altrettanta chiarezza, ad "attaccare"?

Questa prospettiva, sorprendente, che capovolge criteri e interpretazioni, ci è proposta dal vaticanista francese Jean-Marie Guenois. «Più che un attacco al Papa, direi piuttosto che è partito un "attacco" del Papa contro molti soggetti, portato avanti in un modo molto dolce, ma con una lingua precisa e affilata. La causa degli attacchi a Benedetto XVI va ricercata nell'"attacco" di Ratzinger a certi problemi: ad esempio sulla liturgia, ad esempio sull'importanza del rapporto fede e ragione, tema quest'ultimo che ha fatto molto discutere in Francia, dove si insiste invece sulla separazione tra fede e ragione, e dove gli illuministi da sempre contrari alla Chiesa cattolica si trovano in imbarazzo perché oggi la Chiesa quasi parla il loro linguaggio.

Non è dunque, mi sembra, il Papa ad essere sotto attacco, è lui che "attacca" in modo chiaro. Lo abbiamo visto anche nel caso dei preti pedofili: lui vuole purificazione e trasparenza, ma ci sono resistenze dentro la Chiesa. Dunque ritengo un falso problema l'affermare che Benedetto XVI sia sotto attacco, è una forma di vittimismo che non corrisponde affatto alla psicologia di Ratzinger.

Vengo a Roma una volta al mese» confida il giornalista «e ogni volta vedo un uomo sempre molto sereno, nonostante le difficoltà. Mi chiedo quale sarebbe lo stato d'animo di uno dei nostri capi di Stato di fronte alle situazioni che si trova ad affrontare lui. Non assume atteggiamenti demagogici, non ha paura. Gli "attacchi", in fondo, sono soltanto un tipo di resistenza a problemi che lui ha posto.»

Guenois legge in questa prospettiva anche le evidenti difficoltà del governo curiale. «Non voglio rivolgere critiche alle singole persone, ma si vede chiaramente che questo pontificato ha un problema di *governance*, è un fatto oggettivo, sotto gli occhi di tutti. Sarebbe facile dire che il cardinale Bertone non è un diplomatico... troppo facile. Il problema di fondo è che il Papa fin dall'inizio del suo pontificato ha deciso di lasciare la *governance* tecnica a qualcun altro, perché, per lui, il buon governo è quello di puntare tutto sulla santità della Chiesa, il resto seguirà. Bertone fa ciò che può. Mi chiedo: un altro segretario di Stato, diplomatico, farebbe meglio, dato che il numero uno dice che la *governance* e ciò che ne deriva non è considerata così importante, così decisiva? Quando il capo di un'azienda dice che la *governance* non è la cosa importante dell'impresa, non ci si deve aspettare poi che sia così ben gestita.»

Complotti, campagne mediatiche, attacchi provenienti da ambienti e lobby anticattoliche, ma anche mancanza di capacità di governo nei collaboratori del Papa, problemi di comunicazione... Alla fine di questa nostra inchiesta ci sembra sia sufficientemente documentata l'esistenza di "attacchi" definibili con l'esempio dei tre cerchi concentrici, al quale abbiamo accennato nella prefazione. Il primo cerchio è rappresentato da ambienti, lobby, poteri ai quali fa comodo depotenziare il messaggio della Chiesa, mettendola sul banco degli accusati, magari sfruttando o amplificando elementi oggettivi e indiscutibilmente gravi, come nel caso dello scandalo degli abusi sui minori.

C'è poi un dissenso interno alla Chiesa, il secondo cerchio, che si esprime in modo particolarmente acuto nei confronti dell'attuale Pontefice. È inoltre evidente, a nostro avviso, l'esistenza di un *cliché* non soltanto mediatico, costruito fin dalla metà degli anni Ottanta, in base al quale Joseph Ratzinger è stato presentato come «panzercardinal», gretto conservatore, retrogrado. Questo *cliché* è stato prontamente trasferito su Ratzinger papa, spesso a prescindere dal suo messaggio, e si è trasformato in *frame*, cioè in concetto che finisce per essere impiantato nel subconscio collettivo: quando lo si evoca, provoca una reazione automatica. In questo caso il *frame* su Benedetto XVI è negativo, e lo dipinge come nemico della libertà di coscienza, della modernità, della scienza. Tutto ciò che il Papa dice o fa e che non può essere fatto rientrare in questa chiave interpretativa, fatica a passare nel circuito mediatico e ad arrivare all'opinione pubblica.

C'è infine il terzo cerchio, vale a dire quello degli "attacchi" involontariamente autoprodotti a causa delle numerose imprudenze e dei frequenti errori dei collaboratori, anche questi documentati, e sui quali si sono già diffusamente espressi molti autorevoli analisti da noi interpellati nelle pagine precedenti.

Su tutto questo, sui retroscena e sui problemi emersi in questi primi cinque anni di pontificato descritti lungo le pagine della nostra inchiesta, sugli attacchi e sugli scandali, come pure sulle debolezze e sugli errori di governo e di comunicazione, rimangono di straordinaria attualità le parole che l'allora cardinale Joseph Ratzinger pronunciò nel marzo 2000 presentando alla stampa la purificazione della memoria voluta da Giovanni Paolo II in occasione del Giubileo. Parole che mostrano l'autentico sguardo di Ratzinger sulla realtà della Chiesa e sulla sua essenza.

> «La Chiesa ha viva coscienza che in essa si trova il peccato, e ha sempre lottato contro l'idea di una Chiesa unicamente dei santi. Conosciamo le grandi lotte contro i donatisti, i catari, ecc. Proprio per farci riconoscere ciò, il Signore si trova nella navicella con i peccatori fin dall'inizio. Anche i Vangeli ricordano il peccato della caduta di Pietro. Si tratta di una confessione di peccato ripetuto, che ha dovuto far arrossire Pietro. La troviamo nel Vangelo di Marco, che è stato un po' ispirato da san Pietro stesso, ed è la confessione più dura di questo peccato. Perciò la Chiesa di oggi, con questo atto di pentimento, non dice che il peccato era nel passato e che noi siamo puri, per poi aspettare che solo domani si scoprano i nostri peccati, ma dice: nel cuore della Chiesa, e soprattutto in me, si trova il peccato, e perché la Chiesa sia penetrabile dalla grazia divina, io stesso devo aprirmi a questa grazia e confessare pubblicamente che i peccati, già radicati nel passato, costituiscono il mio presente. Tuttavia il Signore sa agire e sa fare il bene, tramite la Chiesa. Questa navicella rimane sempre la sua, e anche il campo con la zizzania rimane il suo. Anche se la zizzania è molta, anche se la rete contiene pesci scadenti, cattivi, essa rimane la sua. Riconoscere il peccato è un atto di sincerità attraverso il quale possiamo far capire alla gente che il Signore è più forte dei nostri peccati. Mi viene in mente un aneddoto che si racconta a proposito del cardinale Consalvi, Segretario di Stato di Pio VII. Gli è stato detto: "Napoleone intende distruggere la Chiesa". Risponde il cardinale: "Non riuscirà, neppure noi siamo riusciti a distruggerla".»

Indice dei nomi

Indice